Fluchtweg aus Gerlachshain / Niederschlesien nach Hartau bei Zittau und zurück vom 20.Januar 1945 bis 11.Juni 1945

Große Karte: detaillierte Angaben

Kleine Karte: Grobübersicht

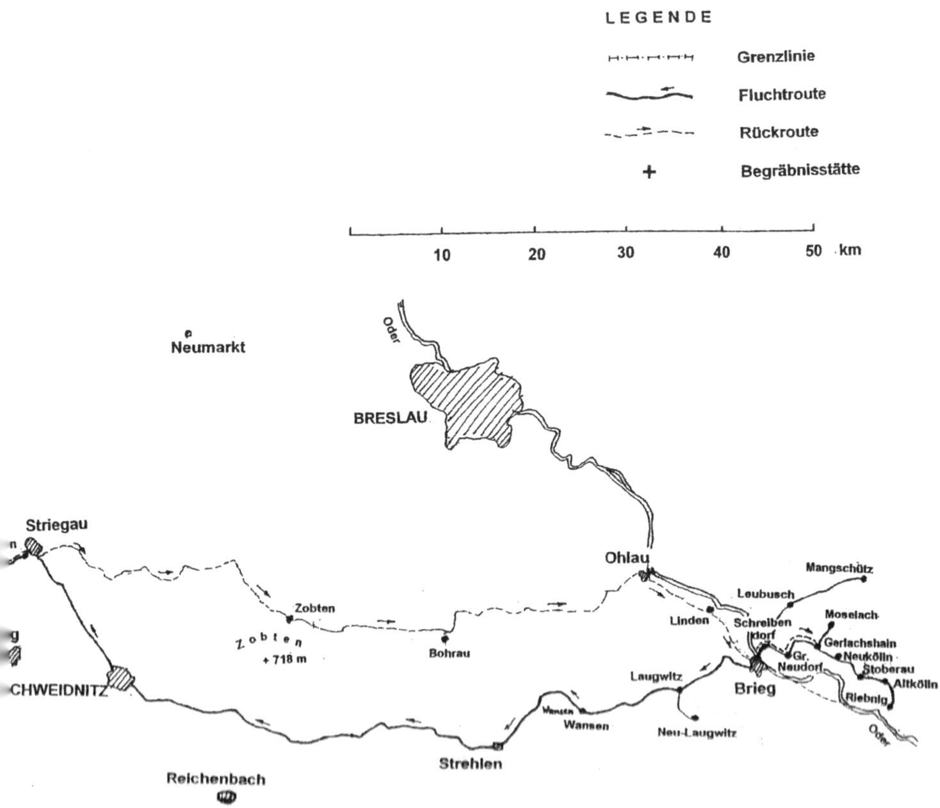

Eckhart Bürkner

Der Geruch der Erde

Eine Familie erinnert sich

Zur freundlichen Erinnerung
für meinen ehemaligen Mitschüler Pongo
Eckhart Bürkner
zur Lesung in Forst am 21.02.2003

Verlag Neue Literatur
Jena · Plauen · Quedlinburg
2001

Gesamtherstellung: Satzart Plauen
Printed in Germany

ISBN 3-934141-12-9

Jeder Augenblick, den wir durchleben, verdankt dem vorangegangenen seinen Sinn. Gegenwart und Zukunft würden wesenlos, wenn die Spur des Vergangenen aus unserem Bewußtsein gelöscht wäre. Zwischen uns und dem Nichts steht unser Erinnerungsvermögen.

Klaus Mann

Inhalt

In Dankbarkeit meinen Eltern
Margarete und Herbert Bürkner

Vorwort

Eine Familie erinnert sich. Vater, Mutter und Sohn denken an eine Zeit, die schon über fünfzig Jahre zurück liegt. Sie rufen sich den Ort in Schlesien ins Gedächtnis, aus dem sie stammen. Das Bauerndorf Tschöplowitz im Kreis Brieg, jetzt Czeplowice bei Brzeg, war während der Zeit des Nationalsozialismus in Gerlachshain umbenannt worden. Seitdem rissen die Umbenennungen nicht wieder ab. Sie beschränkten sich nach dem Krieg nicht nur auf Orte, Straßen, Gebäude, auch die Menschen wurden von ihnen erfaßt. In Schlesien zurückgebliebene Deutsche hatten ihre Sprache zu vergessen und sich einen polnischen Namen zu geben. Die ehemalige Germanisierung, für die sich die Geschichte Jahrhunderte Zeit ließ, wurde nach dem Zweiten Weltkrieg im Zeitrafferverfahren innerhalb einiger Monate rückwärts gedreht.

Vater, Mutter und Sohn reflektieren noch einmal die Zeit des Ausbruchs und des Verlaufs des Krieges und die anschließende Nachkriegszeit. Jeder empfand die Geschehnisse anders, und die Erinnerungen sind unterschiedlich intensiv.

Der Vater erlebte die Zeit als Soldat, als Kriegsgefangener und als Heimkehrer, die Mutter als Landarbeiterin auf der mütterlichen Wirtschaft, als Flüchtling vor der heranrückenden Front, als Rückkehrerin in die Heimat, in der sie unter eine Fremdherrschaft geriet, und als Vertriebene. Der Sohn wird mitten in den Krieg hineingeboren, und für ihn war diese Zeit sein Normal. Er berichtet, was er mit Kinderaugen gesehen und mit kindlicher Seele empfunden hat.

Alle drei kehrten wieder zurück an ihren gemeinsamen Geburtsort, als dies möglich war, besuchsweise, und als sie wieder in der Lage dazu waren, dies innerlich zu verkraften. Jahrzehnte Abstand lagen dazwischen, die Zeit mußte reif dafür sein.

Sie trafen auf ihren Besuchen 1973 und 1991 auf die wenigen zurückgebliebenen deutschen Familien und auf die polnischen Familien, vor denen sie einst weichen mußten. Inzwischen ist für diese polnischen Menschen eine Heimat entstanden, sie sind dort geboren und herangewachsen. Die Älteren erinnerten sich noch an die Namen von Mutter und Sohn, sie bewirteten sie freundlich als ihre Gäste. Sie stellten die Frage. „Wollt ihr wieder zurückkommen?“

Doch eine Rückkehr kam und kommt nicht in Frage. Rückkehr bedeutet Wiederholung der Vertreibung, bedeutet menschliches Leid und Elend. Sprachen aus Blick und Gestik der Gastgeber Bedauern für das Geschehen der Vertreibung? Es war nicht zu deuten. Den Sohn erfaßte aufs neue ein Schamgefühl bei dem Gedanken an den letzten Krieg seines Volkes gegen das polnische Volk, er schwieg darüber vor den Gastgebern.

Für Vater, Mutter und Sohn ist endlich die Zeit gekommen, sich erinnern zu dürfen. Ihr Leben lang war es Ihnen versagt gewesen, öffentlich über ihr Leid zu sprechen, die Vergangenheitsbewältigung im Deutschland der Nachkriegszeit ließ das nicht zu. Es paßte nicht ins Bild der Geschichte, daß auch die Sieger Unrecht begangen haben.

Sich erinnern dürfen ist erleichternd, gerade so, als wenn ein bedrückter Mensch jemandem sein Herz ausschütten darf. Doch wer als Deutscher spürt, welche Last sich sein Volk durch die Schuld gegenüber anderen Völkern auferlegt hat, der wird weiterhin gehemmt sein, über selbst erfahrene Schmach zu sprechen. Er muß zugestehen, was er von den Nachbarvölkern zu hören bekommt: Die Deutschen haben mit dem Unrecht angefangen, was sollten sie da von ihren Gegnern anderes erwarten?

Und schon sitzt er mittendrin in dem Dilemma. Indem er über selbst erfahrenes Leid spricht, begibt er sich in den Verdacht, Vergleiche anstellen zu wollen, das vorher Geschehene dem Geschehen danach gegenüberzustellen, sein Leid gegen das der anderen aufwiegen zu wollen.

Der verantwortlich Denkende jedoch weiß: Es gibt nichts entgegenzustellen. Das eine steht für sich, so wie das andere für sich stehen muß. So wie jeder Mensch zu seiner Tat zu stehen hat, so sollte auch jedes Volk sich zu seiner Schuld bekennen.

Ich, Margarete Bürkner, geborene Holdt, geb. am 28. Januar 1914, bin in dem Alter, in dem die Tage gezählt sind. Wann der letzte Tag sein wird, weiß man nicht. Es zu wissen, liegt nicht in unserer Hand, auch nicht, wie das Morgen aussieht.

Wir schreiben das Jahr 1996. Es sind nun 51 Jahre, die wir in Frieden leben können. Viel zu lange dauerte der sinnlose Krieg, und in anderen Gebieten der Erde hat er noch kein Ende gefunden, ja selbst in das von zwei Weltkriegen leidgeprüfte Europa ist er wieder zurückgekehrt.

Unsere Generation ist in zwei Weltkriege hineingeboren worden. Was das heißt, wissen nur diejenigen, die diese Zeiten miterlebt haben. Zur Zeit des zweiten Weltkrieges waren die Wunden vom ersten Krieg noch nicht verheilt. Viele Familien hatten an seinen Folgen zu tragen, auch die unsrige, denn unser Vater war durch Kriegsfolgen jahrelang krank.

Wenn von diesen Problemen gesprochen wird, hört man leider oft von jungen Menschen sagen, sie möchten davon nichts hören. Die nach dem Krieg geborenen Jahrgänge – es sind nun auch schon ein paar Generationen – wissen, man möchte sagen „Gott sei Dank“, nichts mehr von diesen Kümmernissen, Sorgen und Ängsten, von Hunger und von dem tagtäglichen Bangen der Eltern, Frauen, Bräute und Kinder um ihre Lieben, die der tödlichen Gefahr ausgesetzt waren. Wie furchtbar war es, wenn fast täglich Nachrichten kamen, daß wieder ein Angehöriger oder Bekannter „auf dem Felde der Ehre“ gefallen war. Dazu kam, daß die Heimat nicht verschont blieb. Die Menschen, die durch fleißige Arbeit mithalfen, die Versorgung und Ernährung im Land zu sichern, bekamen selbst den Krieg zu spüren. Die Menschen in den Städten waren gezwungen, nachts in die Luftschutzkeller zu flüchten, denn die Luftangriffe auf die Städte blieben nicht aus.

Die Trümmer, die uns der wahnsinnige Krieg Hitlers hinterlassen hat, sind durch den Arbeitswillen der Menschen, die den Krieg überlebt haben, beseitigt worden. Vom Umfang der Kriegsfolgen und der sich anschließenden Anstrengung zu ihrer Überwindung kann sich nur der ein Bild machen, der das miterlebte. Es war kaum zu glauben, daß diese Trümmerberge jemals zu bewältigen sein würden. Städte und Dörfer haben inzwischen neue Gesichter erhalten. Das ist nicht von allein gekommen.

Ich glaube, es ist nicht übertrieben zu sagen, daß wir Veteranen diejenigen waren, welche das Land wieder zu Ansehen gebracht haben. Und leider müssen wir es oft so empfinden, daß diese Leistung am wenigsten anerkannt wird, wenn nicht noch gar darüber gespottet wird: „Warum wart ihr denn so dumm!“ Es ist manchmal gar nicht so leicht, sich in das Denken und Fühlen der nach uns geborenen Menschen hineinzufinden.

Ein Sprichwort sagt: „Soll das kurze Erdenleben immer reiche Frucht dir geben, mußt du jung dich zu den Alten, alt dich zu den Jungen halten.“ Wie wahr das ist! Dennoch hat heute die Jugend eine gesicherte Zukunft, keine Not ums tägliche Brot, und vielleicht fällt es ihr auch darum schwer, die Alten mit ihren Lebenserfahrungen zu verstehen. Wir wollen es nicht hoffen und wünschen, daß sich solche Notzeiten wiederholen. Nicht nur Kriege, auch Naturkatastrophen können sie verursachen. Davon gab es in letzter Zeit genug. Ein Stück Brot erhält dann wieder den Wert, der ihm zukommt.

Von allen Eltern hörte man sagen: „Unseren Kindern soll es einmal besser gehen als uns.“ Aber ob das immer gut ist?

Unser Sohn Eckhart ist am 16. Mai1941 geboren. Er hat noch etwas von den damaligen Geschehnissen in Erinnerung, aber doch nicht so viel, denn er war damals dreieinhalb Jahre alt. Immer wieder bat er mich, alles niederzuschreiben. So möchte ich es versuchen, obwohl ich im Laufe der Zeit schon vieles vergessen habe. Wir lesen und hören heute gern über das Leben unserer Vorfahren. So wird es nicht ausbleiben, daß sich die heutige Jugend einmal für unser Leben interessieren wird. Denn auch sie wird einmal in unsere Jahre kommen, um dann vielleicht über unsere Erfahrungen nachzudenken, sie mit anderen Augen zu sehen und für sich auszuwerten.

Herbert Bürkner, geboren am 11.08.1910 in Tschöplowitz, Kreis Brieg, verstorben am 24.06.1990 kurz nach der Goldenen Hochzeit und kurz vor Erreichen seines 80. Geburtstages, hat ein sehr glückliches Leben zusammen mit seiner Frau Margarete Bürkner, geborene Holdt, geführt. Es war entbehrungsreich in den schweren Jahren des Krieges, leidensvoll in den Jahren der Kriegsgefangenschaft, arbeitsreich und hoffnungsvoll in den Nachkriegsjahren, genügsam zu allen Zeiten.

Von den Stationen, die ihn durch Krieg und Gefangenschaft geführt haben, zeugt eine erst in seinem letzten Lebensjahr entstandene Tonbandaufzeichnung. Sie gibt skizzenhaft darüber Auskunft, was er gesehen und erlebt hat.

Prolog

„Sahd eich ock fier!" sagte Marga zu uns, zu Ursel und mir, als wir beim Spazierengehen mit ihr zusammentrafen. Wir waren mit meinen Eltern ein Stück durch die Straßen des Ortes gegangen. Ich wollte meiner Braut Döbern zeigen, den Ort, aus dem ich kam. Ursel war nicht zum ersten Mal hier, aber zu einem Spaziergang war es erst jetzt, zu ihrem zweiten oder dritten Besuch bei meinen Eltern, gekommen. Der Ort ist nicht sehr groß, die Bewohner kennen sich meist untereinander. Aber wer, wie ich, nur zwei Jahre Schulzeit hier verlebte und seitdem, sieben Jahre sind inzwischen vergangen, nur besuchsweise in größeren Abständen zurückkehrt, hat keine Chance, seinen schmalen Bekanntenkreis aus der Schulzeit zu erweitern. Ganz im Gegenteil: Mit dem Abstand der Jahre wird er kleiner. Von den älteren Bekannten sind bereits einige verstorben, die ehemals jüngeren Gesichter sind älter geworden und für einen Ab-und-zu-Besucher immer schwerer wiedererkennbar. Die Jahre vergrößern nicht nur die zeitlichen Abstände, sie entfernen auch persönliche Verbindungen untereinander mehr und mehr, wenn sie nicht aufgefrischt werden.

Marga aber erkannte ich wieder. Sie war für mich ein Unikum. Ich kannte sie nicht persönlich näher, nur so vom Sehen auf der Straße, vom üblichen Begrüßen, wenn ich mit meinem Vater unterwegs war und wir auf seine ehemalige Arbeitskollegin trafen. So wie jetzt.

Sie stammte auch aus Schlesien wie wir, meine Eltern und ich, und gebrauchte ihren angestammten Dialekt so, wie ihr der Schnabel gewachsen war. Sie nahm nicht Anstoß daran, daß sie damit in anderer Umgebung möglicherweise auffiel. Auch mir fiel sie damit auf, und ich bewunderte sie darum, weil sie sich ihre sprachliche Eigenart noch nach zwanzig Jahren in der neuen, mundartlich anderen Landschaft bewahrte.

Diese Sympathie für einen Menschen, den ich sonst überhaupt nicht näher kannte, mag die Ursache dafür sein, daß sich mir Margas freundschaftlich gemeinte Warnung so einprägte. Wir sind glücklich darüber, daß wir Eltern von Kindern wurden. Sicher wollte sie dies mit ihrem Rat „Sahd eich ock fier" nicht ausschließen, aber einen Hinweis geben, alles zu gegebener Zeit einzurichten. Die nach uns kommende Generation konnte dann Margas Rat in den Wind schlagen. Die Pille übernahm die Familienplanung.

Inzwischen sind wir Großeltern geworden, eine weitere Generation ist auf dem Weg ins Leben, und Margas Rat ist in anderer Hinsicht angebracht: Neue Gefah-

ren vielfältiger und globaler Art lauern, wenn Unachtsamkeit und Rücksichtslosigkeit gegenüber der Natur und Umwelt weiterhin herrschen.

Margas Dialekt ist inzwischen rar geworden. Es gibt nicht mehr viele, die so ihre Zunge zu Lauten formen wie sie: Die letzten noch lebenden Vertriebenen nehmen mit ihren alten heimatlichen Gewohnheiten und Bräuchen, mit ihren schönen und traurigen Erinnerungen und ihrer ungestillten Sehnsucht nach Hause auch ihr Schlesisch mit ins Grab. Mit ihnen stirbt diese deutsche Mundart aus. Die vielfältige Kultur unseres Volkes wird um eine ihrer Schattierungen ärmer.

Noch zu Hause

Der 70. Geburtstag von Karoline Holdt 1930;
obere Reihe v. l.: Herrmann Holdt, Martha Schüller (geb. Holdt), Martha Holdt (geb. Scholz), Richard Holdt mit Tochter Marianne, Auguste Holdt (geb. Frenzel), Frau Schlag, Wilhelm Pentke mit Arwed, Gretel Holdt (geb. Schlag), Karl Holdt; untere Reihe v. l.: Berta Holdt, Emma Reiprich (geb. Holdt), Karoline Holdt, Ida Pentke (geb. Holdt)

Der Krieg beginnt

Den Anfang des Zweiten Weltkrieges erlebten wir Schlesier schon im August 1939. Kaum jemand von uns ahnungslosen Dorfbewohnern erkannte damals, daß es der Anfang vom Untergang Deutschlands war. Zu diesen Ahnungslosen kann ich mit Sicherheit mich und unsere Familienangehörigen zählen, die wir bis dahin unsere Zeit und Kraft nur in unseren Bauernhof gesteckt hatten. Es gab keine anderen Interessen, wir empfingen keine Nachrichten und Informationen, wir erkannten keine Zusammenhänge. Nur wenige sahen über den Dorfrand hinaus. Nur mein Großvater mütterlicherseits, er verstarb 1931 im 69. Lebensjahr, hatte damals schon gesagt: „Wenn Hitler an die Macht kommt, kommt Krieg, und wenn Krieg kommt, verlieren wir Schlesien." Wie recht er hatte! Leider verließ uns Großvater viel zu früh, denn er ersetzte unseres Vaters Stelle, welcher leider mit 38 Jahren an den Folgen des ersten Krieges gestorben war.

Ich war an einem Vormittag in der Stadt. Mir fielen unterwegs auf den Feldern kleine getarnte Geschütze auf, ebenso in Groß-Neudorf im Betrieb der Firma Strauß. Am Nachmittag arbeiteten wir auf dem Feld, als uns ungewöhnliche Geräusche aufhorchen ließen. Wir sahen auf der Parallelstraße Fahrzeuge, alles Militär. Auf einmal kamen sie in unser Dorf. Die Kolonnen rissen nicht ab, bewegten sich in Richtung Osten wohl bis zur Grenze weiter. Als bis dorthin alles besetzt war, blieben sie in den Orten – auch in unserem – für eine Woche in Quartier, bis es dann hieß, es sei Krieg mit Polen. Da ja die Grenze von uns nicht allzu weit weg war, befürchteten wir damals schon, daß es für uns Flucht bedeuten könnte.

Die Polen waren überrascht und wurden überrumpelt. Das ganze dauerte nur drei Wochen. Die Deutschen waren auf diesen Angriff gründlich vorbereitet. Wir waren froh, daß alles so schnell vorbei war und ohne große Opfer ausging. Aus unserer Gemeinde fiel nur ein Mann.

Die Hochzeit von Herbert und mir war für September 1939 geplant. In der letzten Augustwoche wurde Herbert zur Wehrmacht einberufen. Vorbei war es mit der Hochzeit. Da Herbert keine aktive Dienstzeit hatte, wurde er mit Gleichaltrigen in Brieg kurzfristig ausgebildet, denn Hitler brauchte für seine weiteren Vorhaben Soldaten. Im Mai 1940 kam die nächste Invasion gegen Frankreich. Am 10. Mai 1940 verunglückte meine Cousine Else Ukley, geb. Pohl, auf dem Feld mit dem Traktor tödlich. Sie mußte die Stelle ihres Mannes in der Landwirtschaft ersetzen.

Wir hatten den Antrag auf Kriegstrauung gestellt, da ereilte uns die traurige Nachricht, daß Herberts Bruder Willi am 12. Mai 1940 an der Westfront gefallen ist. Er war der erste in der Familie, den der Krieg genommen hat. Was nun? Ich schickte Herbert ein Telegramm, ob die Hochzeit verschoben werden solle. Herbert kam aber doch, und vier Wochen nach Willis Tod, am 11. Juni 1940, heirateten wir. Das war ein trauriges Hochzeitsfest, der Anfang vom großen Leid, denn die Familien blieben alle nicht verschont. Ich blieb noch zwei Jahre im Elternhaus, erst danach ging ich zu Herberts Eltern.

Bis dahin verlief in Schlesien noch alles normal. Doch nach und nach wurden die jüngeren Jahrgänge eingezogen, so auch meine beiden Brüder. Mit Bangen verfolgten wir die Entwicklung des Krieges. Durch den Zweifrontenkrieg, denn seit 1941 war auch Krieg mit Rußland, war vorauszusehen, daß ein Sieg aussichtslos sein würde.

Liesbeths Konfirmation 1933; v. l.: Gerhard Holdt, Liesbeth Holdt, Else Holdt, Auguste Holdt (Muttel), Margarete Holdt, Walter Holdt

Als Soldat in Polen

(Aus Tonbandaufzeichnungen)

E: Wann hast du die Einberufung erhalten?

H: Am 28. August 1939, gleich am ersten Tag. Am 1. September ging es los, und am 28. August kam die Einberufung. Wir waren aus dem Ort zehn Mann, die am 28. August einberufen wurden. Wir erhielten eine kurze Ausbildung von sechs Wochen in der Pionierkaserne in Brieg.

E: Gab es noch mehr Kasernen in Brieg?

H: Ja, die Kavalleriekaserne, die Infanteriekaserne und die Pionierkaserne.

E: Wurde damals noch die Kavallerie ausgebildet?

H: Ja, und sie ist auch noch in den Krieg eingezogen worden. Im Polenfeldzug wurde sie eingesetzt, da gab es noch Meldereiter. Später ist alles aufgelöst und motorisiert worden.

Nach der sechswöchigen Ausbildung sind wir nach Polen gekommen, dort lag die Division. Dort sind wir aufgeteilt worden, wodurch wir aus unserem Ort nicht zusammenblieben. Ich kam nach Lublin. Das war im November.

E: Als Besatzungstruppe?

H: Ja, als Besatzungstruppe haben wir in Lublin bis Januar 1940 gelegen. Wir haben von Lublin aus den Bug befestigt, die Grenze zwischen den Russen und Polen. Wir bauten Befestigungsanlagen auf dieser Seite, die Russen auf der anderen.

Von Lublin sind wir nach Radom gekommen, in eine polnische Kaserne. Von dort kamen wir dann nach Krakau, wo ich ungefähr sechs Wochen war. Und anschließend sind wir nach Deutschland zurückgekommen.

E: Was habt ihr in Radom und Krakau gemacht? Wart ihr dort bloß stationiert?

H: Dort haben wir bloß in der Kaserne gelegen.

E: Und immer als Pioniereinheit?

H: Ich war in Polen bei der Pionier-Sperrkolonne. Diese hatte die Aufgabe, im Krieg Stacheldraht, Minen, überhaupt die ganzen Sprengstoffe zu transportieren.

E: Ihr seid damals noch mit Pferden gefahren?

H: Damals habe ich die Transporte alle noch mit Pferden gemacht. Und Ende April, kurz bevor es gegen Frankreich losging, sind wir nach Deutschland gekommen. Wir kamen nach Sachsen, aber wohin, weiß ich nicht mehr. Da sind wir dann aufgelöst worden, die Pferde wurden verkauft.

E: Was hast du in Polen vom Krieg miterlebt?

H: In Lublin habe ich einiges Schlimme beim Umgang mit der jüdischen Bevölkerung erlebt. Während der sechs Wochen unseres dortigen Aufenthaltes hat sich zwischen Wehrmacht einerseits und Bevölkerung und Juden andererseits ein gutes Einvernehmen entwickelt. Ich kannte drei Juden, mit denen ich Kontakt hielt. Sie kamen zu mir und fragten mich nach Wodka. Sie selbst bekamen nichts zu kaufen. Wir sprachen uns ab, vereinbarten einen geheimen Treffpunkt, und so erhielten sie von mir Marketenderwaren. Wenn das herausgekommen wäre, wäre es mir übel ergangen. Zu den Juden durften wir keine Verbindung haben. Ich habe auch bald die Finger davon gelassen. Einmal mußte ich miterleben, wie ein Landser von einem Standgericht abgeurteilt wurde. Das geschah in der Zeit, als wir in Radom in der Kaserne lagen. Ein Soldat aus unserem Bataillon hatte Urlaub bekommen und war nicht, wie beantragt, in Heimaturlaub gefahren, sondern zur Freundin in Radom, bei der er blieb. Sie war Jüdin. Das hätte niemand bemerkt, wenn er nicht die Urlaubszeit überschritten hätte. Er hatte den Urlaub um zwei Tage überzogen, aber schon nach 24 Stunden haben sie zu Hause angefragt. Von dort kam die Meldung, daß er gar nicht da gewesen war. Als er am nächsten Tag eintraf, wurde er ganz schnell abgeurteilt. Er wurde mit verbundenen Augen an die Wand gestellt und von einem zusammengestellten Kommando standrechtlich erschossen. Wir mußten antreten und das mit ansehen

Als wir sechs Wochen in Lublin waren, kam die SS in die Stadt, als Polizei. Sie übte die Funktion der Besatzerpolizei über die ganze Stadt aus. Polnische Polizei habe ich gar nicht mehr gesehen. Polnische Spitzel waren ständig mit der SS unterwegs. Wir stellten nachts die Wache nur vor und in unserem Objekt, einer Schule, die für uns die Kaserne war. Jede Kompanie hatte ihre Wachzeit. Eines Abends bin ich mit anderen Kameraden meiner Kompanie einmal ausgegangen. Unser Ziel war eine Kneipe, in der es Gänsebraten gab. Dort haben wir nicht nur unseren Appetit auf den Braten gestillt, es wurde auch Bier getrunken, Schnaps gab es auch. In unserer Kompanie waren auch Oberschlesier, denen allgemein nachgesagt wird, daß sie gern einen heben und dann übermütig und radikal werden. An diesem Abend befanden sich auch zwei Oberschlesier in unserer Runde. Gegen halb elf verließen wir die Gaststätte und gingen nach Hause. Die Oberschlesier sangen und machten Radau auf der Straße. Wir warnten sie : „Seid endlich still, die SS ist als Polizei unterwegs!" Außerdem war die Ausgangszeit 22 Uhr schon überschritten. Als wir über den Markt kamen, kam uns ein mit einem Karabiner bewaffneter SS-Posten entgegen. Als die beiden Oberschlesier auch da nicht von ihrem Treiben abließen, trennten wir uns von ihnen und sind auf die andere Seite abgebogen. Der SS-Posten trat auf die beiden zu und verlangte mit gezogener Pistole das Soldbuch. Dann steckte er die Pistole wieder ein und nahm den Karabiner von der Schulter, während er das Soldbuch des einen Soldaten erhielt. Der andere Soldat ist inzwischen hinter den Posten getreten. Innerhalb eines Augenblicks ab entriß der hinter dem Posten stehende Soldat diesem den Karabiner und knallte ihn aufs Pflaster. Daraufhin drehte sich der SS-Posten nach ihm um. Der andere Soldat ergriff den Posten nun von hinten unter den Armen und stauchte ihn auf den Boden auf. Dabei hat er ihm wahrscheinlich das Kreuz gebrochen, denn wir vernahmen nur noch ein kurzes Stöhnen, dann war Stille. Der SS-Mann blieb auf der Straße liegen. Wir haben das Weite gesucht, die beiden Oberschlesier auch. Am folgenden Tag mußte das ganze Bataillon antreten, es wurde nachgeforscht. Vom Geschehen des Vorabends ist aber nichts an den Tag gekommen.

E: Wurde von der SS vermutet, daß Wehrmachtsangehörige beteiligt gewesen sein könnten?

H: Na klar, es gab öfter Zusammenstöße zwischen Wehrmacht und SS.

E: Wenn die SS einen Übergriff aus der Bevölkerung vermutet hätte, wäre sie dann gegen die Einwohner vorgegangen?

H: Unabhängig davon hat sich die SS an der Bevölkerung, an der jüdischen Bevölkerung gerächt. Am übernächsten Tag hat die SS ein älteres jüdisches Ehepaar, das an der Straße im dritten Stock wohnte, ermordet. Dieses Ehepaar hat die Tür vor den heranstürmenden SS-Leuten nicht öffnen wollen. Sie wurde gewaltsam geöffnet, dem Mann und der Frau wurden Schlingen um den Hals gelegt, dann wurden beide lebend aus dem Fenster geworfen. Die Schlingen waren am Fensterkreuz befestigt. Die Ermordeten hingen draußen direkt an der Hauptstraße, damit jeder Passant von der Straße das sehen sollte. Das ereignete sich, bevor in Lublin die SS die Juden aus ihren Wohnungen getrieben hat. In Lublin haben sie Hunderte und aber Hunderte jüdischer Menschen umgebracht. Wir haben einiges mit ansehen müssen, unsere Unterkunft war in der Luwatowski-Schule, am Ende der zwei Kilometer langen Straße Luwatowskaja. Am Markt wurde ein großes Schild angebracht mit der Aufforderung, sich an einem bestimmten Tag zu einer bestimmten Uhrzeit auf dem Marktplatz einzustellen. Es hat sich natürlich kein Mensch eingefunden. Daraufhin wurden die Juden herausgeholt. Polnische Spitzel haben die SS begleitet und die Wohnungen der Juden verraten. Diese wurden auf den Marktplatz getrieben, wo sie antreten mußten. Hier wurde ein Männerkommando aus jungen jüdischen Männern zusammengestellt. Diese Männer mußten in der Sandöde am Ende der Luwatowskaja, gleich hinter unserer Unterkunft, eine große Grube ausheben. Am nächsten Tag wurden die Juden auf dem Markt zusammengetrieben, Kinder, Frauen und Männer. Mit den Händen hinter dem Nacken wurden sie die Luwatowskaja entlang bis an die ausgehobene Sandgrube getrieben. Sie wurden unterwegs schon halb totgeschlagen. Auf der Luwatowskaja floß ihr Blut. Am Grubenrand mußten sie sich aufstellen, und mit Genickschuß wurden alle getötet.

E: Sind auch Juden woanders hin abtransportiert worden, oder kamen alle in dieses Massengrab?

H: Wir haben ja nicht alles gesehen. Es hat vielleicht auch Transporte in Konzentrationslager gegeben.

E: War euch damals etwas bekannt von Vernichtungslagern, von Konzentrationslagern?

H: Ach wo, das haben wir nicht gewußt. Das haben wir doch die ganzen Jahre nicht gewußt. Das ist uns erst alles später bekannt geworden. Aber wie sie mit den Juden umgegangen sind, das habe ich seit Lublin gewußt.

In Polen lebten sehr viele Juden. Da gab es zum Beispiel das kleine Städtchen Otsarow, etwa sechs Kilometer von Lublin entfernt, und vielleicht von zehntausend Menschen bewohnt. Das waren hauptsächlich Juden. Dort habe ich die Juden so gesehen, wie die in der Zeitung „Der Stürmer" abgebildet waren: Alle mit Bart, einen Strick als Gürtel um den Leib geschlungen, der den Mantel zusammenhielt. Als wir in der Zeitung die erbärmlichen Bilder sahen, sagten wir uns, das ist doch alles Tünnef, was sie da zeigen. Aber so leibhaftig arm haben wir dann die Juden in Otsarow anfangs angetroffen. Und später waren sie alle verschwunden. Das Städtchen war leer, wir sind dort immer durchgefahren.

Alle Männer im Krieg

Dann kam der kalte Winter 1942/43. Im Kriegsverlauf zeichnete sich eine Wende ab, durch die der Rückzug der Front eingeleitet wurde. Als Stalingrad fiel, haben auch sechs junge Männer aus unserem Dorf ihr blühendes Leben dort lassen müssen. Einer von ihnen war auch der Mann meiner Cousine Hilde, Hermann Mündel. Die Geburt seines zweiten Sohnes Hartmut hat er noch in Stalingrad im November 1942 erfahren, danach kam keine Nachricht mehr von ihm. Von diesem kalten Winter an ging es immer mehr rückwärts. Die Soldaten konnten nicht mehr ausreichend versorgt werden. Die Bevölkerung in der Heimat wurde aufgerufen, warme Sachen wie Handschuhe und Strümpfe bereitzustellen. Das konnte den Sieg nicht bringen.

Mein Bruder Gerhard war erst in Gleiwitz stationiert, dann wurde die Einheit nach dem Westen verlegt. Es kam längere Zeit keine Nachricht. Die Sorgen blieben da nicht aus. Endlich kam Post, aber nicht von Gerhard. Sein ihn behandelnder Arzt, ein Professor, schrieb an Muttel, wie schlecht es um ihn nach einer schweren Blinddarmvereiterung stünde. Solche Ängste vergißt man nicht. Ich weiß aber nicht, in welchem Jahr das war.

Auch die Luftangriffe auf deutsche Städte wurden häufiger. Herbert war eine Zeit lang nicht direkt an der Front, da schon ein Soldat aus der Familie gefallen war. Er versah seinen Dienst in Berlin, das besonders schweren Luftangriffen ausgesetzt war. Das vergrößerte die Sorgen um ihn, denn er war damals schon magenkrank. Mein Bruder Walter wurde inzwischen auch eingezogen.

Als Soldat in der Heimat (April 1940 – Anfang 1943)

H: Im April 1940 wurde unsere Pioniertruppe aufgelöst, und wir bekamen erst einmal Urlaub, „Urlaub bis auf weiteres“. Das war nur eine Woche. Ich mußte mich mit noch vier Kameraden aus unserem Ort in Weißenfels melden.

E: Am 11. Juni 1940 habt ihr dann geheiratet.

H: Unsere Hochzeit war nicht das, was man sich darunter vorstellt. Es war eher eine Trauerfeier. Am 1. Mai ging der Krieg gegen Frankreich los, und am 2. Mai ist mein Bruder Willi dort gefallen. Er war der erste an der Westfront Gefallene unseres Dorfes, und sechs Wochen später war unsere Hochzeit. Willi hinterließ seine Frau und seinen zwei Jahre alten Sohn Arwed. Willis

Grab befindet sich in Saarbrücken, der Friedhof besteht noch als „Heldenfriedhof“ vom ersten Weltkrieg.
Ich war in Weißenfels in einer Ersatzkompanie. Diese wurde nach ungefähr sechs Wochen aufgeteilt und kam an die Front, größtenteils nach Frankreich. Ich blieb noch in Weißenfels. Das hatte ich einer Sonderregelung zu verdanken, nach der bei einem Gefallenen unter mehreren eingezogenen Söhnen der gleichen Familie ein anderer Sohn vom Fronteinsatz zurückgestellt werden konnte. Das ging nicht automatisch. Meine Zurückstellung wurde von der Gemeinde aus, vom Bürgermeister, beantragt. Diese Regelung hatte in den späteren Kriegsjahren keine Bedeutung mehr. In Weißenfels in der Kaserne blieb ich neun Monate. Sonntags bin ich öfter mal nach Hause gekommen.

E: Du warst zu meiner Geburt am 16. Mai zu Hause. Hattest du dafür Urlaub bekommen?

H: Ich war zufällig auf Urlaub zu Hause. Wegen des Geburtstermins habe ich keinen Urlaub bekommen. Die Geburten waren bei uns alle zu Hause, und wenn die Ehefrau es wünschte, konnte der Mann bei der Geburt dabeisein. So habe ich deine Geburt miterleben können. Von Weißenfels bin ich wieder nach Polen gekommen, nach Otsarow. Dort war ich dann bis Ende 1942/Anfang 1943. Anschließend war ich wieder vier Wochen in Weißenfels, von dort kam ich nach Berlin. In dieser Zeit bin ich krank geworden, ich hatte Magengeschwüre. Vom Heimaturlaub bin ich gleich nach Brieg ins Lazarett gekommen. In diesem Lazarett lag ich sechs Wochen. Dann kam ich nach Berlin-Buch, ich sollte operiert werden. Der Röntgenbefund ergab, daß ich Geschwüre am Magen und Zwölffingerdarm hatte. Zu dieser Zeit wurde am Zwölffingerdarm noch nicht operiert. Ich hörte den Oberstabsarzt zum Stabsarzt sagen: „Es ist schade, wir kriegen den Mann nicht KV“ (KV = kriegsverwendungsfähig). So wurde ich nach Berlin beordert, als GVH (garnisonsverwendungsfähig in der Heimat).

Polnische Fremdarbeiter

Da die jungen Männer zur Wehrmacht mußten, fehlten die männlichen Arbeitskräfte auf den Höfen. Die Arbeit mußte aber gemacht werden, denn auf einem Bauernhof gibt es keinen Stillstand. Es kamen Fremdarbeiter aus der Ukraine, auch aus Polen. Was das für Leute waren, ob gefangengenommene

Soldaten oder Zivilisten, weiß ich nicht. Sie wurden dort eingesetzt, wo die Männer auf den Höfen fehlten.

Mir ist nicht bekannt, daß diese Männer in unserem Dorf als Gefangene betrachtet wurden. Sie wurden von uns als gleichberechtigte Mitbürger behandelt. Für uns war es selbstverständlich, mit ihnen gemeinsam die Mahlzeiten an einem Tisch einzunehmen und alle Arbeiten zusammen zu verrichten. Sonst hatten sie freien Lauf, sie wurden von niemandem kontrolliert. Mutter hatte einen Arbeiter mit Namen Josef zur Hilfe. Eines Tages bekam er Post von seinen Angehörigen, da war er sehr traurig und weinte. Es war ein ihm Nahestehender verstorben. Ich glaube, er stellte daraufhin einen Antrag, und er durfte zurück. An seiner Stelle bekam Mutter einen anderen, dieser war jünger. Unser Fremdarbeiter bewohnte ein eigenes kleines Zimmer im Auszughaus. Er machte seine Arbeit, niemand behelligte ihn, und so ging alles seinen Gang.

A Butte

Mir waren als Dreijährigem nicht nur die Schönheiten und Reize der Erde über Ohr, Auge und Nase eingegangen, ich muß auch Wohlgefallen an der Sprache entdeckt und mich im Umgang damit geübt haben. Ich kann mich jedoch nicht entsinnen, auf die Frage nach meinem Namen mit „A Butte" geantwortet zu haben. So aber wird es mir nachgesagt.

Erwachsene und andere Besserwisser hören zu undeutlich hin, wenn sich Kleinkinder mit ihrem Kauderwelsch einer Sprache bedienen, mit der doch alles so klar ausgedrückt werden kann.

Von Berlin an die Ostfront

In Berlin kam ich zu einem „Ersatzhaufen". Untergebracht waren wir an der Hasenheide in einem großen Gasthaus, „Kliems Festsälen". Zu unserem Bestand gehörten vierzehn Pferde, von denen ein Teil auf dem Grundstück der Gaststätte, der andere Teil auf der gegenüberliegenden Seite der Hasenheide, einer schnurgeraden, breiten, etwa zweieinhalb Kilometer langen Straße, eingestallt war.

Unsere Kompanie war in ganz Berlin zum Ausbau der Luftschutzkeller eingesetzt. Ich war damals Obergefreiter und hatte das Holzfahren zu organisieren. Dazu hatte ich ein Kommando aus GVH-Leuten von vierzehn Mann (sieben Fahrer und sieben Beifahrer) einschließlich der Pferde. Früh holte ich immer die Aufträge von der Schreibstube ab. Das Bauholz wurde herangebracht und auf dem Hof zu Stempeln zurechtgeschnitten.

Am Anfang war das ganz gut, aber dann kamen ab Sommer 1943 immer öfter die Luftangriffe. Anfangs waren diese meist nachts, gegen Ende 1943 kamen sie auch bei Tage, und dann gab es die Angriffe unaufhörlich Tag und Nacht. Ich erlebte es immer wieder, wie von 1943 auf 1944 Luftschutzkeller durch die Bomben verschüttet und dadurch Hunderte von Menschen eingeschlossen wurden. Das Freilegen der Verschütteten forderte unseren ganzen Einsatz. Nach den Angriffen war es immer schrecklich. Da haben Frauen auf der Straße nach ihren Kindern geschrien und umgekehrt die Kinder nach ihren ums Leben gekommenen Müttern. Die armen Menschen in Berlin haben etwas durchmachen müssen, was auch uns zermürbte, die wir tagtäglich mit dem Elend umzugehen hatten. Vor allem in der Zeit zwischen Januar und März gingen die Angriffe pausenlos. Kaum, daß wir die Keller verließen, gingen schon wieder die Sirenen und kündigten neue Bombardements an. Wir wünschten uns manchmal, daß wir raus an die Front kämen, um nicht noch länger die Tragik der Menschen in der Heimat mit ansehen zu müssen. Helfen konnten wir wenig.

Im April sind wir dann von Berlin weggekommen. Da ist jeder, der nicht „den Kopf unter dem Arm getragen" hat, an die Ostfront geschickt worden. Unsere Kompanie kam in ein direktes Frontgebiet nach Rußland. Unsere Pferde aus Berlin hatten wir mitgenommen. Wir bauten wieder Befestigungen aus, errichteten Panzersperren und legten Drahtverhaue. Es waren nur noch Maßnahmen zum Aufhalten. Für jedermann war ersichtlich, daß es nur noch rückwärts ging.

Der Gesang der Lerche

Rings um mich ist Frieden. Ich kenne bisher nur das, was ein Kind zum Leben braucht: Frieden. Ich lebe und gedeihe in ihm, ohne dieses Wort zu kennen.

Ein anderes Wort kenne ich schon: Krieg. Kinder können in ihm nicht leben und gedeihen, und ich brauchte ihn noch nicht kennenlernen. Aber dieses Wort ist da, ich kenne es aus dem Lied, das mir die Großen vorsingen, und das ich schon nachsingen kann:

Maikäfer fliege,
Vater ist im Kriege,
Mutter ist im Pommerland,
Pommerland ist abgebrannt.

Mein Vater ist nicht da, er ist im Kriege. Ich weiß nicht, wie mein Vater aussieht. Aber meine Mutter zeigt mir immer seine Fotografie. Meine Mutter ist da, sie ist nicht im Pommerland, sie ist auf der Wiese, nicht weit weg von mir.

Ich liege auf dem Rücken im Gras. Über mir ist offener, blauer Himmel, aus dem viel Licht und Wärme fällt. Das Licht ist so hell, daß ich nichts anderes erkenne als Licht, auch wenn ich wegschaue, dorthin, wo ich meine Mutter weiß. Ich höre sie, wie sie sich mit den anderen Frauen unterhält, während sie arbeiten. Sie wenden Heu. Sie sind mit den Fahrrädern hier hinausgekommen, die Mutter hat mich auf dem Fahrrad mit hierhergebracht. Nun liege ich auf dem Rücken in der Sonne und sehe das viele Licht über mir. Mir ist wohlig zumute und ich schließe die Augen. Es bleibt hell und warm. Ich nehme durch die geschlossenen Augen wahr, daß das Licht die Farbe wechselt, daß bunte Kreise ineinander verschwimmen und immer wieder neue bunte Flecken entstehen. Dieses bewegte Farbenspiel genieße ich jedes Mal, seitdem ich es entdeckt habe.

Aber da ist noch etwas: Ein trällernder Wohlklang kommt aus der Höhe mit dem Licht zu mir, so klar und schön wie das Licht selbst. Ich habe ihn aufgenommen und gab ihn nie wieder preis. Von diesem Tag an gab ich immer wieder acht darauf und habe ihn immer wieder erleben können. Als ich später lernte, Fragen auch nach solchen geheimnisvollen Dingen zu stellen, wurde mir gesagt, daß diese buntschillernde Melodie das Lied der Lerche ist.

Und immer, wenn ich später eine Lerche hoch oben hörte, verfolgte ich ihren Gesang bis zu seinem Abschluß, bis zu dem Augenblick, in dem sich die Sängerin aus ihrer Höhe wie ein Stein zur Erde fallen läßt. Und jeder Lerchengesang zauberte später in mir das Bild jenes Kindheitserlebnisses hervor, das mit so viel Wärme und Licht, Wohlklang und Harmonie verknüpft ist. Es ist für mich ein schönes und liebliches Bild geblieben, und es gab Jahre, in denen habe ich keine Lerche mehr singen hören. In solchen Jahren fehlte mir etwas. Ich lebe in einer Stadt, in der Lerchen nicht mehr leben können, und ich lebe in einem Land, in dem sich auf den sehr großen Feldern die Lerchen nicht mehr zurechtfinden können. Die Weite der Felder hat ihre Lebensräume eingeengt.

Den Lerchengesang nenne ich meine älteste Erinnerung. Sie ist ein Traumbild geblieben, ohne Zusammenhang und losgelöst von allen Geschehnissen davor oder danach.

Elses Hochzeit mit Gerhard Albinsky am 20. Februar 1943.

Hochzeiten

Lisbeth

Am 24. Januar 1942 heiratete meine Schwester Lisbeth Gerhard Adam aus Gräben bei Striegau. Er war einziger Sohn, war Sanitäter und in Brieg stationiert. Am 22. Juni 1943 wurde ihre gemeinsame Tochter Marianne geboren. Die Freude an neuem Leben wurde jedoch immer wieder durch Todesnachrichten überschattet.

Else

Am 20. Februar 1943 heiratete meine Schwester Else Gerhard Albinsky. Er wurde vorläufig wieder vom Einsatz zurückgestellt, da der Hof ohne Verwaltung war. Seine Mutter war bettlägerig, der Vater verstorben. Am 24. Oktober 1943 wurden ihre Zwillinge Monika und Annelies als Frühchen geboren. Das war eine besonders schwere Zeit für meine Schwester Else, wenn man bedenkt, wie verhältnismäßig leicht es heute Eltern bei solchen Geburten haben.

Friedel

Ich sehe mich vor der Kirche inmitten vieler Menschen und nehme Blüten aus einem Körbchen und werfe sie auf die Erde. So sollte ich es tun, ganz entgegen den bisherigen Anweisungen, wonach nichts abgerissen und weggeworfen werden durfte von dem, was da so wuchs. Und damit ist auch schon die Erinnerung erschöpft an jenes Hochzeitsfest meiner Patentante Friedel, der und ihrem Bräutigam Willi zu Ehren ich als Blumenstreukind am 4. November 1944 in Gerlachshain eingeladen war.

Das blieb auch die einzige Hochzeit in meiner zahlreichen Verwandtschaft, bei der ich Gast war. Als junger Mann nahm ich später aus Mangel an Einladungen nur noch an meiner eigenen Hochzeit teil. Noch später verhinderten die durch Deutschland gezogenen Grenzen die Teilnahme an einer Hochzeit oder anderen Familienfeierlichkeit in Westdeutschland für den, der Wert darauf legte, mit seinem Ehepartner reisen zu wollen. Die Reisebestimmungen, die für die Bevölkerung der DDR aufgestellt wurden, lassen sich nicht vom Wortlaut, aber inhaltlich so zusammenfassen: Alle nicht nah genug stehenden Verwandten waren von einer Reise vom Osten nach dem Westen Deutschlands ausgeschlossen. Nur der Begriff „blutsmäßig“ fehlte noch zur Parallele, die in der deutschen Vergangenheit angesiedelt ist.

Am 5. November 1989 heiratete meine Cousine Birgit. Sie hatte mich und meine Frau eingeladen, aber Ursel erhielt nicht die Ausreisegenehmigung, und so sind wir beide daheim geblieben. Am 9. November 1989 ist dann die Deutschland in zwei Teile trennende Grenze bedeutungslos geworden.

Zwillinge

Else, die Mutter der im Oktober 1943 geborenen Zwillinge, hatte keine Nahrung. Die Kinder waren auch so schwach, daß sie gar nicht hätten saugen können.

Großer Dank gilt der tüchtigen Hebamme Frau Scheithauer aus Stoberau, zehn Kilometer entfernt von Gerlachshain. Sie scheute nicht den Weg und kam täglich nach den Kindern sehen. Gleich bei der Geburt glaubte sie wohl selbst nicht, daß das Leben der Kleinen zu erhalten sei. So fuhr es ihr beim Besuch am nächsten Morgen mehr unbewußt als absichtlich heraus, als sie beim Anblick der lebenden Kinder sagte: „Was, sie leben noch? Da müssen wir alles daran setzen, um sie zu erhalten."

Monika und Annelies waren Siebenmonatskinder, und sie durften bis zum normalen Geburtstermin von neun Monaten nur Muttermilch bekommen. Das war ein Problem! Marianne war damals vier Monate und brauchte Muttermilch nicht mehr unbedingt. Frau Scheithauer sagte zu Lisbeth, sie möchte doch ihre Nahrung für die kleinen schwachen Mädchen geben, was sie auch tat. Aber sie konnten ja nicht saugen.

So wurde die Nahrung abgezogen. Frau Scheithauer wärmte die Milch im Wasserglas mit dem Teelöffel an, drückte mit dem Zeigefinger und Daumen die Kiefer auseinander und flößte so die Milch teelöffelweise den Kindern ein. Das mußte alle drei Stunden Tag und Nacht erfolgen. Diese Mühe muß sich erst einmal jemand vorstellen!

Als sie drei Wochen alt waren, sahen beide – auch bedingt durch die Gelbsucht, die sie inzwischen dreimal hatten überstehen müssen – noch elender als bei der Geburt aus. Einmal kam ich mittags hin, als Else Monika vor sich hatte. Das Kind war nur noch ein Skelett, Else weinte und wußte keinen Rat. Ich lief schnell zur Post, um die Hebamme herbeizurufen. Diese hatte schon ein Moped und war schnell da. Sie kam gerade noch rechtzeitig zum Kind, riß dessen Zunge hervor und hat damit Monika vor dem Ersticken gerettet. Monika war so schwach, daß die zurückfallende Zunge die Luftröhre verschloß. Dann mußte Else bei ihr sitzen und aufpassen, falls wieder ein Schwächeanfall käme.

Else weinte um die Kinder. Dazu meinte ihr Mann Gerhard, der sehr gläubig war: „Weshalb weinst du, du wolltest sie nicht haben, und da nimmt sie der liebe Gott wieder zu sich.“ Else wollte natürlich ihre Kinder, aber sie war darüber traurig, daß es zwei waren, dazu noch Frühgeburten, was ihr Bedenken machte hinsichtlich des Urteils ihrer Umgebung, da doch ihre Hochzeit erst acht Monate zurücklag. Wie hat sich doch die moralische Wertvorstellung seither verschoben.

Die Kinder hatten die Krise überstanden, wuchsen und gediehen. Lisbeths Nahrung reichte längst nicht mehr, da wurde von einer anderen Wöchnerin aus dem Nachbarort gegen Abgabe von Lebensmitteln die so dringend gebrauchte Muttermilch herangeschafft. Schließlich erhielt Else auf Milchkarten eine Kindernahrung, ähnlich der heutigen Säuglingsnahrung. Eine große Unterstützung bei der Pflege der beiden Geschwister war Elses Schwägerin Frieda, Frau Maitre. Sie hatte selbst drei Kinder und war wegen der Luftangriffe von ihrem Wohnsitz in Bernau oft im Elternhaus. Sie unterstützte Else, wo sie nur konnte. Während der Schwangerschaft konnte Else nichts essen, daran schloß sich die Zeit fehlender Nachtruhe an, als die anstrengende Pflege im Drei-Stunden-Rhythmus ihr alles abverlangte, die Verantwortung für den Hof kam hinzu, da ihr Mann wieder wegmußte. Zudem verbrühte sie sich noch den Unterschenkel so, daß alles eine Blase war. Sie hatte keine Ruhe. Die noch vor ihr stehenden Belastungen sollten dann doch zuviel für sie werden, ihre Kräfte waren aufgebraucht. Doch darüber an anderer Stelle mehr.

Frau Scheithauer wird sich sicher während der Nachkriegsjahre an die Kinder erinnert haben. Ich bemühte mich, ihren Aufenthalt ausfindig zu machen, was mir aber erst durch Frau Maitre gelang. Diese traf sie beim Schlesiertreffen. Um sie zu treffen, sollte ich zum anschließenden Briegertreffen nach Goslar, war aber verhindert, und ein Vierteljahr später war sie verstorben. Ich bedauere sehr, daß ich sie nicht mehr wiedersehen konnte.

Am 18. April 1944 ist Lisbeths Mann Gerhard Adam bei Bordeaux gefallen. Marianne war damals zehn Monate alt. Lisbeth sprach kaum noch, sie klammerte nur Marianne an sich.

Bis zum Herbst 1944 war die Lage in den schlesischen Dörfern noch verhältnismäßig normal. Erst danach spitzte es sich immer mehr zu. Wir begannen schon zu ahnen, was uns bevorstand.

Der Geruch der Erde

Ein weiteres Bild taucht auf, farbig, funkelnd und duftend. Jemand öffnet mir die Tür, und da sehe ich bunte Kugeln glänzen und Fäden glitzern in den vielen Lichtern, die am Tannenbaum stecken. Ich werde in das Zimmer geführt, in dem der Weihnachtsbaum steht, und aus dem das Christkind soeben entwichen ist. Ich lernte in jenen Jahren nur das Christkind kennen, in späteren Jahren und in einem anderen deutschen Land war der Weihnachtsmann für die Bescherung der Kinder zuständig.

Neben dieser Erinnerung an Weihnachten 1944 ist nur noch ein Hauch Geruch geblieben, der den Spielzeugbausteinen anhaftete, mit denen ich das Übereinanderstapeln gezeigt bekam und mich darin übte. Diesen Geruch trug ich sehr lange mit mir herum, er ließ sich mit anderen Gerüchen nicht vergleichen. Und als ich ihn nach Jahrzehnten noch einmal erschnüffelte, mußte ich darüber grübeln, woher ich ihn schon kannte, den Geruch nach gebrannter Erde.

Während die Mütter zu Hause ihre Söhne im Spiel das Aufbauen lehrten, wurden ihre Väter durch andere Länder gehetzt und übten im Krieg das Zerstören.

Das großelterliche Gehöft lag 1945 in Schutt und Asche. Die Erinnerung an die Ruine ist stark verblaßt, aber die Konturen des unzerstörten Anwesens sind mir noch gegenwärtig: Das Gehöft bildete ein Rechteck, das von drei Seiten durch Gebäude und an einer Seite durch einen hohen Bretterzaun begrenzt war. In der Mitte dieses Zaunes führten ein breites Hoftor und eine kleinere Tür auf die Straße. Vom Hoftor aus stand rechts das Wohnhaus, dem schloß sich im rechten Winkel dazu das Stallgebäude an, und daran links stand die Scheune.

Das Dorf, in dem ich geboren wurde und das ich seit meinem fünften Lebensjahr nicht mehr gesehen habe, habe ich im Gedächtnis bildhaft vor mir als Ort mit großen Häusern an einer breiten Straße mit gewaltig hohen Bäumen. Sechsundzwanzig Jahre später sah ich meinen Geburtsort wieder. Meine monumentalen Gedächnisbilder schrumpften zu Miniaturen.

Ähnlich klein muß in Wirklichkeit auch der Bretterzaun gewesen sein, über den ich einst nicht hinwegsehen konnte. Das Bild von ihm ließ sich nicht korrigieren, sein Modell gab es nicht mehr. An seiner Stelle lag eine grüne Wiese an der Straße. Die einstigen Ruinen von 1945 waren geschliffen. Wir standen zu viert davor: neben mir meine Frau, die meinen Ursprüngen nachgehen wollte, unsere damals sechsjährige Tochter Susann, für die diese Fahrt die erste Reise ins Ausland war, und mein Vater, den ich bis dahin noch nicht weinen gesehen hatte.

Er stand vor seinem elterlichen Grundstück, in dem er geboren wurde und aufwuchs, in dem er Pläne schmiedete und glücklich war, in dem er seinen Sohn hat zur Welt kommen sehen und das er einst als Soldat verlassen mußte, ohne zu ahnen, daß er nie mehr zurückkehren darf. Dieses Wiedersehen war nicht vergleichbar mit dem eines Menschen, der einst freiwillig seinen kleinen Heimatort verlassen hat und nach erfolgreichen Jahrzehnten als Amerikaner mit dem Fotoapparat in der Hand zurückkehrt, um noch Lücken im Bilderalbum zu schließen.

Meines Vaters Wunsch war es, noch einmal dorthin zurückzukehren, wo einst seine Hoffnungen wurzelten.

Meine Mutter trat diese Reise damals noch nicht mit an: Ihr waren sechsundzwanzig Jahre Abstand zu gering, sie hatte ihre Erinnerungen an Flucht und Vertreibung noch nicht tief genug begraben.

Schneidemühl

Einmal kam mich Gretel in Ostpreußen besuchen. Später wollte sie mich noch in Schneidemühl aufsuchen, wo unsere Kompanie zuletzt eingesetzt war. Ich hatte sie jedoch davon abhalten können, denn die Lage wurde immer kritischer, schließlich wurde Schneidemühl zur Festung. Sehr viele Frauen, die hier ihre Männer besuchen kamen, sind vor dem Angriff nicht mehr herausgekommen. Wer weiß, was mit diesen Frauen dann geworden ist, als der Russe die Festung eingenommen hat.

Unsere Pferde hatten wir mit nach Schneidemühl bekommen. Dort haben wir sie jedoch nicht mehr gebraucht, wir haben sie nur noch versorgt. Wir arbeiteten an der Verteidigungsbefestigung. Zuletzt war ich auf dem Flugplatz im Einsatz.

In Schneidemühl war eine ganze Division (etwa 22 000 Mann) stationiert. Wir mußten immer mehr zusammenrücken, die Angriffe wurden von Tag zu Tag heftiger, besonders die der russischen Flugzeuge. In jenen Tagen stieß noch ein Leutnant zu uns mit zwei Kompanien 15- bis 16jähriger Jungs. Die Kinder sollten auch noch auf dem Flugplatz eingesetzt werden. Drei dieser Jungen wurden mir zugeteilt. Den größten Teil unserer Zeit verbrachten wir in der Deckung vor den Angriffen aus der Luft, wozu wir in Bombentrichtern und ähnlichen Löchern steckten. Bei einem größeren Angriff sind diesen Kindern, die so etwas zum ersten Mal erlebten, die Nerven durchgegangen. Um Hilfe schreiend sind sie aus den Löchern gesprungen und rannten, so schnell sie konnten. Sie kamen nicht weit, die Bordschützen in den Flugzeugen trafen sicher. Von meinen drei Jungs konnte ich zwei gerade noch am Kragen erwischen und sie auf die Erde drücken. „Ihr bleibt hier drin!“ schrie ich sie an. Nach dem Angriff fielen mir die beiden dankbar um den Hals. Der dritte entwischte mir, er wurde tödlich getroffen. Von den vielleicht zweihundert Jungen werden nur zwanzig diesen Angriff überlebt haben.

Nach zwei weiteren Tagen kam am Abend der Befehl, in der folgenden Nacht Schneidemühl zu räumen. Mit den noch zur Verfügung stehenden Sturmgeschützen und Panzern sollte der Durchbruch beim Ort Fladow und der Rückzug in Richtung Westen erfolgen. Es war Ende Januar 1945, sechs Wochen Belagerung lagen hinter uns, nun steckten wir mitten im tiefen, kalten Winter.

Früh um 3 Uhr kam der Befehl zum Durchbruch. Der Festungskommandant und die großen Befehlshaber haben in sicheren Panzerfahrzeugen den geschlossenen Ring durchbrechen und entweichen können, wir als Infanteristen und die gesamte eingeschlossene Zivilbevölkerung der Stadt hatten keine Chance zur Flucht. Als das Fußvolk an die Frontlinie kam, hatte der Russe den Ring wieder geschlossen. Dann kam der Befehl „Es rette sich, wer kann!“ Daraufhin ist die Truppe nicht mehr zusammengeblieben. Alle zerstreuten sich. Von meiner Kompanie habe ich nie wieder jemanden getroffen.

Mit zwei Kameraden, einem Feldwebel und einem Unteroffizier, bin ich zusammengekommen. Wir drei wollten uns gemeinsam in Richtung Westen durchschlagen. Der Feldwebel hatte einen Kompaß bei sich. Als es Tag wurde, haben wir uns im Wald unter dichtem Reisig versteckt, nachts sind wir weitergezogen. Wir kamen in der ersten Nacht an ein Flüßchen, so breit wie die Neiße. Die Brücke, etwa fünfzig Meter weiter, war gesprengt. Um nicht in Gefangenschaft zu geraten, mußten wir den Fluß durchqueren. Wir haben uns entkleidet, nur die Stiefel anbehalten, und sind mit dem Kleiderbündel auf dem Kopf durch den Fluß gewatet. Die Eisschollen schwammen auf dem Wasser. Wir drei haben das überstanden, viele andere haben diese Flußdurchquerung wegen des eisigen Wassers mit dem Leben bezahlt. Am anderen Ufer kippten wir das Wasser aus den Stiefeln, zogen die Sachen wieder an und setzten unseren Weg in westliche Richtung fort. So gelang es uns, immer nachts die russische Hauptkampflinie (HKL) zu überqueren, aber tagsüber wurden wir immer wieder von den russischen Linien überholt. Nach dem dritten nächtlichen Wettlauf kamen wir wieder an ein Flüßchen an einem Dorf. Wir steuerten ein vom Dorf etwa fünfzig Meter entfernt einzeln stehendes Häuschen an, obwohl wir eigentlich weiterwollten. Aber es begann zu tagen und wir mußten unterschlüpfen. Neben dem Häuschen befand sich eine Waschküche, in der ein Bettgestell und ein altes Sofa standen. Dort ließen wir uns nieder. Wir sind vor Erschöpfung alle drei sofort eingeschlafen.

Auf der Flucht

Der Hof von Paul und Auguste Holdt. Links das Auszugshaus, das Altenteil der Großmutter.

Die Flucht steht bevor

Im Oktober und November lag Herbert mit seiner Einheit an der Ostsee. Ich beschloß, ihn zu besuchen. Als ich zurückkam, waren bei uns im Dorf die ersten Flüchtlinge, vom Balkan stammende Rumäniendeutsche, die ihre Trachten noch trugen. Die Frage drängte sich auf, was aus uns werden würde. Wir wußten nicht, was wir tun sollten. Die Soldaten schrieben, der Krieg würde nicht mehr lange dauern. Im Herbst waren auch bei uns in der Gegend schon Fliegerangriffe.

Weihnachten kam Herbert dann nach Schneidemühl. Diese Stadt wurde zur Festung erklärt. Ich wollte ihn dort besuchen und Eckhart mitnehmen. Herbert erkannte aber die Gefahr und ließ unseren Besuch nicht zu, was richtig war. Von anderen Kameraden kamen die Frauen sogar bis aus Westdeutschland. Sie sind dann nicht mehr weggekommen, als der Kampf um die Festung einsetzte.

Immer dann, wenn einer der Männer auf Urlaub nach Hause zurückkehrte, wurde darüber diskutiert, was alles gemacht werden solle und was am besten wäre. Mein Bruder Gerhard schlug vor, nur an Verpflegung zu denken und eine Kuh mit auf eine bevorstehende Flucht zu nehmen. Es ließ sich vorher alles viel leichter sagen, als es durchzuführen war.

Mein Bruder Walter lag an der Westfront, brach sich dort ein Bein und kam nach Stettin ins Lazarett. Lisbeth entschloß sich schnell und fuhr ihn besuchen. Sie erwirkten die Überführung ins Heimatlazarett nach Brieg, wohin er auf Lisbeths Schultern gestützt gelangte. Er kam aus Brieg immer wieder zu uns nach Gerlachshain, mußte aber stets zurück.

Das Jahr 1944 ging dem Ende entgegen, und 1945 meldete sich mit kaltem Winter und viel Schnee an. Nun war immer deutlicher abzusehen, daß der „Totale Krieg“, der am Vorabend zu Elses Geburtstag 1943 im Radio verkündet worden war, auf uns zurückschlagen würde. Die Front stand an den Grenzen von Deutschland.

Ich wohnte zu jener Zeit im schwiegerelterlichen Hof. Wie naiv wir Dorfbewohner waren, ist daran zu sehen, daß in der damaligen Situation, als ringsum der Aufbruch im Gange war, mein Schwiegervater Wilhelm Bürkner, Herberts Schwester Friedel und ich in den Wald gingen, um Stockholz zu roden. Auch Gotthold Herbst war mit uns im Wald, solange es nicht zu kalt war. Dieses Holz wird immer noch dort liegen, wenn es nicht verfault ist.

Als ich wieder einmal nach Hause ging, um zu sehen, wie es dort stünde, begegnete ich bereits Flüchtlingsfuhrwerken, die von Richtung Grenze kamen. Meine 84jährige Großmutter Karoline Holdt empfing mich ganz erbost, ob wir denn bei Bürkners schlafen würden und nicht wüßten, wie es in und um Deutschland aussähe, die Leute ringsum packten schon zur Flucht. Unsere Großmutter war durch Verschleiß in den Knien gehbehindert und mußte zwei Stöcke gebrauchen, sonst war sie organisch ganz gesund und voll im Besitz ihrer geistigen Kräfte. Obwohl nicht alle älteren Leute die Strapazen der Flucht auf sich nahmen und zurückgeblieben sind, ihr wäre das niemals in den Sinn gekommen.

Am 16. Januar 1945 unterbrach Herr Maitre die Fahrt, auf der er sich mit seiner Truppe befand, setzte sich von ihr ab, um nach Gerlachshain zu kommen und nach seiner Familie zu sehen. An diesem Tage war der Angriff auf die Hauptkampflinie im Südabschnitt, also in Schlesien. Er verfolgte die Berichte, und als erfahrener Soldat – er war Offizier – wußte er um den Ausgang. Die Deutschen gaben schon beim ersten Angriff die Hauptkampflinie auf. Er selber fuhr zu seiner Truppe zurück, sagte aber zu seiner Frau Frieda: „Nimm die Kinder und fahre nach Bernau, in drei Tagen ist die Front in Schlesien.“ Er hat recht behalten.

Die damaligen Obrigkeiten organisierten die Räumung der Gemeinde, und sie wußten das zu ihrem Vorteil auszunutzen. So holten sie meiner Schwester Else nachts ein Pferd aus dem Stall, ohne Rücksicht darauf, daß sie allein mit den kleinen Kindern dastand. Ich sehe noch deutlich vor mir, wie dieselben Leute drei Pferde vor zwei große Wagen gespannt hatten. Was sollten die Leute machen, die kein Fuhrwerk hatten?

Ebenso klar habe ich noch das Bild vor mir, wie die alleinstehende Klara Lerche mit ihren drei kleinen Kindern auf nur einem Handschlitten und sonst ohne irgendein Gepäckstück dastand und auf die große Reise mußte, niemand scherte sich um sie. Wie weit wird sie wohl gekommen sein?

Frau Maitre fuhr aber noch nicht an jenem Dienstag ab, sondern erst Donnerstag, den 18. Januar. Sie sagte zu Else: „Du kannst nicht mit zwei so kleinen Kindern auf die Flucht. Ich nehme Monika mit, und wenn ihr am Ziel seid, holst du sie ab.“ Das Ziel sollte der Kreis Hirschberg sein. Es war für uns unvorstellbar, mitten im Winter mit den Gespannen so weit zu fahren.

Daß Frieda Monika mitnahm, war bereits ein großes Risiko, denn es war ungewiß, ob sie mit der Eisenbahn noch weiterkäme. Es ging aber alles gut. Aber was hat diese Frau für eine Verantwortung übernommen! In diesen Wirren mit

Gerlachshain d. 19.1.45.

Es wird amtlich beglaubigt daß die Bauers-
frau Else Albinski am 18. Januar 1945
ein Pferd an die Wehrmacht geliefert hat.
Ein Fuchs schweren Schlages, komplett mit
Geschirr und Wagen.
Schätzungswert des Pferdes 2000. R.M.
in Worten. Zweitausendmark.
Wert von Wagen u. Geschirr komplett. 700.–
in Worten. Siebenhundertmark.

Der Bürgermeister

Else bekam die Wegnahme des Pferdes durch die Obrigkeit sogar noch schriftlich bestätigt:

„Gerlachshain d. 19.1. 45. Hiermit wird amtlich beglaubigt, daß die Bauersfrau Else Albinsky am 18. Januar 1945 ein Pferd an die Wehrmacht geliefert hat. Ein Fuchs schweren Schlages, komplett mit Geschirr und Wagen.
Schätzungswert des Pferdes 2000. R.M. in Worten Zweitausendmark.
Wert von Wagen und Geschirr komplett. 700,- in Worten. Siebenhundertmark.
Der Bürgermeister.“

Der Name, der unter dem Original dieses Dokumentes steht, soll hier mit Rücksicht auf die Familie des Bürgermeisters, die seit der Flucht in Westdeutschland lebt, nicht abgedruckt werden.

vier Kindern unterwegs! Ihr Handeln war mehr als nur eine gute Tat. Aber so gut es auch gemeint war, für die Zwillinge war es nicht sehr vorteilhaft. Niemand hatte bedacht, daß durch die Trennung der beiden eine Störung eintreten könnte. Sie waren in ihren Bettchen aneinander gewöhnt. Annelies begann zu schreien, als Monika von ihrer Seite genommen wurde, und das hielt die ganze Flucht über an.

Vorbereitungen

Die Parteileitung des Dorfes befahl anfangs, daß es zum Bahnhof Karlsmarkt, einer Station östlich von unserem Ort, gehen sollte. Das hieße, der Front entgegen. Warum wohl? Sollten die Flüchtlingstrecks die heranrückende Front am Vorankommen hindern?

Bruder Walter war noch immer in Brieg und wollte nicht, daß wir auf die Flucht gehen. Er sagte: „Was würde wohl Gerhard sagen, wenn ihr die Heimat so schnell aufgebt? Und nach Karlsmarkt schon gar nicht. Wenn ich wiederkomme und ihr seid weg, zünde ich alles an." Das brauchte er nicht. Er hatte nur Angst, niemanden mehr anzutreffen, wenn er aus Brieg ins Dorf käme. Als Walter wieder weg war, wurde die „große Reise" vorbereitet. Viele hatten das Dorf schon verlassen.

Das wichtigste war das Futter für die Pferde, denn diese mußten gut versorgt werden. Nur das Nötigste durfte eingepackt werden, vor allem Lebensmittel und Bettzeug. Auf eine Kuh mußten wir im Winter verzichten. Es gab aber auch Frauen, so zum Beispiel Frau Schubert aus Moselach, die ihre Kühe vor den Wagen spannten. Die Rinder mußten – wie die Pferde – unterwegs beschlagen werden.

Was damals Frauen mit Kindern und ohne Männer geleistet haben, wer kann das heute schon verstehen! In diesem Wirrwarr behielt Else die stärksten Nerven. Sie sagte, daß sie ohne Schwein nicht fahre, denn sie hatte noch keinen Reisevorrat. In ihrem Hof trafen sich die Fremdarbeiter, und Else sagte zu ihnen, daß sie ein Schwein schlachten sollen. Das taten sie, denn es gab ein gutes Einvernehmen zwischen ihnen und den Leuten. Kopf und Innereien sollten sie behalten. Wenn man das heute bedenkt, dann war das eine ganz unsinnige Geste, denn nach dem Weggang der Dorfbevölkerung stand doch alles Vieh in den Ställen zur Verfügung. Else packte das ganze Schwein in einen Bettbezug, und so kam es auf den Wagen. Da kalter Winter war, gefror es gleich und hielt sich. Else nahm auch Sachen von Frieda mit, da diese die vier Kinder hatte. Aber leider behielt sie nichts davon.

Da meine Schwiegereltern nur ein Pferd hatten und ich annahm, daß sie Schwägerin Else Winkler, die in Laugwitz wohnte, mit ihren Kindern Harald und Rainer mitnehmen wollten, fuhr ich mit Mutters Gespann mit. Ich konnte nicht viel mitnehmen, denn zu unserem Fahrzeug kam Onkel Herrmann mit seiner Familie: seine Frau Tante Berta, deren Tochter Hilde mit ihren Söhnen Horst und Hartmut.

Onkel Herrmann gehörte zu unserer Familie, denn er war seit Vaters Tod unser Vormund und besuchte uns täglich. Wenn er abends mal noch nicht da war, sagte Muttel: „Onkel Herrmann war noch nicht da. Fahrt doch sehen, ob er krank ist." Ja, so war das Zusammenleben einmal.

Muttel hatte zwei geschlossene Planwagen, das sind mit einer Plane allseitig verschlossene Wagen für die Personenbeförderung. Einen Planwagen erhielt Else, da kamen Annelies und Marianne warm eingepackt hinein. Der andere Planwagen wurde an den Kastenwagen angehängt. Dort hinein sollten Onkel Herrmann, Tante Berta, Großmutter und die Jungen Eckhart, Horst und Hartmut. Eckhart mußte ich wieder herausnehmen, da Horst und Hartmut behaupteten, daß sei ihr Wagen und Eckhart nicht litten. Ich packte Eckhart auf den Kastenwagen in Betten, und es wurde aus Brettern ein Dach gezimmert und noch Läufer und Teppiche zum Schutz vor Kälte daraufgelegt. Die Gespanne führten Elses und Muttels Fremdarbeiter. Sie blieben bei uns, obwohl sie um Deutschlands Lage wußten und das Mitkommen ihnen freigestellt war. Das ist ein weiteres Beispiel für das gute Verhältnis zwischen ihnen und uns.

Ich möchte noch über eine andere Begebenheit mit Fremdarbeitern berichten. Die Tochter eines Hofes war mit einem polnischen, die Tochter eines anderen Hofes mit einem ukrainischen Fremdarbeiter ein intimes Verhältnis eingegangen. Beide bekamen Kinder, erstere einen Jungen, die andere eine Tochter. Diese beiden jungen Frauen wurden verhaftet und wegen „Rassenschande" ins Gefängnis geworfen. Wie lange sie eingesperrt waren, weiß ich nicht, sie wurden entlassen, als es zur Flucht kam. Der Ukrainer bemühte sich nach dem Krieg um Mutter und Tochter. Er lebt in England und wollte das Kind zu sich haben, was die Mutter aber nicht zuließ. Er unterstützte sie. Diese beiden jungen Frauen waren auch Verfolgte des Naziregimes wie viele andere, die sich nach dem Kriege um die offizielle Anerkennung ihrer Verfolgung bemühten und damit materielle

Unterstützung erhielten. Die erwähnten jungen Frauen machten davon keinen Gebrauch, sie verschwiegen wahrscheinlich aus Schamgefühl ihre Verfolgung.

Pfarrer Gnettner

Am 19. Januar 1945 kam Pfarrer Gnettner gegen 15 Uhr zur Familie von Ottilie Schönfelder, die auf dem Boden Wäsche aufhing. Sie hatte ihre kleine Tochter Irmgard bei sich, die ihn sagen hörte: „Frau Schönfelder, nehmen Sie die Wäsche ab und packen Sie so schnell es geht Ihre Sachen zusammen. Der Krieg rückt näher, die Russen kommen!"

Der Pfarrer hatte 1927 mit seiner jungen Frau und zwei Kindern die Pfarrstelle in Tschöplowitz angetreten. Zwei weitere Kinder wurden dem Ehepaar in Tschöplowitz geboren. Der älteste Sohn war bereits im Krieg gefallen. Seit fast zwanzig Jahren kannten sich Pfarrer und Dorfbewohner.

Die Frau tat, was ihr der Pfarrer sagte. Sie packte, nähte aus Bettlaken kleine Rucksäcke für ihre fünf Kinder, der Jüngste war 1941 geboren. Sie beschriftete die Rucksäcke mit den Namen ihrer Kinder, bepackte sie so, daß das Gewicht den Trägern zumutbar blieb. Sie vergaß nicht, jedem Kind sein Besteck hineinzupacken und ein Trinktöpfel, ebenfalls mit Namen beschriftet, außen am Rucksack anzuhängen. Die ganze Nacht hatte die Mutter benötigt, mit dem Morgengrauen am 20. Januar war sie mit diesen Arbeiten fertig. Der Vater Schönfelder mußte am Abend des 19. Januar nach Brieg zum Volkssturm einrücken und konnte nicht mit beim Packen helfen. Der Großvater belud den Kastenwagen mit dem Nötigsten, vergaß auch nicht Fett und Speckvorräte. Am Morgen des 20. Januar ging die Fahrt los in Richtung Brieg. Bis um acht Uhr sollte die Oderbrücke überquert sein.

Durch die Information des Pfarrers Gnettner konnte die Familie Schönfelder noch rechtzeitig die Flucht vorbereiten. Er ging an diesem Nachmittag noch zu weiteren Familien in der Nachbarschaft, um sein Wissen weiterzugeben. Das ging nicht lange gut. Ihm wurde die Verbreitung von Lügen vorgeworfen, er sollte zur Verantwortung gezogen und verhaftet werden. Mehr ist über den weiteren Verbleib des Pfarrers Gnettner denjenigen Familien, die er rechtzeitig gewarnt hat, nicht bekannt.

Um 15 Uhr war der Pfarrer bei der Familie Schönfelder, und um 17.30 Uhr kam der offizielle Befehl, den Ort am nächsten Tag zu verlassen, gleichzeitig erging der Befehl an die für den Volkssturm benannten Männer, sich sofort in Brieg zu stellen.

Der Tschöplowitzer Pfarrer Reinhard Gnettner.

Gedenktafel für Pfarrer Reinhard Gnettner am Pfarrhaus in Fürstenberg/Oder (heute Eisenhüttenstadt).

Die flüchtende Familie Schönfelder traf in Brieg noch einmal mit ihrem Vater zusammen, der sich an ihrem Wagen verabschieden kam. Er hatte die Absicht, noch einmal zurück ins Dorf zu gehen, um das Vieh zu füttern. Von da an blieb er verschollen.

Die Schwester von Frau Schönfelder, Frieda Scholz, hat ihren 16jährigen Sohn Arnold in Brieg unter einem Vorwand aus dem Volkssturmaufgebot zu sich kommen lassen und ihn festgehalten. Er mußte sich auf ihre Anweisung im Fluchtwagen verstecken. Dieser große Mut einer Mutter rettete ihrem Sohn das Leben.

In einer Zeitungsnotiz war zu lesen, daß am 7. August 1994 vor der Friedhofskirche in Eisenhüttenstadt-Fürstenberg eine bronzene Tafel zum Gedenken an den Pfarrer Reinhard Gnettner enthüllt wurde.

Reinhard Gnettner war von 1946 bis 1950 Pfarrer an der Nikolaigemeinde in Fürstenberg. Er engagierte sich als CDU-Mitglied und ehrenamtlicher Stadtrat für ein vereinigtes demokratisches Deutschland, setzte sich für die Volkskongreß-Bewegung ein und wehrte sich gegen die erste Einheitslistenwahl mit der Amtsniederlegung und seinem Austritt aus der Partei im Juli 1950. Dieser Schritt dürfte der Anlaß für seine Verhaftung im August 1950 und für die Aburteilung durch ein sowjetisches Militärtribunal gewesen sein. Er kam in das sowjetische Gefängnis in Potsdam, und von hier wurde er 1951 nach Sibirien verschleppt, wo sich seine Spur verlor.

Gefangennahme

Vor Tagesanbruch wollten wir wieder unser Quartier verlassen haben. Doch wir waren so fest und tief eingeschlafen, daß es schon hell wurde, als wir aufwachten. Nun konnten wir nicht mehr unbeobachtet weg. Wir beschlossen, den Tag in dieser Waschküche zu bleiben und uns für den nächsten Nachtmarsch auszuruhen.

Der eine Kamerad flickte seine zerrissene Feldbluse zusammen. Flickzeug hatten wir ja bei uns. Ich sagte: „Bleibt liegen, sobald sie was am Fenster bemerken, halten sie rein.“ Er hörte nicht, schlich zwar unter dem Fenster vorbei, aber setzte sich an die dem Fenster gegenüberliegende Wandseite. Der andere Kamerad stand auch auf und setzte sich daneben. Sie saßen kaum, da drang die Salve eines russischen MG in unseren Raum. Ich lag unmittelbar unter dem Fenster, die Salve strich über mich hinweg, aber die beiden Kameraden wurden getroffen. Der eine hat noch aufgeschrien und ist gleich verstorben. Mit dem anderen Schwerverletzten habe ich noch sprechen können. Er war Fleischermeister in Gnesen aus dem Gebiet Posen. Seine Frau führte die Fleischerei zu Hause alleine weiter. Er übergab mir seine Brieftasche mit den Papieren und dreitausend Mark sowie seine goldene Sprungdeckeluhr und sagte zu mir: „Wenn du durchkommst bis nach Hause, dann gib das bitte meiner Frau ab.“ Er lebte nur noch zwei Stunden, dann ist auch er eingeschlafen. Nun war ich allein mit den Toten, ich blieb noch drei Tage und drei Nächte in diesem Raum.

Die ganze Zeit bis dahin hatte ich keine Nahrung. Nachts bin ich herausgeschlichen und holte mir von nebenan Wasser. Am fünften Tag trat ich mit einem weißen Handtuch, das ich an einem Stock hochhielt, vor die Tür. Es fiel ein Schuß. Ich schaute nach der Richtung und sah einen Soldaten über einen Hof in ein Gebäude laufen. Auf dieses Gebäude ging ich zu, und als ich um die Hausecke trat, traf ich auf weitere Soldaten, die mich schon erwarteten.

Ich war mir in der Gegenwart meiner toten Kameraden nicht im klaren darüber, was ich tun und was ich lassen sollte. Es hieß immer, der Russe würde einzelne Gefangene nicht machen, sondern er würde sie gleich erschießen. Bevor ich mich den fremden Soldaten ergab, hielt ich meine geladene Pistole ein letztes Mal in der Hand. Der Gedanke an zu Hause, an Frau und Kind hat mich geführt. Ich ließ die Pistole zurück und wagte den Schritt ins das weitere Leben.

Ob ich die Kraft dazu hätte aufbringen können, wenn ich gewußt hätte, was mir in den kommenden Jahren bevorstehen würde?

Naive Fragen

Als ich selbst noch ein Junge war und meines Vaters Erinnerungen noch frischer, fragte ich ihn, ob er denn die Namen der verstorbenen Kameraden noch wüßte, um die Angehörigen benachrichtigen zu können. Er hatte sich die Namen für lange Zeit eingeprägt und sie dann doch vergessen. Nachdem ich seinen Bericht vollständig kannte, ist mir klargeworden, bei welchem der Hunderten von Namen sollte er anfangen, bei welchem aufhören?

Die meisten der Verstorbenen waren den Mitgefangenen unbekannt, sie begruben oder verscharrten ihre toten Kameraden unterwegs, bei der Arbeit im Wald, im Massengrab im Lager oder einfach im Schnee, wenn es Winter war. Sie hatten einerseits keinen Zettel und keinen Stift für eine Notiz, und so eine Notiz hätte ihnen andererseits zum tödlichen Verhängnis werden können. Ich stellte meinem Vater nie wieder solche naiven Fragen.

Abschied vom Dorf

Wir haben nicht gemeinsam unseren Ort verlassen, die einen sind früher gefahren, andere noch nach uns. Wir fuhren mit Muttels und Elses Gespannen am 20. Januar 1945 um zwölf Uhr vom Hof. Als wir vor den Ort kamen, sahen wir von ferne einen Radfahrer mit Krücken. Wer konnte es anders sein als mein Bruder Walter. Obwohl die Situation so traurig war, erkannte man seine Freude, denn das Lazarett in Brieg war geräumt worden, und wer Angehörige hatte, durfte zu ihnen. Auch Willi Achtert wurde entlassen, er war am Arm verwundet. Walter hielt vor Freude über die Entlassung, die gerade noch zum rechten Zeitpunkt kam, um uns zu treffen, den Entlassungsschein von Brieg bis Gerlachshain in seinen kalten Händen.

Bei der Begegnung verlor er kein Wort über unsere Flucht, sondern er spannte Muttels dreijährigen Hengst Moritz an Elses Wagen als Partner zu ihrem Pferd. Das Geschirr hatten wir mitgenommen, uns jedoch nicht getraut, das junge Pferd einzuspannen, da es noch nie im Geschirr gestanden hatte. Doch es ging wie die anderen. Else und Muttel blieben noch zurück, um dem Vieh die letzte Mahlzeit zu geben. Auch Walter fuhr noch einmal – es war das letzte Mal – ins Elternhaus zurück, nahm seinen treuen Hund Nixe vor den Schlitten, und dann kamen alle drei nach. Wir Frauen waren der Fußtrupp.

Ich weiß nicht, ob je jemand, der diese Zeit nicht kennengelernt hat und später einmal diese Zeilen lesen wird, wird ermessen können, was es heißt, einen Hof, Hab und Gut mit allem Inventar zurückzulassen, ganz gleich, welchen Umfangs es war und ganz gleich, ob es einen Bauern, Handwerker oder Arbeiter betraf, denn jeder hat ein Leben lang dafür gearbeitet, was er sein eigen nennen konnte. Ein Verständnis für die Situation der Menschen von damals kann von den inzwischen herangewachsenen neuen Generationen nicht abverlangt werden, die Zeit ist mit ihren Menschen flexibler geworden. Doch unser Leben spielte sich seit Generationen auf dem Bauernhof in diesem Land ab. Und nun mußten wir begreifen, daß das Vieh das letzte Futter bekam, daß es dann an den Ketten hängen bleiben mußte, wer weiß, wie lange, und es war Winter. Bei Mutter waren Kühe zum Kalben und hochtragende Sauen im Stall zurückgeblieben, und so war es in jedem Hof. Wir ließen mit dem Hof unser bisheriges Leben und das unserer Vorfahren hinter uns.

Panne unterwegs

Bis ins Nachbardorf Groß-Neudorf waren es etwa drei Kilometer. Dort standen wir abends noch am Dorfeingang. Es war kein Vorwärtskommen. Die Gespanne kamen auch aus Richtung Stoberau-Ribnich, und dazu kam der Rückzug des deutschen Heeres. Man hörte das furchtbare Gebrüll des hungrigen Viehs, das an seinen Ketten in den Ställen der verlassenen Höfe hing.

Dann endlich ging es schrittweise weiter, bis wir vor Brieg ankamen. Dort wurde der Stau noch größer. Die Flut- beziehungsweise Oderbrücken waren untermint, es durfte immer nur ein Fuhrwerk über die Brücke, und der gesamte östlich der Oder gelegene Teil des Kreises Brieg war auf diesen einen Übergang angewiesen. Obwohl viel Schnee lag, waren die Straßen durch die zahlreichen Fahrzeuge frei.

Die Stadt wurde zur gleichen Zeit evakuiert, und alle die Menschen, die mit den Zügen wegkamen, haben wahrscheinlich nicht so viel durchmachen müssen wie wir, die wir noch ein halbes Jahr auf der Straße zuzubringen hatten.

Wir fuhren die ganze Nacht durch und kamen früh in Mollwitz an. Dort gerieten wir wieder in einen Stau. Unaufhörlich bewegten sich Militärkolonnen in Richtung Westen, die keine Rücksicht auf die Flüchtlingsfahrzeuge nahmen. Ein Fahrzeug rammte Muttels Wagen so, daß die Gabel brach. Damit konnten wir nicht weiter. In einem Gehöft wurden Stangen geholt; Handwerkszeug, Axt, Ketten und so weiter hatten wir bei uns.

Notdürftig wurde repariert, und wir fuhren einen Umweg nach Neu-Laugwitz, wo unser Onkel, Karl Holdt, mit Tante Gretel und ihren Söhnen Arwed und Karl-Heinz als Verwalter lebte. Onkel Karl trafen wir nicht mehr an, er hatte zum Volkssturm gemußt, wie alle älteren und ganz jungen Jahrgänge, die Deutschland retten sollten. Meistens haben diese etwa 50jährigen Männer den Einsatz nicht überlebt, so auch Onkel Karl, der seither als vermißt galt. Dort im Hof trafen wir Tante Ida, eine Schwester meines Vaters. Mit ihrem Fuhrwerk war sie ebenfalls aus Gerlachshain hier eingetroffen.

Wir bauten in Neu-Laugwitz unseren Wagen um, der Vorderwagen mußte gegen einen anderen ersetzt werden. Als wir Großmutter vom Wagen nahmen, stellte sich heraus, daß ihr bereits in der ersten Nacht der Flucht beide Beine erfroren waren. Sie erreichte von ihrem Sitz im Wagen mit den Beinen nicht den Boden und merkte so nicht, daß sie fror. Ja, was nicht alles hätte bedacht werden müssen!

Wir blieben eine Nacht dort. Am nächsten Tag packten wir Großmutter auf Tante Idas Wagen, und gemeinsam mit Tante Ida ging die Fahrt weiter. Tante Gretel packte auch, sie kam am nächsten Tag mit ihren Angehörigen weg, fuhr aber eine andere Strecke. So waren wir schon zwei Tage und zwei Nächte unterwegs.

Am dritten Tag trafen wir im Dorf Laugwitz Herberts Eltern, denen sich eine Familie aus unserem Dorf mit viel Gepäck angeschlossen hatte. Das war für das eine Pferd zu viel. Darum nahmen wir die Schwägerin Else mit ihren Jungen Harald und Rainer bei uns mit. Am 21. Januar 1945 war der Geburtstag meiner Schwester Else. Ob da wohl jemand daran gedacht haben wird?

Quartiersuche

So ging es jeden Tag etwa zwanzig bis dreißig Kilometer weiter. Einige Familien, die zu spät abgefahren sind, kamen nur noch bis Mollwitz. Sie wurden von der Front eingeholt und mußten zurück. Wir fuhren über Wansen und Strehlen in Richtung Striegau, das unser nächstes Ziel war. Es war unterwegs zu beobachten, daß die Leute überall packten und sich dem Treck anschlossen.

Wir hatten es insofern gut, als Walter bei uns war. Er fuhr immer mit dem Fahrrad voraus und kümmerte sich um Quartier für die Pferde, denn sie brauchten Ruhe und einen Stall für die Nacht. Dann war eine Unterkunft für die Kranken und die kleinen Kinder nötig. Es war nicht immer so einfach, denn die Kinder waren den ganzen Tag in den Windeln, und die mußten gewaschen und getrocknet werden. Die „Fußtruppe“, die aus Walter mit der Krücke, den Kutschern, Muttel und uns jungen Frauen bestand, marschierte den ganzen Tag und konnte erst zuletzt Quartieransprüche stellen. Bei der Suche der Unterkünfte durfte man nicht wählerisch sein. Für die Pferde gab es in den Dörfern noch Möglichkeiten unterzukommen.

Die Menschenmassen auf den Straßen nahmen zu. Am schlimmsten war es, als die Großstadt Breslau geräumt wurde. Wir konnten uns nicht vorstellen, daß so viele Menschen in einem Kreis Unterkunft finden sollten. Bei diesem Durcheinander verloren wir unseren treuen Hund Nixe. Darüber waren wir sehr traurig. Als ein Stück weiter ein herrenloser Schäferhund ebenso traurig dreinschaute wie wir, nahm ihn Walter an sich. Er war noch jünger als Nixe und wurde auf den Namen Senta getauft. Er gewöhnte sich aber schwer an uns.

Fußmarsch nach Landsberg

Die Soldaten, die mich im Hof schon erwarteten, hielt ich im ersten Augenblick für Russen, es stellte sich aber bald heraus, daß sie Polen waren. Während die Russen das Land einnahmen und schon längst über den Fluß waren, rückten polnische Einheiten nach und übernahmen die Besetzung. Ein polnischer Feldwebel sprach mich auf deutsch an. Er wollte wissen, woher ich komme. Ich erklärte es ihm. Daraufhin erfuhr ich, daß sie jetzt am Tag nicht nach meinen toten Kameraden schauen könnten, es lägen noch Deutsche in ihren Stellungsgräben diesseits des Flußufers. Bald hörte ich auch MG-Schüsse. Die Polen zogen daraufhin auf den Boden des Hauses und beschossen das deutsche MG-Nest.

Ich mußte den Abend abwarten, dann wurde ich zum Divisionsstab zurückgebracht. Dort bestand bereits ein Auffanglager, ich traf auf etwa 120 Deutsche. Immer wieder kamen weitere Gefangene hinzu. Die erste Begegnung mit den russischen Wachsoldaten beschränkte sich darauf, daß uns alle Wertsachen abgenommen wurden. Ich hatte jedoch vorher die goldene Sprungdeckeluhr in meinen Stiefelschaft versteckt und dadurch noch behalten können.

In diesem Sammellager wurden wir zu Marschkolonnen zusammengestellt, und dann begann der tagelange Marsch bei größter Winterkälte über die verschneiten Straßen, jeden Tag mußten wir vierzig Kilometer zurücklegen. Eine Woche dauerte der Marsch. Die Entfernung zwischen Schneidemühl und Landsberg beträgt etwa 150 Kilometer. Wir jedoch sind etwa 300 Kilometer gelaufen. Wurden wir zu diesen Umwegen gezwungen, um die Schwachen loszuwerden? Zur Verpflegung gab es etwas Brot und Tee. Wer diesem Marsch kräftemäßig nicht gewachsen war, hat nicht überlebt. Austreten außerhalb der von den Posten angeordneten Rast gab es nicht. Wer es dennoch wagte, seine Notdurft während des Marsches am Straßenrand zu verrichten, wurde erschossen.

Eine Nacht verbrachten wir in einem Saal in Berlinchen, einem kleineren Ort zwischen Schneidemühl und Landsberg. Wir Gefangenen, etwa achtzig Mann, lagen oder saßen mit dem Rücken zur Wand rings um den ganzen Saal. In der Nacht betrat ein betrunkener russischer Offizier mit einem blutigen Kopfverband den Saal. Er sprach zuerst mit den Posten, dann nahm er plötzlich das Seitengewehr und schlug dem ersten neben der Tür Sitzenden auf den Kopf. Nachdem dieser reglos am Boden lag, wiederholte der rasende Offizier das gleiche beim zweiten. Er setzte sein Tun der Reihe nach fort und bearbeitete so einen nach dem anderen. Er hatte schon sein zehntes Opfer vor sich.

Meine Angst wuchs und wuchs, denn ich wäre als nächster dran gewesen. Doch da hielt der Offizier inne. Die Erklärung für das Verhalten des wütenden Frontoffiziers war uns nicht sofort geläufig, da wir Russisch nicht verstanden, also auch nicht erfaßten, worüber sich der Offizier mit unseren Bewachern unterhielt. Wir erfuhren am nächsten Morgen, daß diese zehn Männer Hiwis waren, Ukrainer, die auf deutscher Seite gegen die Rote Armee kämpften. Unsere Posten haben diese Leute am Abend vorher ausgesondert und sie neben der Tür der Reihe nach hinsetzen lassen. Vor dem Weitermarsch am nächsten Morgen mußten wir alle antreten, die zehn Mißhandelten mußten sich an der Wand aufstellen, und der gleiche Offizier hat sie alle selbst mit einem Schuß ins Genick erschossen.

In jener Nacht versteckte ich die goldene Sprungdeckeluhr meines ehemaligen Kameraden in einem unbeobachteten Augenblick hinter einem Dachsparren. Möge zu besserer Zeit ein bedürftiger Mensch durch den Fund einen glücklichen Augenblick erleben!

Wir marschierten jeden Tag weiter und kamen schließlich in einer Kaserne in Landsberg an, die als Sammellager diente. Ich gehörte zu jenen etwa 500 Mann, die zwar geschwächt waren, aber den Marsch überstanden hatten. Allein eine zu Beginn des Marsches am Fuß geriebene Blase konnte nach mehreren Tagen Laufens ohne eine Chance auf einen Verband, auf die Reinigung oder Pflege der Wunde zur lebensgefährlichen Verletzung ausarten. Ältere, Kranke, Verwundete, auch Untrainierte, Übergewichtige und Männer, die immer an reichliche Kost gewöhnt waren, gehörten zu den ersten Opfern des Marsches. Sie kamen elendig am Rande der Straße um, blieben einfach unbekannt dort liegen, wo sie zusammenbrachen. Alle, die nicht weiterkonnten, wurden erschossen. Sie reihten sich ein in das riesige Heer der Vermißten, deren Angehörige noch Jahre später auf eine Heimkehr hofften.

In Landsberg wechselte alles, was uns bis dahin an persönlichem Eigentum durch die russischen Posten noch nicht weggenommen worden war, den Besitzer. Das Letzte, was ich hier abgeben mußte, waren mein Taschenmesser und meine Nähnadel. Dafür wurden mir ein Holzlöffel und eine Blechbüchse übergeben. Damit nahmen wir von nun ab unsere drei täglichen Mahlzeiten ein. Von hier an und in allen weiteren Lagern, die ich kennenlernte, bekamen wir früh, mittags und abends eine Kelle dünner Suppe. Wenn es Kraut gab, dann gab es eine Woche lang Kohlsuppe, und wenn Kohlrüben gekocht wurden, dann wurde Kohlrübensuppe vom Frühstück am Montag bis zum Abendessen am Sonntag verabreicht.

Unterwegs im Gebirge

Unsere Reiseroute führte zunächst bis Gräben bei Striegau, wo Lisbeths Schwiegereltern Erich und Ida Adam wohnten. Bis hierher waren wir schon eine Woche unterwegs. Bei Adams fanden wir Aufnahme und blieben zunächst, denn Generalreinigung bei groß und klein war erforderlich, und wir mußten uns um die Vorräte kümmern. Das gefrorene Fleisch wurde zerlegt, eingesalzen und kam in Töpfe, die Else dort kaufte. Mutters Fleischvorrat wurde dort fertig geräuchert, er war in Säcken aufbewahrt.

Inzwischen hatte diese Gegend auch Räumungsbefehl, und wir mußten nach einer Woche Aufenthalt wieder weiter. Unterwegs kauften wir Heu für die Pferde. Wir bezahlten im Gegensatz zu anderen Flüchtlingen auch jedes Quartier pro Nacht mit zwanzig Mark. Die Leute nahmen das Geld, obwohl sie auch packten und alles liegenlassen mußten, um dann hinter uns herzukommen. Mutter ging mit sechstausend Mark Bargeld vom Hof, das war für die damalige Zeit viel Geld. Es war nötig, um die Kutscher zu bezahlen und Lebensmittel zu kaufen, die wir auf Lebensmittelkarten bekamen. Else war meistens in Häusern, deren Leute auf das Markensystem angewiesen waren, und so mußte das Schwein herhalten, das schnell kleiner wurde.

Die Einwohner in den Städten und Dörfern im schlesischen Gebirge brauchten noch nicht weg. Von Striegau aus wollten wir eigentlich in Richtung Hirschberg weiter. Diese Fernstraße hatte nicht solche starken Steigungen. Leider erfolgte hierüber auch der Rückzug der Truppen, und die Straße wurde dafür freigehalten. So mußten die Trecks fast unpassierbare Strecken benutzen. Ich weiß nicht mehr, wie die nächste Stadt hieß, die wir zu durchqueren hatten. Es war ein unvergeßlicher Tag wegen der Strapazen, die uns ein starker Sturm und Schneetreiben bereiteten. Die Straße hatte starke Steigungen, dazu kamen hohe Schneewehen, daß ein Weiterkommen fast aussichtslos schien. Von Mensch, Material und Tier wurde alles abverlangt. Die Angst, steckenzubleiben, kam noch hinzu. Obwohl die Pferde nur mit Hafer als reinem Kraftfutter gefüttert wurden, brachten sie die Wagen kaum vorwärts. Die ersten Pferdekadaver lagen bereits am Straßenrand. Ich weiß nicht mehr, wie lange wir für diese Tour brauchten, aber bis zum Abend hatten wir doch wieder ein Quartier erreicht.

Eisenbahntransport

Nach etwa einer Woche Lageraufenthalt in Landsberg wurde ein Eisenbahntransport nach Rußland zusammengestellt. Wir wurden in Waggons gesperrt. In diesen offenen Güterwagen hatten wir keine Möglichkeit zum Hinlegen, denn wir wurden so eingepfercht, daß man sich höchstens hinkauern konnte, wenn die anderen stehenblieben. Ohne Decken, ohne jeden Schutz gegen das Wetter, gegen die Winterkälte – es war inzwischen Mitte Februar –, nur mit unseren Militärsachen bekleidet, sind wir Gefangenen so in Richtung Osten transportiert worden. Wir wußten nicht, wohin die Reise geht, wie lange wir unterwegs sein würden. Es gab weder eine Möglichkeit, seine Notdurft zu verrichten, das ging nur mit gegenseitiger Unterstützung über die Bordwand, noch konnte man sich reinigen. Schlimm waren die Kameraden dran, die Durchfall bekamen. Zur Verpflegung wurden jeden Tag ein paar Brote über die Bordwand in den Waggon geworfen.

Unter diesen unmenschlichsten Bedingungen waren wir eine ganze Woche unterwegs. Die meisten von uns hatten diese Fahrt schon entkräftet angetreten. Ich weiß es nicht mehr, wie viele verstorbene Kameraden unterwegs während der Fahrt einfach über die Wand des Waggons nach draußen gekippt wurden. Viele von ihnen waren verhungert oder während des Schlafens erfroren. Das Wachpersonal hat sich um die Toten nicht gekümmert.

Das Ziel unserer Fahrt war ein größeres Lager in Borisow. Als wir eintrafen, befanden sich schon zweitausend Gefangene hier. Später wurden es wesentlich mehr. In das Lager wurden auch einige tausend Ungarn gebracht. Von diesen ist etwa die Hälfte innerhalb der wenigen Wochen verstorben, in denen ich in Borisow war. Sie waren den Strapazen und der großen Kälte noch weniger gewachsen als die deutschen Gefangenen.

In Borisow hatte ich vier Wochen Quarantäneaufenthalt. Unsere Unterkünfte waren Baracken, unsere Lagerstätten Holzpritschen aus Knüppelholz, darauf lagen wir nachts eng an eng. Wenn sich einer der Liegenden drehen wollte, dann mußte die ganze Reihe aus Platzmangel die Drehung mitvollziehen.

Jeden Morgen wurden Kommandos aus Gefangenen zum Wasserholen zusammengestellt. Jeder erhielt zwei Wassereimer und mußte von der einen halben Kilometer entfernten Beresina Wasser holen. Es fiel sehr schwer, die zwei Eimer die ganze Strecke zu schleppen, denn schwach waren wir schon. Kam jemand, dessen Eimer nicht ganz voll war, an der Wache an, mußte der zur Strafe noch einmal mitgehen.

Nach vier Wochen Lageraufenthalt teilte man mich einer der Hundertschaften zu, die regelmäßig für die zahlreichen Arbeitslager zusammengestellt wurden. Ich kam nach Bobr in ein Waldlager weiter im Landesinnern.

Begegnungen

Man hätte sich diese Erlebnisse besser im Gedächtnis oder in einem Tagebuch bewahren müssen, doch wem stand damals der Sinn nach Romantik?
Auf Umwegen kamen wir in den Kreis Hirschberg. Dort lagen wir eine Woche in einem Bauernhof fest. Mir ist so eine mißtrauische Bäuerin wie auf diesem Hof nicht noch einmal begegnet. Sie behielt Tag und Nacht einen breiten Ledergurt umgeschnallt, an dem Schlüssel in allen Ausführungen befestigt waren, und bewachte alle Türschlösser. Das Mißtrauen galt nicht so sehr den Fremden, sondern vielmehr ihren eigenen Kindern. Da ich so ein Verhalten von meinem Zuhause überhaupt nicht kannte, kam mir das sehr komisch vor. Ihre Kinder haben sie dennoch bestohlen, wie mir eine Tochter sagte.

Dort hätte Eckhart fast seine Nasenspitze eingebüßt, als er beim Versuch, einen alten Wecker aufzuheben, genau mit der Nase auf den scharfen Blechrand fiel. Es ging noch einmal gut, aber die Narbe war lange zu sehen.

Wir waren zu dieser Zeit mit vier anderen Gespannen aus unserem Ort zusammen. Eine weitere Gespanngruppe, die vor uns aufgebrochen war, befand sich ein paar Dörfer von uns entfernt. Herberts Eltern sind bis Rabishau im Kreis Hirschberg gekommen. Da dort ihr Pferd erkrankte, sind sie mit der Eisenbahn in Richtung Tschechei gefahren, wo sie vorerst blieben. Unsere Unterkunft mußten wir wieder aufgeben, und so passierten wir weiterhin ein Dorf und eine Stadt nach der anderen, wir wußten gar nicht mehr, wo wir uns eigentlich befanden.

Manche Bauern hatten sich schon auf den Flüchtlingsstrom eingestellt und zur Übernachtung vorgesorgt. Sie brachten Stroh in die Wohnung, um Schlafstätten vorzubereiten, und manche kochten auch eine Mehlsuppe für uns, bevor wir wieder auf die Straße mußten.

Eine über alle Maßen liebevolle und mitfühlende Familie begegnete uns auf einem etwa zehn Hektar großen Hof im Sudetenland. Sie hatte selbst genug Kummer, denn ihre Tochter Traudel, ein liebes, hübsches Mädchen, war durch im Ort lagernde Soldaten gefährdet, ein Sohn war schon gefallen, von dem anderen fehlte jede Nachricht. Auf unserem späteren Rückweg über die zusammenhängenden Orte Seifersdorf und Rückersdorf suchte Muttel die Verwandten dieser Familie auf, die Inhaber einer Gaststätte waren. Von ihnen erfuhr sie, daß der andere Sohn auch noch gefallen sei. So viel Leid erfuhren immer wieder Menschen durch den Krieg, während andere daran verdienten.

In Hartau

Wir waren auf unseren Irrfahrten im Dreiländereck angekommen, dort, wo Sachsen, Schlesien und die Tschechei zusammentreffen. Hier gelangten wir in die Stadt Zittau, wo wir auch nicht bleiben konnten und die Stadt wieder in eine andere Richtung verließen. Gegen Abend trafen wir in Hartau ein.

In diesem nur zwei Kilometer von Zittau entfernten Dörfchen gab es nur einen Bauernhof, das war zur Unterbringung der Pferde zu wenig, und so ging die Suche nach einem Quartier weiter. Nach einem weiteren Kilometer boten sich in Groß-Hartau Stallungen für die Pferde zum Unterstellen an, aber wir hatten noch kein Dach über dem Kopf.

Es begann dunkel zu werden, und wir standen alle auf der Straße, als aus einem kleinen Häuschen Frau Schütze heraustrat und Muttel, Eckhart und mir Platz im Hause in einem kleinen Zimmer anbot. Ich schlief mit Muttel gemeinsam in einem Bett und so gut wie schon lange nicht mehr. Aber die anderen? Else und Lisbeth mit den Kleinen, wer wollte denn schon Leute mit so kleinen Kindern?

Da kam wieder Rettung in der Not. Eine ältere weißhaarige Frau kam die Straße entlang, und als sie die beiden mit ihren Kindern so hilflos dastehen sah, weinte sie und bat sie, mit ihr mitzugehen.

So kamen Else mit Annelies und Lisbeth mit Marianne zu Familie Junge. Diese besaß eine Tischlerei und ein großes Haus mit Garten. Im Haus wohnten sowohl Mieter als auch ihre einzige Tochter mit ihrem Mann Alfred Brichowsky und deren Töchterchen Christine. Herr Brichowsky hatte im Krieg den rechten Arm verloren und war dadurch als Versehrter zu Hause, damit war die ganze Familie noch zusammen. Sie hatten ein Zimmer für derartige Zwecke bereits vorbereitet, so daß die Unsrigen eine schöne Bleibe erhielten. Die anderen kamen auch noch unter.

Da Tante Ida nur für ihren Kutscher zu sorgen hatte, übernahm sie die Pflege von Großmutter, um die es sehr schlimm stand. Wegen ihrer erfrorenen Beine war es nicht möglich, sie in das Bett zu bringen. Wer hätte sie täglich mehrmals hineinlegen und wieder herausheben sollen, ohne ihr Schmerzen zu bereiten? Es wurde Stroh auf den Fußboden ausgebreitet, und sie wurde darauf gebettet.

So lag sie nun hilflos da in den letzten Wochen ihres 86jährigen harten und mühevollen Lebens.

Hartau war für die nächsten Wochen unser Zuhause. Wir sind nach sechswöchiger Fahrt mit dem Pferdefuhrwerk auf winterlicher Landstraße am 2. März 1945 hier angekommen. Vorläufig durften wir bleiben und erhielten auch Lebensmittelkarten. Mein Bruder Walter, der unterwegs ständigen Kontrollen durch die „Kettenhunde", die Militärpolizei, ausgesetzt war, mußte sich wieder bei der Heeresdienststelle melden. Er kam nach Seifhennersdorf ins Lazarett, wo wir ihn besuchen durften. Als sein Fuß wieder ausgeheilt war, mußte er wieder zu einer Einheit. Er war der einzige unserer Angehörigen, der unseren Aufenthaltsort kannte, zu allen anderen war jede Verbindung abgebrochen. Walter schrieb uns, als er wieder an der Front war, daß der Krieg nicht mehr lange dauern würde, und wir sollten in Hartau bleiben, er würde uns dann abholen. Das war zwar schön gedacht, aber es kam alles ganz anders.

Die Wochen in Hartau vergingen. Unsere polnischen Kutscher wurden mit ihren Gespannen in der Braunkohlenfabrik in Hirschfelde zum Kohlefahren eingesetzt. Wir halfen unseren Gastgebern, hatten für Futter und Einstreu für die Pferde und für Heizmaterial zu sorgen. Dazu verhalf eine im Ort befindliche Braunkohlengrube, wo wir Kohle buddeln gingen. Frau Schütze nahm unseren Hund Senta in Pflege.

Familie Junge bleibt uns als mitfühlende, liebevolle und hilfsbereite Familie unvergessen. Es war nie ein lautes Wort zu hören. Wenn Herr Junge zum Frühstück hereinkam, nahm er sich auf jedes Bein ein Mädchen, und den ersten Bissen bekamen sie. Er sagte immer: „Haut mir nicht die Kinder!" Wir stehen jetzt noch mit dieser Familie in Verbindung. Die Eltern leben jedoch seit einiger Zeit nicht mehr, und Herr Brichowsky ist nach zweimaligem Herzinfarkt 1986 verstorben.

Monika war immer noch in Bernau bei ihrer Tante. Mit dieser stand Else in Verbindung über einen Herrn aus Berlin, der öfter nach Hartau in die Gaststätte kam. Über diesen Herrn schickte Else Lebensmittelkarten für Monika mit. Monika war damals ein Jahr und fünf Monate alt, sie konnte nicht länger bei ihrer Tante Frieda in Bernau bleiben, denn diese hatte selbst drei kleine Kinder zu versorgen, und die Lage wurde immer gefährlicher. Als sich Else entschloß, mit diesem Herrn mitzufahren und Monika zu holen, wurde sie von ihrem Vorhaben von Mutter abgehalten. Sie sagte angesichts der zunehmenden Bombenangriffe zu Else: „Annelies ist hier, Monika in Berlin, und du wirst unterwegs kaputtgehen.“

Bei seinem nächsten Aufenthalt in Hartau sagte der Herr zu Else, daß Frieda die Belastung nicht mehr durchhalten könne und Else mitfahren solle. So entschloß sich Else dazu, sie sagte nur mir Bescheid und fuhr mit. Sie hatte Glück und fuhr mit dem letzten noch nach Berlin und zurück verkehrenden Zug. So waren wenigstens die drei wieder zusammen.

Flugzeuge

Inzwischen wurde es Frühjahr, und manche Flüchtlinge fuhren mit ihren Gespannen zur Frühjahrsbestellung in Richtung Front. Uns betraf das nicht. Onkel Herrmann sollte zum Panzersperrenbau eingesetzt werden, er war aber auf Grund seines Herzleidens nicht allzu oft dabei.

Viele aus unserer Heimat sind auf der Flucht wesentlich weiter vorangekommen als wir, da sie mehr Vorsprung hatten. Es ist unvorstellbar, aber so sind manche mit Pferd und Wagen bis nach Bayern gezogen. Die Menschen waren überallhin verstreut, und viele wußten nichts voneinander. Bei uns war es Zufall, daß Walter bei uns war und dadurch unseren Aufenthaltsort kannte.

Unserer Muttel ging es nicht besonders gut, sie bekam Herzbeschwerden. Wir fuhren mit ihr auf dem Pferdewagen nach Zittau zum Arzt. Er verbot ihr alle körperlichen Anstrengungen, sie sollte keine Berge steigen und so weiter. Ach, und was mußte sie noch alles bewältigen und aushalten!

Auf der Rückfahrt bemerkten wir Flugzeuge über uns. Wir gaben dem noch keine Bedeutung. Aber die Flugzeuge waren den ganzen Tag über zu beobachten, und später kamen Hubschrauber hinzu, die uns auch nachts überflogen.

Am 7. Mai erfolgte dann der Angriff auf Zittau, die Front war damit bei uns angelangt. Wie sollten wir uns entscheiden? Wir dachten, wenn wir bis hierhin gekommen sind, dann müssen wir alles daransetzen, dem drohenden Unheil wütender Frontsoldaten zu entkommen. So rüsteten wir zur Weiterfahrt, obwohl die Hartauer Einwohner bis auf wenige blieben.

Was sollten wir dort lassen, was war mitzunehmen, in welche Richtung sollte es weitergehen? Wieder war zu packen. Einige Habseligkeiten versteckte Lisbeth bei Junges. Niemand wußte, ob überhaupt jemand etwas behalten oder ob es je eine Rückkehr nach Hartau geben würde.

Wir wollten früh in Richtung Westen aufbrechen. Das war aber den ganzen Tag über wegen Tieffliegerbeschusses und ringsum fallender Bomben nicht möglich. Obwohl nichts weiter passiert ist, war es für uns eine große Nervenprobe. Die Pferde standen angespannt bei Junges im Hof, sie waren unter anderem das Ziel der Tiefflieger. Ich sah immer nach ihnen, ob sie getroffen wurden. Es war wie ein Wunder, daß ihnen nichts geschah, sie zuckten nur immer bei jedem Einschuß zusammen.

Pferde im Garten

Ich stehe vor dem kleinen Türchen, das zum Garten führt. Dahinter steht auf einem Berg das Haus, in welchem wir jetzt wohnen. Im Gras stehen zwei Pferde, die sind mit Stricken am Baum festgebunden. Da kommen schwarze Flieger, ganz tief und ganz laut. Die Pferde wiehern und springen hin und her, aber der Strick hält fest. Es dröhnt und knallt. Ich habe Angst. Mutti holt mich ins Haus herein.

Zehn Jahre später stand ich als Vierzehnjähriger wieder vor diesem Gartentürchen und erkannte das Bild so wieder, wie es sich mir als Vierjährigem eingeprägt hatte. Einen Schulausflug ins Zittauer Gebirge konnte ich 1955 mit meinen Cousinen Marianne, Annelies und Monika nutzen, um unsere einstigen lieben Quartierleute im Dorf Hartau erstmals seit der Flucht wiederzusehen. Sie staunten und freuten sich außer über unseren Besuch auch darüber, daß aus uns inzwischen so große Kinder geworden waren.

Kapitulation

Als die Dunkelheit anbrach, tarnten wir Pferde und Wagen mit Ästen und verließen Hartau westwärts. Aber vor uns lag das Zittauer Gebirge; wo wir waren, war nicht zu erkennen, es war stockfinster in dem hohen Gebirgswald.

Das war eine Fahrt! Mit unseren noch eisenbereiften Wagen ging es langsam bergauf. Familie Achtert aus unserem Dorf hatte einen gummibereiften Plattenwagen. Dieser bremste bergauf so stark, daß es nur stückweise mit zusätzlichem Vorspannen durch unser Gespann vorwärts ging. Immer wieder wurden wir von sich zurückziehenden deutschen Truppenteilen überholt. An der Gaststätte einer Ortschaft wurde Halt gemacht. Die Männer gingen hinein und erfuhren dort über das Radio von der bedingungslosen Kapitulation Deutschlands und der Beendigung des Krieges.

Die Rückkehr

Was sollten wir nun machen? Wir wollten weiter westwärts, obwohl Onkel Herrmann zu meiner Mutter sagte: „Gustel, willst du deine Heimat nicht mehr wiedersehen?“ Wir fuhren und fuhren immer weiter, denn rückwärts war ohnehin kein Durchkommen, bis wir in Deutsch-Gabel im Sudetenland steckenblieben. Flüchtlinge und Soldaten kamen hier aus vielen Richtungen zusammen. Angesichts der vorbeiströmenden Soldaten erschien uns die Tatsache der Niederlage Deutschlands grotesk. Viele dieser Soldaten waren offenbar das letzte Aufgebot, blutjunge Menschen, fast noch Kinder, und viele waren verwundet.

Wir standen an der Straßenkreuzung mehrere Stunden, als aus der Zittauer Richtung russische Militärfahrzeuge auftauchten. Als erste erreichten uns Spähwagen und Panzer mit Offizieren. Zu uns Flüchtlingen sagten sie: „Woina (Krieg) kaputt, wui damoi (ihr nach Hause)!“

Das sind also die Russen

Viele Menschen sitzen mit uns im Gras am Straßenrand. An uns strömen Kolonnen von großen Autos vorbei. Panzer dröhnen. Ein Panzer kriecht ganz langsam an uns heran. Er kann nicht schneller sein, weil er so schwer zu tragen hat. Auf ihm sitzen sehr viele Soldaten. Sie sind alle sehr fröhlich und lachen und singen. Ganz hoch oben über uns sitzen sie und winken uns zu. Nun fahren sie weiter und werfen etwas herunter. Die großen Kinder greifen danach, ich kann nichts erhaschen, meine Hände sind zu klein. Es sind Bonbons.

Das also sind die Russen.

Erste Begegnung

Das war für uns die erste Begegnung mit unseren Befreiern. Sie brachte auch erste Erfahrungen. Unsere Bekannte Trudel Land nahm sich vorsichtshalber die anderthalbjährige Monika auf den Arm. Da fiel einem der vorbeifahrenden sowjetischen Armeeangehörigen ihre Armbanduhr auf, die fortan ihm gehörte. Kloses hatten ihr Fahrrad dabei, sie wurden es gleich zur Begrüßung los.

Wir konnten nicht weiter, die Rote Armee sperrte die Straßen ab. Die Wehrmachtsangehörigen wurden von ihr in Gewahrsam genommen. Wir beobachteten, daß ältere Wehrmachtsangehörige aller Waffengattungen mit Pferd und Wagen losfuhren. Auf unsere diesbezüglichen Fragen antworteten sie, daß sie entlassen seien und heimführen. Sie werden alle nicht bis nach Hause gekommen sein. Nur vorübergehend wurden sie freigelassen, weil sie nicht alle auf einmal untergebracht werden konnten, und später wurden sie nacheinander wieder eingesammelt.

Nun sagte unsere Mutter: „Wenn es sich so verhält, dann fahren wir auch heim, unsere Leute werden dann bald nach Hause kommen." Das wäre zu schön gewesen! Unsere Absicht war, zunächst Hartau zu erreichen und dort den weiteren Verlauf abzuwarten. Wir wendeten und fuhren den gleichen Weg zurück.

Uns begegneten alle Arten von Militärfahrzeugen. Bis auf Einzelheiten verliefen die Begegnungen mit dem russischen Militär human. Als wir uns auf freier Straße befanden, kam von einem vorbeifahrenden russischen LKW, dessen Plane hinten hochgerollt war, so daß man die Soldaten in ihren russischen Uniformen sitzen sah, der Ruf: „Karl, was machst du denn hier?" Wir waren überrascht, der Ruf galt Karl, dem Schwager von Onkel Herrmann. Dieser war beinversehrt und mit unserem Treck auf der Flucht. Als Steinsetzermeister hatte er ein weites Wirkungsfeld in unserem Gebiet und war bei vielen Leuten bekannt. So wurde er von einem Deutschen in russischer Uniform im Vorüberfahren erkannt und angesprochen. Noch ehe Karl den Rufer erkennen konnte, war das Auto weg.

Inzwischen wurde es wieder Abend, und es gab kein Vorwärtskommen. Uns stand die zweite Nacht auf der Straße mit Kindern und Kranken bevor, und über allem stand die große Angst vor den Siegern! Auf der Straße war ein ständiges Hin und Her von Militärfahrzeugen, von Autos, Panzern, Panjewagen; wir als Flüchtlinge dazwischen. Es ging alles durcheinander nach diesem „großen Endsieg". Dazu kam eine Dunkelheit, daß die Hand vor den Augen nicht erkennbar war. Wir mußten ständig darauf achten, nicht mitgerissen zu werden. Denn was in den Weg kam, wurde in den Graben gedrückt. Das Gute ist, daß man immer wieder auf rücksichtsvolle und gute Menschen trifft, ganz gleich, welcher Nation sie angehören.

Wir standen mit Else am Grabenrand, sie rechts, wir links davon, als Muttel zu uns kam und sagte, was sie eben erlebt hatte. Sie stand an Elses Wagen, als ein russischer Soldat den Rappen Moritz ausspannen wollte. Da suchte und fand Mutter im Finstern einen älteren Offizier. Sie zeigte ihm die kleinen Kinder im Planwagen, und der Soldat mußte das Pferd wieder zum Wagen bringen. Bei dieser Begebenheit wurde ein anderer Soldat auf uns aufmerksam. Er kam mit seiner Maschinenpistole und einer Lampe eine Stunde lang immer wieder auf uns zu und wiederholte ständig: „Komm mit, Frau!" Wir hielten uns fest aneinandergehakt, Hilde, Trudel und ich, und wichen nicht von der Stelle. Was hätten wir wohl machen können, wenn er uns auseinandergerissen hätte? Und wo hätten wir hinlaufen konnen? Es gab ringsum nur stockdunkle Nacht und hohen, finsteren Wald. Andere Menschen haben in dieser Nacht Schlimmes erleben müssen. Wir hörten die Schreie sich verweigernder, deutscher Flüchtlingsfrauen aus der Dunkelheit.

Damit die Militärfahrer unseren Wagen besser sehen konnten, stellte ich mich mit der Sturmlaterne dicht hinter das Wagenrad. Da kam wieder ein Panzer auf uns zu, er fuhr ganz langsam und vorsichtig und hupte und hupte. Ich rührte mich jedoch mit meiner Laterne nicht von der Stelle. Da hielt der Panzer, der Fahrer stieg aus und kam auf mich zu. Wie war mir da zumute! Er kam, faßte mich an den Schultern, stellte mich einen Schritt hinter den Wagen. Dann ging er wieder zum Panzer zurück und fuhr ganz vorsichtig vorbei. Auch solche Begebenheiten gab es, und mögen sie auch als Nebensächlichkeiten erscheinen, so halte ich sie zur Darstellung jener Zeit für ebenso wichtig wie die vielen betrüblichen Erfahrungen.

Die Nacht verging zwischen Fahren und Warten und wich endlich dem Morgengrauen, in dem die Spuren des Krieges immer deutlicher sichtbar wurden. Überall sah man Verwüstungen. Aufgeschnittenes Bettzeug, Hausrat und vieles mehr lagen verstreut herum. Am Vormittag erreichten wir Hartau. Hier wollten wir bleiben, wie es vereinbart war. Elses Wagen hatten wir soeben bei Junges im Hof abgestellt, als jemand kam und sagte, Tante Ida sei weitergefahren, und wir sollten ihr folgen.

Wir erfuhren den Grund für ihr Verhalten. Als Tante Ida wieder zu Thieles, bei denen sie vorher ihre Pferde eingestellt hatte, zurück wollte, kam ihr ein Pole entgegen und sagte drohend, er würde schon auf sie warten. Tante Ida hatte mit ihm in der Vergangenheit eine Auseinandersetzung wegen ihres polnischen Fremdarbeiters gehabt. Nun war sie verängstigt und fuhr gleich weiter, die anderen mit ihr. Da wollten wir und Else nicht als einzige zurückbleiben, wir fuhren also hinterher. Damit begingen wir einen unserer größten Fehler, denn vieles wäre uns erspart geblieben, wenn wir in Hartau geblieben wären.

Die Einwohner von Hartau waren durch die Ereignisse verstört, die Häuser waren aber heil geblieben, da seit der letzten Nacht Waffenstillstand war. Im Dorf gab es ein Gefangenenlager, dessen Insassen nachts über den Ort herfielen. Sie verschonten jedoch die Einwohner. Was das für ein Lager war, wußte niemand zu sagen.

Moritz adé

Als wir den Wagen endlich aus dem Hof hatten und im Unterdorf ankamen, waren die anderen nicht mehr zu sehen. Wir mußten aber auch weiter. Die Familie war damit getrennt.

Wie wir aus Hartau nach Zittau kamen, weiß ich nicht mehr. Die Wirrnisse damals überforderten die Aufnahmefähigkeit. Eine vor Hartau errichtete Panzersperre war für uns unpassierbar, die Panzer konnte sie jedoch nicht aufhalten. In Zittau herrschte großes Durcheinander. Die Stadt brannte. Eine Tür unseres Wagens hatten wir zur Sicherheit zugenagelt. Das war gut so, denn es wurde versucht, sie aufzureißen. Im Wagen befanden sich die drei kleinen Mädchen.

Endlich gelangten wir auf Irrwegen aus der Stadt auf die Straße, welche wir auf dem Herweg benutzt hatten. Da das Gelände flach und waldfrei war, konnte man es gut übersehen, und ich erkannte auf einer Parallelstrasse in der Ferne einen Treck, in dem ich unsere Leute vermutete. Ich lief weit über freies Feld in diese Richtung, wobei ich meinen Wertschmuck verlor. Meine Vermutung fand ich bestätigt. So kamen wir wieder zusammen. Eine Landkarte hatten wir leider nicht bei uns, und wir wußten darum nie, wo wir uns befanden. Wir ahnten nur, daß wir das Dreiländereck noch nicht verlassen hatten.

Als wir uns dem größeren Ort Reibersdorf näherten, wurden wir bereits von dort aus durch sowjetische Kavalleristen beobachtet. Ein jüngerer Soldat kam uns auf der Straße entgegen, ihm folgte ein älterer mit Kennerblick für Pferde. Er machte auf mich den Eindruck eines Pferdehändlers, wie ich ihn von früher von Märkten her kannte. Zuerst banden sie unseren Hund Senta ab. Schon das tat uns sehr leid, denn er hatte sich gut an uns gewöhnt. Dann kam das schöne Pferd, der junge Moritz, dran. Ach, wie weh das tat! So froh wir waren, daß wir uns als Familie wiedergefunden haben, so bedrückte uns doch der Verlust des ersten Pferdes sehr. Es war der letzte Abstamm von unserer guten Stute Grete und ihr ganzes Ebenbild. Damit hatte Else nur noch ein Pferd für ihren Wagen, es mußte aber trotzdem gehen. Wir fuhren immer nur weiter, um schnellstens möglichen Gefahren zu entrinnen.

Unsere polnischen Kutscher waren immer noch bei uns. Sie wollten uns auch noch nicht verlassen, obwohl sie laufend von russischen Patrouillen kontrolliert und darauf hingewiesen wurden, daß der Krieg beendet sei und sie nicht mehr bei den Deutschen sein müßten. Sie wollten uns erst bis nach Hause begleiten, bevor sie in ihre Heimat zurückkehrten. Uns sagten sie, sie seien nach der Rückkehr nicht lange in ihrer Heimat, da sie dort eingezogen würden.

Wann und wo wir Rast machten, kann ich nicht mehr sagen. Überall war Durcheinander, uns bekannte Leute waren kaum zu sehen, sie waren offenbar alle auf ähnliche Weise unterwegs wie wir. An Kochen war schon lange nicht mehr zu denken, und wie viele Nächte mußten wir schlaflos verbringen!

Einmal gelangten wir nach so einer obdachlosen Nacht an einen Fluß, alle hinüberführenden Brücken waren gesprengt. Wir mußten den Fluß mit Pferd und Wagen durchqueren, er war zum Glück nicht sehr tief, aber ziemlich breit. Da standen Zuschauer und staunten, wie wir das geschafft haben.

Eine Nacht verbrachten wir auf einer hohen zugigen Brücke im Sudetenland. Dort erkältete sich die junge Belgierstute von Tante Ida und wurde krank. Tante Ida besaß damals zwei Zuchtstuten mit Fohlen. Am folgenden Tag mußte die erkrankte Stute geschlachtet werden. Damals befanden wir uns auf einem äußerst armseligen, kleinen Gehöft, wo wir nicht einmal übernachten konnten, so daß wir auf dem Wagen schliefen. Die armen Leute des Grundstückes holten sich Fleisch vom geschlachteten Pferd und füllten ihre Töpfe voll. Wir selbst haben damals noch auf das Pferdefleisch verzichtet. Für das verlorengegangene Pferd versuchten wir, Ersatz zu finden. Da uns das nicht gelang, blieben wir vorerst dort.

Unsere Pferde

Bei einer der nächsten Kontrollen wurde den polnischen Kutschern angedroht, daß sie erschossen werden, wenn sie bei der nachfolgenden Kontrolle noch bei uns anzutreffen wären. So mußten sie uns leider verlassen. Wir versorgten sie noch für ihren Weg.

Ein paar Tage danach erschien eine berittene Truppe der polnischen Armee. Die Soldaten suchten sofort den Stall auf und trieben alle Pferde von uns und Tante Ida heraus. Die anderen Familien lagen in anderen Gehöften und behielten ihre Pferde. Tante Ida wurde nur die Oldenburger Stute und ein Fohlen gelassen. Sie wollte das Fohlen von der Belgierstute behalten und mit nach Hause nehmen.

Es war schon schwer genug, alles andere zurückzulassen, aber als die Pferde vor unseren eigenen Augen aus dem Stall geraubt wurden und in fremde Hände gingen, das hätte Mutter fast nicht verkraftet. Sie wurde kreideweiß, lehnte sich an die Hauswand und schwankte. Die Tiere spürten das, auch sie haben unter den Menschen ihren Vertrauten. Unsere treue, gute Stute Grete gehörte dazu. Sie war uns besonders ans Herz gewachsen. 1925 wurde sie geboren, zwei Stunden, bevor unser Vater starb. Er erfuhr noch von der Geburt dieses Rappenfohlens. Das Pferd wurde von allen in unserem Heimatort bewundert und brachte viele gesunde Fohlen zur Welt.

Ohne Pferde konnten wir die Wagen nicht weiterbefördern. Dort bleiben konnten wir auch nicht. Der Zustand unserer Kranken verschlimmerte sich immer mehr, wir mußten an unsere kleinen Kinder denken.

Viel Zeit zum Besinnen hatten wir nicht, wir mußten handeln. Wir jungen Frauen waren damals noch in dem Alter, in dem wir alles besser verkraften konnten. Aber die vielen älteren Leute, die mit waren! Ich bezweifle, ob wir, die wir heute in diesem Alter sind, so einer Belastung standhalten könnten. Wie viele ältere Menschen haben damals ihr Leben lassen müssen!

Für das eine Pferd von Tante Ida nahmen wir nur ihren etwas leichteren Wagen. Lisbeth besaß ihren Kinderwagen für Marianne, Else hatte für ihre Zwillinge nur einen, sie fand noch einen zweiten, ein Modell von 1910. Ich fand einen, der stammte noch aus dem vorigen Jahrhundert, er hatte noch eine Deichsel. Unten legte ich einen Anzug von Herbert hinein, darauf kamen Bretter und obendrauf Proviant für unterwegs. Hinzu kam ein etwas größerer selbstgebastelter Wagen, wobei die Not erfinderisch machte. Er bestand aus der Achse und zwei Rädern eines Ackerwagens. Seine Ladefläche bildeten zwei aufgelegte Bretter. Darauf brachten wir das Allernötigste unter, zum Beispiel Betten. Alles andere mußte im Gehöft bei den armen Leuten zurückbleiben, wie sämtliche Sachen, die Else für Frieda mitgenommen hatte: Felle, Betten, Wäsche, Dekken und so vieles, was im Winter gegen die Kälte schützen konnte, dazu die mit Lebensmitteln, Kleidung, Wäsche und Hausrat beladenen Fuhrwerke von Else und uns. Eckhart mußte von hier an mit seinen knapp vier Jahren den ganzen Rückweg gemeinsam mit uns Großen zu Fuß zurücklegen, er fügte sich darein mit Bravour, als hätte er ein Einsehen in diese Notlage besessen.

Der Unfall

Nun sollte es losgehen. Vor den Wagen von Tante Ida war die ihr noch verbliebene junge und von der Wartezeit ausgeruhte Stute Lotte gespannt. Das ihr beigegebene fremde Fohlen der Belgierstute machte sie unruhig. All das waren ungünstige Bedingungen für die bevorstehende Fahrt auf einer Straße mit starkem Gefälle und ungebremstem Wagen.

Das Bremsen sollte und wollte Tante Martha übernehmen, die jüngste Schwester unseres Vaters. Sie war nur gelegentlich bei uns, um ihre Mutter, die unsere Großmutter war, zu besuchen. Dazu hatte sie ihren Treck nur kurzzeitig verlassen wollen, doch inzwischen kam der Umsturz und sie konnte nicht wieder zurückkehren. So blieb sie von da an bei uns. Sie hatte bereits alles verloren und besaß nun nur noch ihr nacktes Leben und, was sie am Leibe trug. Von ihren vier Kindern, denen sie das Leben schenkte, starben bereits drei im Kindesalter, der ihr noch verbliebene einzige Sohn fiel auf der Krim, ohne eine Familie hinterlassen zu haben, und ihr Mann ließ sein Leben beim Volkssturm.

Tante Martha versuchte, den rollenden Wagen mit Hilfe von Stangen zu bremsen. Das Gefälle war jedoch so stark, daß sie mit den Stangen nichts ausrichten konnte, der Wagen gewann an Fahrt, und das unruhige Pferd tat ein übriges. Die Straße führte direkt auf ein Haus in der nahegelegenen Ortschaft zu. Onkel Herrmann, der den Wagen führte, erkannte die Gefahr, daß der nicht mehr zu haltende Wagen direkt auf dieses Haus zurasen und daran zerschellen würde.

Wir laufen die Straße hinab. Mutti führt den großen zweirädrigen Karren. Wenn es bergan geht, helfe ich mit schieben. Nun aber geht es abwärts, ich brauche nicht schieben. Da bleibt sie stehen, sie schreit und rennt mit dem Karren los. Ich kann kaum folgen, so schnell läuft sie jetzt. Ich weiß nicht, warum sie so ängstlich ist. Es muß etwas passiert sein.

Wir Frauen führten unsere Oldtimer von Kinderwagen mit uns und konnten dem Tempo nicht mehr folgen. Wir mußten zusehen, wie sich vor uns das Unglück entwickelte. Die beiden kleinen Söhne von Hilde, die beiden Kranken, nämlich Tante Berta und Großmutter, saßen in diesem Wagen. Meine Cousine Hilde lief auf der Straße hinterher und schrie: „Meine Jungs, meine Jungs!" Onkel Herrmann brachte so viel Geistesgegenwart auf, noch rechtzeitig das Pferd nach rechts herumzureißen, wodurch der Wagen in einen kleinen Graben gelenkt wurde, wo er zum Stehen kam und umkippte.

Ob sich wohl jemand ein Bild davon machen kann, wie es am Unfallort aussah? Man kann das vielleicht mit heutigen Autounfällen vergleichen. Zuerst flog das aus Brettern gezimmerte Dach davon, dann purzelte alles andere durcheinander. Betten, Geschirr, Proviant lagen auf der Straße. Und wo waren die Insassen?

Es war wieder einmal ein Wunder, daß ihnen nichts weiter passiert ist. Onkel Herrmann kam unverletzt unter dem Wagen hervorgekrabbelt, Tante Martha war ebenfalls heil geblieben. Die Jungs kamen mit dem Schrecken davon, die Kranken jammerten jedoch, sie waren hilfsbedürftig und mußten geborgen werden. Tante Berta war lungenkrank. Großmutter hatte am Kopf eine große Beule davongetragen, und sie litt sehr an ihren erfrorenen Beinen. Sie hatte kaum noch Fleisch daran. Ach, was mußte Großmutter leiden! Wie sollte man ihr helfen?

Wir betteten sie erst einmal an der Grabenböschung, dann klaubten wir alles Verstreute zusammen, was wieder in den Wagen mußte. Wir entschlossen uns dazu, den im Gehöft zurückgelassenen bremsbaren Wagen meiner Mutter zu holen.

Als wir im Hof eintrafen, es war seit unserem Aufbruch von hier etwa erst eine Stunde vergangen, da hatte der arme Mann von Muttels Planwagen schon das gesamte Leder abgetrennt. Wir hatten nun mit dem Beladen des Ausweichwagens zu tun und starteten erneut.

Unerwartetes Wiedersehen

Inzwischen war Pfingsten, und wir hatten noch immer kein richtiges Dach über dem Kopf. Vorerst dienten uns dazu die Äste von den Bäumen eines Parks. Dort logierten wir während der Feiertage Tag und Nacht.

Über den Kreis Hirschberg gelangten wir nach Schlesien. Hier kamen wir im Ort Hindorf zunächst auf dem Gut unter. Dort gingen wir mit aufs Feld, um Disteln zu stechen. Ein besserer Gedanke, als dort umsonst zu arbeiten, kam uns nicht. Der Gutsherr sagte zu Mutter: „Ich gehe auch weg, aber in eine andere Richtung“. Er war nicht auf der Flucht und besser informiert als wir. Wir wußten doch nichts von den Ereignissen und den Entscheidungen, die die Siegermächte trafen. Nur die Information, daß die Neiße gesperrt sein sollte, sickerte bis zu uns durch.

Auf dem Gut waren noch mehr Leute, denen das gleiche Schicksal wie uns beschieden war. Einem jungen Mädchen war es nicht gut ergangen, obwohl es sich versteckt gehalten hatte. Es wurde von russischen Militärangehörigen mehrfach vergewaltigt. Die Leute sagten uns, überall erlebten sie solche Dinge.

Ein Stück hinter der Gemeinde lagen einzelne Grundstücke etwas abseits der Straße. Welch freudige Überraschung und welch ein Trost war es da, als wir dort Tante Idas Schwiegertochter Wally mit ihrer Tochter und ihren Eltern trafen. Hier standen noch ein paar andere Fuhrwerke aus Neu-Limburg, Kreis Brieg.

Da wir mit unseren Kranken nicht mehr weiterfahren konnten, blieben wir dort in den Häusern und hatten durch Liebenbergs, Wallys Eltern, einen Halt. Sie versprachen, mit uns zusammen weiterzufahren, da wir den Weg bis Schreibendorf als gemeinsame Route hatten. Die anderen Limburger wollten nicht so lange warten, wir mußten es, denn der Zustand der Kranken verschlechterte sich.

Wie auch anderswo, so unterstützten wir hier die Gastgeber, denn die Frauen waren alle noch allein. Dieses Gebiet brauchte von den Bewohnern nicht verlassen zu werden, Kampfhandlungen hatten hier nicht stattgefunden, aber besetzt war es auch.

Ich kam eines Tags gerade mit der Frau vom Feld, um Futter für das Vieh zu bringen, denn sie besaßen damals noch alles, als ich auf der ein Stück von uns entfernten Landstraße Leute sah, die ich an ihrem Gang als meine Schwiegereltern erkannte. Die Straßen hielt man damals stets im Auge, immer in der Hoffnung, Bekannte zu treffen. Die Schwiegereltern waren mit meinen Schwägerinnen Else und Frieda, die hochschwanger war, und den kleinen Enkeln Harald, sechs Jahre alt, und Rainer, der gerade vier Jahre alt wurde, unterwegs. Vater fragte mich, ob wir nicht nach Hause wollten. Wir wollten schon, doch wir konnten nicht mit. Sie zogen weiter.

Großmutters Tod

Am 25. Mai1945 starb Großmutter an ihrem großen Leiden, den erfrorenen Beinen, Tante Berta einen Tag später, am 26. Mai 1945 an zweimaligem Blutsturz.

Beide sind an den Strapazen der Flucht zu Grunde gegangen. Unsere Großmutter war bis zuletzt organisch kerngesund und trotz ihres hohen Alters geistig frisch geblieben. Sie hätte unter normalen Bedingungen ein noch höheres Alter erreichen können. Ihr Lebensalter hat von ihren zehn Kindern ohnehin keines erreicht. Onkel Herrmann ließ Särge bei einem Tischler im Dorf anfertigen. Sie waren nicht gestrichen, aber es waren Särge, das werden viele der unterwegs zu beklagenden Opfer nicht gehabt haben. Der Flieder blühte, und ich flocht Kränze. Ein Pfarrer war auch da, und so konnten beide die ihnen gebührende Beerdigung erhalten. Onkel Herrmann ließ Holzkreuze fertigen, so hatten sie eine würdige Ruhestätte in fremder Erde gefunden.

Ihre Grabstellen lagen gleich links am Tor. Ich würde wohl heute noch, wenn auch nichts mehr von diesen Gräbern vorhanden sein wird, diese Stelle wiederfinden.

Strapazen unterwegs

Als dies traurige Ereignis vorüber war, ging es weiter bis Bad Warmbrunn. Dort blieben wir wieder liegen. Was war dies für eine bezaubernd schöne Gegend, und man konnte das wegen der Geschehnisse gar nicht wahrnehmen! Meine Schwiegermutter sagte einmal: „Alle schwärmen vom Gebirge, ich habe genug davon."

Der Quartierfrau half ich bei der Heuernte. Das Heu kam aber auch nicht herein, da es alle Tage Gewitterregen gab. Dieser führte zu einem überdurchschnittlichen Wachstum. Die Natur bemühte sich ihrerseits, davon etwas gutzumachen, was Menschen durch den Krieg zerstört hatten.

Onkel Herrmann wollte es nicht glauben, daß er ohne seine geliebte Frau, unsere Tante Berta, und ohne seine liebe Muttel heim mußte. Wir suchten noch ein paarmal den Friedhof auf. Dort scharrte er immer in der Erde der Grabhügel und weinte und weinte. Wie das alles schmerzte und nicht zu ändern war. Ich hoffte damals, noch einmal an diese Stätte zu kommen, nun bleibt aber bloß noch die Erinnerung. In den ersten Nachkriegsjahren kam nicht das Verlangen auf, an jene Stellen zurückzukehren, die an das dort Erlebte wieder erinnerten. So schwer auch alles war, ich glaube, wir hatten immer einen Schutzengel, der mit uns war.

Bei unserem weiteren Marsch kamen wir in Gebiete, die vom Kriegsgeschehen gezeichnet waren. Die Straßen waren von Panzern aufgerissen. Familie Liebenberg unterstützte uns. So konnte ich stückweise einen Wagen anhängen, als es galt, möglichst schnell voranzukommen, wenn uns russische Soldaten begegneten.

Einmal trieb Vater Liebenberg auch aus diesem Anlaß die Pferde zur Eile, ich konnte bei diesem Tempo den Wagen nicht halten, und so kippte meine ganze Schose um. Wieder mal lag alles auf der Straße, Brot, Tassen und Herberts Anzug, den ich nach diesem Zwischenfall nicht mehr einladen brauchte.

Furchtbar war das, was Else mit ihren Kindern durchmachen mußte. Sie hatte ja zwei Kinderwagen zu transportieren. Einen konnte sie nur schieben, manchmal mußte sie beide gleichzeitig nehmen, wenn auch Bitten niemanden erweichen konnte, den zweiten Wagen ein Stück mitzunehmen. Das alte Modell lief immer schief, nach ein paar Metern mußte der Wagen wieder in Fahrtrichtung gebracht werden. So manches Mal saß Else am Straßenrand und weinte, sie sagte dann: „Ich will nicht mehr weiter, will lieber mit den Kindern sterben".

Unterdessen wurden wir schwächer durch die Strapazen und die zunehmende sommerliche Hitze. Unsere Ernährung war nicht mehr gesichert. Wir kamen in Gebiete, wo es nichts mehr zu kaufen gab. An einer Stelle bekam ich Eier, die wurden mir in Bolkenhain von russischen Soldaten wieder abgenommen. Lisbeth wollte Walters Mantel retten, sie hatte ihn deshalb auch bei größter Hitze immer angezogen. Hier in Bolkenhain waren die Folgen des Krieges und der Besatzungsmacht deutlich sichtbar. Die Lichtleitungen waren zerrissen, Gebrauchsgüter lagen zerstört umher, ich sah zum Beispiel einen ganzen Berg von Radios aufgetürmt draußen liegen. Die leeren Häuser stanken nach Entlausungsmitteln.

Ich weiß nicht mehr, wo wir die Nächte verbrachten, in die verschmutzten Häuser trauten wir uns nicht. Einmal lagen wir mit vielen anderen Menschen in einem Saal. Da schrie Annelies andauernd, so daß die Leute schimpften. Familien mit größeren Kindern hatten es in dieser Hinsicht leichter.

Für wen wächst das neue Brot heran?

Mir oblag die Pflege der Wagen. Ich hielt sie funktionstüchtig, indem ich Abend für Abend Draht suchte, um damit die Eisenreifen an den Felgen festzubinden, und indem ich regelmäßig die Lagerstellen ölte. An jedem Tag war diese Reparatur wieder nötig, denn die Straßen waren steinig und zerlöchert. Furchtbar waren stets die Anblicke unterwegs, da überall Tierkadaver umherlagen und Schwärme großer schwarzer Fliegen in Massen umherschwirrten.

Das einzige, was uns auf der ganzen Rücktour immer wieder erfreute und wofür wir als Bauern auch einen besonderen Blick übrig hatten, das waren die üppig wachsenden Früchte auf den Feldern. Es war niemand da, die Felder zu pflegen und zu düngen, denn das Ausbringen der Saat war die letzte Tätigkeit der deutschen Bauern auf ihren Feldern in Schlesien vor der Flucht. Ohne jedes Zutun durch Menschenhand wuchs alles so prächtig, wie ich es noch nicht kennengelernt habe, vom Gras auf den Wiesen bis zu den wogenden Getreide- und Rapsfeldern. Man konnte denken, es solle ein Geschenk für die Überlebenden sein, damit diese nicht verhungern müssen.

Manchmal war auch ein Kornfeld unser Bett, wenn wir keinen besseren Schlafplatz auftreiben konnten. Trotz des Sommers fror man jedoch gegen Morgen. Die einzige Nachtbekleidung waren die Tagesgewänder. Wochenlang haben wir die Kleidung nicht wechseln können.

Der letzte Teil unserer Rückroute führte am Gebirge entlang, aber nicht wie hinwärts, sondern an den schönen Kurorten vorbei. An den Ortseingängen waren große Transparente in russischer Sprache angebracht. Muttel sagte: „Es sieht nicht so aus, als würden die russischen Truppen bald abziehen“. Heute wissen wir, wie lange das dauern sollte.

Die Bevölkerung dieser Gegend brauchte im Winter 1945 nicht die Heimat verlassen. Später blieb auch ihr das nicht erspart. Hier bestand der Unterschied gegenüber uns darin, daß wir das ganze zweimal unter schlimmeren Bedingungen erleben mußten.

Wir gelangten nun in die Striegauer Gegend, ohne in die Stadt Striegau selbst zu kommen. Dort in der Nähe lebten in Gräben die Schwiegereltern von Lisbeth. Und da diese gern wissen wollte, was aus ihnen geworden war, entschieden wir uns, Lisbeth und ich, einmal hinzugehen. Welches Wagnis sind wir damit eingegangen! Überall begegneten wir unterwegs den Angehörigen der Roten Armee. Wir hätten nichts machen können, wenn wir aufgefangen und mitgenommen worden wären, wie es oft passierte. Wir sind im Dunkeln weg, um ungesehen zu bleiben. Es war ziemlich weit, und wir sind ungeschoren in Gräben angekommen. Wir konnten uns dort nicht lange aufhalten, denn unsere Leute warteten auf uns. Wir trafen den Vater Paul Adam an, seine Frau Ida Adam war bereits im Januar mit der Eisenbahn nach Bayern weggekommen. Herr Adam sagte zu Lisbeth, sie solle dort bleiben, er hätte vorgesorgt. Er wird nicht so lange beim Volkssturm gewesen sein und danach Gelegenheit erhalten haben, Lebensmittel zu besorgen. Lisbeth wollte jedoch erst einmal heim, um zu sehen, wie es dort stünde, und danach könnte sie allemal noch nach Gräben kommen. Dabei hat keine von uns beiden daran gedacht, daß ja alles einmal ganz anders kommen könnte, daß es ja gar keine Möglichkeiten zum Reisen mehr geben würde. Vielleicht hätte Lisbeth überleben können, wäre sie beim Adam Vater geblieben.

Wir mußten wieder zurück und wurden von unserem Trupp noch an derselben Stelle erwartet. Es hätte aber auch anders sein können, wir hätten uns aus verschiedensten Gründen verfehlen können und wären getrennt gewesen, dann hätte Mutter die Kinder allein gehabt. In dieser Zeit war alles möglich. Wir mußten oft die Sicherheit unserer Familie riskieren.

Was ist aus dir geworden, du schönes Brieg?

Gemeinsam kamen wir in die Gegend um den Zobten, den markanten Berg südlich von Breslau. Bis hierher reichte der Kessel der Festung Breslau. Da war nicht ein Gehöft, das vom Krieg verschont geblieben wäre. Wenn nicht das Haus, so war mindestens die Scheune zerstört. Wovon wir von da ab gelebt haben, weiß ich nicht mehr, denn es war überall nichts mehr zu bekommen. An einer Stelle ernteten die Leute Rhabarber, von dem wir etwas erhielten.

Vom Ort Zobten aus ging es weiter in Richtung Heimat, an Breslau vorbei nach Ohlau. Überall begegneten wir den Spuren der Zerstörung. In Ohlau waren alle Oderbrücken gesprengt. Als Notbehelf wurden Holzbrücken errichtet. Das war kein einfaches Unterfangen über den breiten Strom mit dem weiten Überflutungsgebiet. Wir hielten auf der linken Oderseite an und beobachteten Soldaten in deutschen Uniformen beim behelfsmäßigen Oderbrückenbau. Sie schauten ebenso ängstlich auf uns wie wir auf sie, und wir hätten gern etwas von ihnen erfahren wollen, sie wohl auch etwas von uns. Wir wollten uns zu diesem Zweck an sie heranschleichen. Das wußte die zur Bewachung der deutschen Gefangenen eingesetzte polnische Miliz zu verhindern, indem sie uns festnahm. Wir kamen ihnen wahrscheinlich gerade recht, denn wir mußten in Ohlau Wohnungen säubern. Unsere Wegbegleiter warteten, bis wir uns wieder einfanden.

Gemeinsam setzten wir unseren Weg auf der linken Oderseite fort, immer wieder Verwüstungen wahrnehmend, ging es vorbei an leerstehenden Häusern und Stallungen. Hier waren die Bewohner noch nicht wieder zurück, oder sie blieben von vornherein fern. Unweit von Ohlau stand ein Gutshaus, ein großes schönes Anwesen, total verlassen und leergeplündert. Alles lag tot da, wo vorher Menschen gelebt und auf ihren Höfen gearbeitet hatten, nur die Felder lebten.

Wir kamen dem Kreis Brieg näher. Zunächst nahmen wir den Weg über Briesen. Dieser Ort muß Zielscheibe für Schießübungen der Panzer gewesen sein, denn in jedes Gebäude waren große Löcher durch Einschüsse gerissen. Hier war unsere letzte Übernachtung. Die letzte Wegstrecke führte uns durch Rathau, einen Vorort von Brieg. Ach, was war aus unserer schönen Gartenstadt Brieg geworden! Das ganze Stadtviertel an der Oder war nur noch eine Trümmerwüste. Auch hier waren die Brücken zerstört, aber bereits durch hölzerne Interimsbrücken ersetzt, so daß wir die Oder überqueren konnten.

Zunächst kamen wir durch Schreibendorf, wo sich Familie Liebenberg von uns trennte, da diese von hier aus weiter nördlich nach Neu-Limburg wollte. Nun ging es auf der rechten Oderseite unserem Heimatdorf Gerlachshain entgegen. Wie würden wir es antreffen? Diese bange Frage ließ uns nicht mehr los.

Uns begegneten zwei junge, aus Gerlachshain stammende Mädchen, die sich auf dem Wege von dort nach Brieg befanden. Wir kannten von unterwegs her die Schreckensbilder von Brandschatzungen, Trümmern, Dreckhaufen und Unrat vor den Wohnungen, nun betraf das alles uns selbst. Von den Mädchen erfuhren wir, daß im Ort 43 Häuser und sechs Scheunen abgebrannt seien. Darunter befanden sich Onkel Herrmanns Haus, Herberts Elternhaus, Haus und Scheune von Tante Ida. Mit diesem Wissen wurde der Weg immer schwerer, und es waren noch acht Kilometer ohne Hilfe zu bewältigen.

Ankunft zu Hause

Wir kamen an Mutters Feld vorbei, dem Straßenstück zum See zu. Hier war der Klee von irgend jemandem gemäht worden, und Leute, die dageblieben waren, wendeten das Heu. Nicht alle Leute wollten weg, und einige waren zu spät aufgebrochen, und sie mußten wieder zurück hinter die damalige Front. Das betraf einige Familien von der linken Oderseite, aber auch einige aus unserem Dorf.

Zu ihnen gehörte das Ehepaar Scholz, das waren die Schwiegereltern von unserem Onkel Richard, dem jüngsten Bruder unseres Vaters. Frau Scholz fragte uns, kaum daß wir uns wiedersahen, nach ihren Angehörigen, wir konnten leider keine Auskunft geben. Diesen Kummer über ihre verschollenen Nächsten konnte sie nicht verwinden, sie verstarb bald. Wir erfuhren später, daß ihre einzige Tochter, für uns war es die Tante Martha, mit ihren Kindern Marianne und Konrad in Freiberg in Sachsen mit der Eisenbahn angekommen und dort geblieben war. Ihre älteste, körperbehinderte Tochter war vor der Flucht verstorben.

So, wie uns die beiden Mädchen berichtet hatten, trafen wir leider alles an. Wie sollte es nun weitergehen? Ich zog mit Eckhart wieder zurück in mein Elternhaus, ebenso meine Schwester Lisbeth mit ihrer Tochter Marianne. Herberts Eltern, die ihr Anwesen als Ruine vorfanden, kamen in der Nachbarschaft mit meinen Schwägerinnen unter. Tante Ida kam mit dem ihr verbliebenen Wagen, Pferd und Fohlen in die Wirtschaft meiner Mutter, sie wohnte zunächst bei uns.

Onkel Herrmann fand in seinem Haus unter den Trümmern noch einen bewohnbaren Raum, den er mit seiner Tochter Hilde und den Enkelsöhnen wieder bezog. Elses Gebäude standen noch, und sie konnte dort wieder wohnen mit ihren Kindern. So hatten wir wenigstens wieder ein Dach über dem Kopf, und das weitere Notwendige wollten wir Frauen mit großem Mut anpacken. Es ging ums Weiterleben.

Am 20. Januar1945 sind wir vom Hof gefahren, und am 11. Juni 1945, an unserem fünften Hochzeitstag, kamen wir wieder, hatten nur unser nacktes Leben gerettet und fanden ein trostlos aussehendes Zuhause vor. Der größte Teil der Einwohner war vor uns zurückgekehrt, aber viele kamen niemals wieder. Ihnen blieb all das erspart, was wir mit einer sich anschließenden sechzehnmonatigen polnischen Fremdherrschaft, der folgenden Zwangsaussiedlung und mehrwöchigem Lagerleben noch vor uns hatten, bevor wir in eine neue Landschaft eingepflanzt wurden, deren Menschen uns besitzlosen Eindringlingen bereits die bloße Anwesenheit unter ihnen mißgönnten.

Inbesitznahme

Viel Dreck

Wir dachten nur daran, daß es ja irgendwie weitergehen mußte, auch waren wir immer in dem Glauben, daß doch unsere Männer zurückkommen müßten. Wer wußte schon, wie alles kommen würde?

Zu Hause fanden wir Mutters großen, massiv gebauten Schuppen ausgeräumt vor. Er war von den russischen Truppen als Tanklager benutzt worden. Die Russen waren mit den LKW hineingefahren, es lag noch herausgerissenes Pflaster herum. Überall standen leere Benzinfässer. Die Zäune waren weggerissen, so daß sie zu unserem Hof herein- und zu Malguths Garten wieder hinausfahren konnten. Das linke Scheunentor war zertrümmert, der Kohlenschuppen ausgeräumt. Alles lag in der Düngergrube, die voller Jauche stand. Lisbeth hatte im Schuppen einen Waschkessel voll mit neuer Wäsche versteckt, sie war nicht mehr da. Die Maschinen waren alle weg, die Kartoffelschleuder (eine Rodemaschine) stand bei Jorgalls im Garten. Die Tür des Auszugshauses war zerschlagen, die Lichtleitungen abgerissen, alle Möbelstücke, selbst die großen Schränke, lagen im Hof. Sämtlicher Kleesamen vom Vorjahr war im Hof verstreut und auch schon gewachsen, der Hof war grün. Alles Getreide war weg, allerdings lagen noch Kartoffeln in der Miete und Heizmaterial war da. Das war schon viel. Ein Teil der Einweckgläser war zertrümmert und der andere voller Kot. Vaters großes Bild und das von Onkel Wilhelm vom anderen Krieg waren mit den Gläsern zerschlagen worden. Daneben hing ein großes Christusbild, das war ganz. Die Ställe waren voll von Mist, also muß das Vieh doch noch eine Zeit drin gewesen sein.

In Tante Idas Hof lag der Mist bis zu den Stufen hoch, die zu ihrer Haustür führten. Dort soll das Vieh zusammengetrieben worden sein. Elses Schlafzimmer war im Hof ausgelegt, darauf sind sie rumgelaufen. In ihrer Scheune wurde wohl geschlachtet. Es war kein Kleidungsstück mehr da, keine Gardine an den Fenstern, nur überall Dreck. An lebendem Inventar entdeckte ich bei Mutter nur eine verängstigte Henne. Ich machte ausfindig, wo sie legte, aber die Freude darüber währte nicht lange.

Muttel hatte zuletzt noch einen fünfzehnjährigen Jungen als Landhelfer gehabt, er war ein liederlicher Kerl. Er mußte zum „Werwolf", das waren zum Schluß Deutschlands Soldaten. Wenn keiner der Männer zurückkam – dieser Günter fand sich wieder ein. Er wußte, daß wir in der Scheune Fleisch- und Wurstkonserven versteckt hatten. Diese hatte er herausgeholt und davon gelebt.

Er nahm sie mit zu Jorgalls Frauen, die dageblieben waren. Als sie hörten, daß wir zurück waren, mußte er die verbliebenen Konserven zurückbringen.

Da war wenigstens etwas zu essen da, denn außer Kartoffeln war nichts. Muttel brachte von ihrem Vorrat etwa ein halbes Pfund zurück, und Elses Schwein war längst aufgebraucht.

In diesem Chaos konnten und wollten wir nicht leben, und wie wir Deutschen so sind, fingen wir mit den Aufräumungsarbeiten an. Das fiel uns sehr schwer, denn wir waren von der Tour geschwächt und zu essen war zu wenig da. Es gab ja nirgends etwas zu kaufen, und wenn doch, dann hatten wir kein Geld, denn unser deutsches Geld war wertlos.

Nach drei Tagen hatten wir gerade den gröbsten Dreck beseitigt, als es hieß, es kämen neue Leute aus dem Osten, die auch ihre Heimat verlassen mußten und gesagt bekamen, sie sollten nach Deutschland gehen, dort würden sie alles finden. Sie waren sehr enttäuscht, als sie nicht mehr vorfanden als wir, nämlich nichts.

Wir nehmen es heute noch den polnischen Leuten übel, daß sie so schlecht mit uns umgegangen sind. Doch hatten wir auch Vorurteile gegen sie, weil sie ohne allen Besitz kamen. Dabei hatten auch sie Schweres hinter sich, Front, Krieg schon über Jahre, Besatzung.

Sie kamen also in unser Dorf – drei Tage, nachdem wir zurück waren. Sie stammten aus drei verschiedenen Landschaften. Sechs Familien waren Wolinier, Bauersleute, deren Vorfahren von ehemals ausgewanderten Deutschen abstammten. Die anderen kamen aus Galizien und ein paar von der Grenze zu Tschenstochau. Sie trafen nach und nach ein und ließen ihre Angehörigen nachfolgen. Ihre jungen Männer kamen von der Armee zurück – aber wo blieben unsere?

Wir waren verkauft. Wir wußten nichts, von nirgends erhielten wir Nachrichten, es fehlten Postverbindungen mit dem übrigen Deutschland. Wir wußten nicht, worum es ging. Was sollte aus uns werden, wer würde ernten, arbeiten und wieder bestellen? Es war noch kein Heimkehrer da, und immer wieder stand die bange Frage: Wo sind unsere Männer, wie wird es ihnen gehen? Alle waren doch nicht gefallen, man sah noch einige! Das war aber 1945. Ich durfte gar nicht daran denken, daß Herbert schon während des Krieges krank war. Wie sollte man daran glauben können, daß er eine Gefangenschaft durchhält?

In Bobr

Als ich Ende Februar im Waldlager Bobr ankam, herrschte noch immer tiefer Winter. Hier wurden zweihundert Kriegsgefangene gehalten. Von ihnen arbeiteten hundert Gefangene im Wald, die anderen hundert im Sägewerk. Das Sägewerk war von der Gruppe OT, das heißt „Organisation Tort“, errichtet worden. Das waren Baukommandos aus Deutschland, die während des Krieges zu derartigen Arbeiten eingesetzt wurden. Dadurch war das Sägewerk mit deutschen Maschinen ausgerüstet.

Ich gehörte zu dem Kommando, das im Wald eingesetzt wurde. Wir blieben Tag und Nacht draußen. Dort standen zwei Baracken, in denen wir schliefen. Die Arbeitskommandos im Wald bestanden aus je zwanzig Mann. In den Wald fuhren wir täglich mit einer Kleinbahn, die aus einer Lok und vierzehn Plattenwagen bestand und mit der zweimal täglich das Holz in das Sägewerk gefahren wurde.

Morgens um fünf Uhr war Wecken, um sechs Uhr fuhren wir hinaus. Draußen wurden die Wagen mit den Langholzstämmen ohne jegliche maschinellen Hilfsmittel, nur mit der Hand, beladen, jeder Wagen mit je drei Schichten übereinander. Mittag fuhren wir mit dieser Ladung ins Sägewerk, luden ab. Danach gab es eine Büchse Suppe, und dann ging es wieder hinaus. Am Abend kehrten wir mit der zweiten Tagesladung ins Sägewerk, entluden die Wagen und wurden dann ins Lager zurückgeführt. Nach dem Abendessen war es dann schon zwanzig Uhr.

Aus dem Lager kamen wir selten heraus. Das geschah nur bei einem Lagerwechsel oder wenn wir zwischendurch zu einer Sonderaufgabe abgestellt wurden. Das ergab sich zum Beispiel im Sommer 1945. Da hatte ich die Gelegenheit, auf einer Bahnstation hinter Borisow in Richtung Moskau zur Entladung von Güterwagen mit Beutegut aus Deutschland dabeizusein. Wir entluden Güterwagen, die vollgestopft waren mit Radios. Ich konnte mir nicht vorstellen, daß eine solche unübersehbare Menge von Radios hier Verwendung finden könnte. In die Lager kam kein einziges. Dort auf dem Bahnhof haben uns andere Gefangene erzählt, daß sie eine ganze Zuckerfabrik an einer Station in der Nähe ausgeladen und draußen im Freien abgestellt hätten. Unsere Radios blieben auch im Freien stehen.

Täglich erhielten wir dreihundert Gramm trockenes Brot und früh, mittags und zu Abend eine Büchse dünner, völlig fettfreier Suppe. Diese Büchsen hatten schon besseren Inhalt gesehen. Wir nannten sie „Oskar-Meyer-Büchsen". Sie kamen aus Amerika als Lebensmittelhilfe für die Rote Armee.

In diesem Lager und später in anderen Waldlagern, in denen sich in der warmen Jahreszeit die Möglichkeit bot, Waldfrüchte zu sammeln, habe ich oft erlebt, wie uns das verwehrt wurde. Blaubeeren konnten wir nur im Vorübergehen naschen. Pilze mußten wir vor dem Verzehr braten. Wenn der Posten uns mit Pilzen ertappte, nahm er sie uns weg und zertrat sie. Lagen sie bereits zum Rösten im Feuer, wurde uns das Feuer ausgetreten.

Eines Sonntags wurde nach Freiwilligen gefragt, die im Wald für das Lager Blaubeeren sammeln konnten. Es meldeten sich fast alle, die nicht die Ruhe nötiger hatten. Das war eine Gelegenheit, sich mit Beeren satt zu essen. Aber die Früchte, die wir für das Lager einsammelten, kamen niemals auf den Lagerspeiseplan. Die Lagerleitung hat sie verschachert.

Ich war ein halbes Jahr in diesem Lager. Während dieser Zeit habe ich Hunderte von Mitgefangenen sterben sehen. Fast täglich sind Kameraden verstorben. Wir haben dann ein Loch gegraben, den Toten hineingelegt und zugeschüttet. Besonders schlimm war es bei großer Kälte in den Winterwochen oder während der großen Sommerhitze. Während der ersten Wochen war es sehr kalt, bis minus 42 Grad haben wir erlebt. Da sind viele Gefangene, die schon vor mir da und stark geschwächt waren, gestorben. Wir konnten sie nicht begraben. Sie wurden nur draußen hingelegt und mit Schnee zugedeckt. Im Frühjahr wurden sie in Massengräber gelegt.

Als wir im Lager ankamen, wurden wir registriert. Ich weiß nicht, ob die Russen auch über die Toten Listen geführt haben. Die Angehörigen wurden nicht benachrichtigt. Die weggefallenen Arbeitskräfte sind damals immer wieder durch Neuzugänge aufgefrischt worden. Die Russen konnten bei dem zu Ende gegangenen Krieg hinsichtlich Kriegsgefangener aus dem Vollen schöpfen.

Viele Gefangene sind in diesem ersten Winter auch wegen der zu leichten Bekleidung erfroren. Als ich zu dem Arbeitskommando ins Lager kam, hatte ich noch meine Wehrmachtskleidung an. Sie wurde mir abgenommen, ich erhielt andere Kleidung. Meine Stiefel mußte ich auch hergeben, bekam dafür ein paar alte, zerfetzte Schuhe. Viele hatten nur Lumpen um die Füße gewickelt. Im folgenden Winter sind wir Gefangenen ordentlich eingekleidet worden, wir erhielten Wattejacken, Mäntel, Pudelmützen und Handschuhe. Zu dieser Zeit kamen keine frischen Kriegsgefangenen mehr als Nachschub und es konnte mit dem Bestand an arbeitsfähigen Gefangenen nicht weiterhin so leichtfertig umgegangen werden wie bisher.

Später, nach dem Kriegsende, kamen immer öfter deutsche Gefangene in die Lager, die nicht als Kriegsgefangene zu betrachten waren. Es handelte sich um unschuldige, oft auch ältere Zivilisten oder um Jugendliche, die nichts mit dem Krieg zu tun hatten. Ein besonders trauriges Schicksal erlebte ein Mann, dem ich im Juli 1945 in Bobr begegnete. Er war etwa fünfzig Jahre alt und kam mit noch zwei gleichaltrigen Männern in unser Arbeitskommando. Er lag neben mir, stammte aus Posen und erzählte mir, wie es zu Hause zuging, als die russischen Truppen reinkamen, und was sich seitdem ereignet hatte: „Sei froh, daß du nicht zu Hause warst, daß du das alles nicht gesehen hast. Die Russen haben jetzt alle Männer in den 50er bis 60er Jahren nach Rußland verschleppt. Über meine Frau und meine Tochter sind sie hergefallen. Ich mußte an der Hauswand stehen und wurde mit Schlägen gezwungen zuzusehen. Vier russische Soldaten rissen zuerst den Frauen die Kleider vom Leib, und dann sind sie nacheinander über sie hergefallen. Meine Tochter blutete über und über, sie war ein fünfzehnjähriges Kind. Anschließend wurde ich verschleppt.“ Der Mann hat nicht mehr lange gelebt. Ich war nur ein paar Wochen mit ihm zusammen. Eines Morgens, als ich vom Waschen zurückkam, lag er noch im Bett. Ich schüttelte ihn, da war er tot. Er war in der Nacht neben mir eingeschlafen.

Diese später aus der Heimat verschleppten älteren Männer und Jugendlichen haben den Strapazen meist nicht lange standgehalten. Die Älteren waren den Belastungen nicht lange gewachsen, die Jungen gingen kaputt, weil ihnen die nötige Nahrung fehlte.

Einmal, es war Herbstanfang, stießen wir im Wald auf tote deutsche Soldaten. Diese waren nicht vergraben, sondern nur mit Erde zugedeckt worden. Inzwischen hatte der Wind die Erde verweht, und so lagen die Toten zum Teil frei. Wir vermuteten, daß es auf dem Rückzug gefallene Soldaten waren, für die zur Bestattung keine Zeit mehr blieb.

Nach einem halben Jahr schwerster körperlicher Arbeit und Hungerkost war ich abgewirtschaftet. Als Soldat wog ich siebzig Kilogramm, nun war ich bei vierzig Kilogramm angelangt. Es ging nicht mehr, aber ich lebte. So kam ich im September 1945 ins Hospital nach Borisow.

Große und kleine Tauschgeschäfte

Puterrek

Für uns begann nun eine Leidenszeit. Wir hatten nichts. Wer noch Geld besaß, erhielt nichts dafür, denn nun regierten uns die Polen, und da gab es Zlotys. Davon hatten wir erst recht keine. Auf dem Boden fanden wir noch etwas Viehsalz und etwas stinkigen Raps. Als das Viehsalz aufgebraucht war, wuschen wir Kunstdünger, von dem wir noch ein bißchen im Schuppen vorfanden, ganz gründlich aus. Das war dann unser Salz.

„Unser" Pole namens Puterrek war ein Wolinier. Er war mit seiner Familie erst in Briesen, also links der Oder. Als durchtriebener Fuchs – so haben wir ihn wiederholt einschätzen gelernt – war er mißtrauisch genug, um sich seines Bleibens westlich der Oder sicher zu sein. Also kam er auf unsere Seite. Sein Äußeres erregte schon Abscheu, so furchterregend sah er aus mit seinen stechenden Augen und einem riesigen schwarzen Schnauzbart. Dieser erste schlechte Eindruck wurde von seinem Charakter, von seinem Verhalten uns gegenüber noch weit übertroffen. Als noch schlimmer sollte sich seine Frau erweisen. Als er kam, zornig hereinstürmend, immer wieder nach etwas suchend, von dem wir nicht wußten, was es sein sollte, da gab er sich erst zufrieden, als er den Backofen fand.

Er sagte zu Muttel: „Mattka, großes Haus meine, kleines Haus deine". Also zogen wir aus und ins kleine Auszugshaus ein. Vorher holten sie noch Lisbeths Stubenbüffet heraus, das bis dahin im Auszugshaus gestanden hatte. Dort war kein Ofen zum Kochen. Wir holten uns die alte Kochmaschine aus dem abgebrannten Haus vom Dorfeingang. Es gehörte Tomalles, niemand wußte, was aus ihnen geworden war.

Puterrek kam mit seiner Familie in einem Panjewagen, ein kleines Pferd war davorgespannt, eine Kuh angehangen, ein Hund, ein Schaf und eine Henne gehörten noch dazu. Damit hatten sie aber schon einen Anfang. Sie hatten auch noch im gleichen Jahr Kücken. Unsere Henne wechselte sofort den Besitzer. Sie gehörte nun ihnen.

Damals stand noch Tante Idas Pferd „Lotte" bei uns im Stall. Wir wollten für dieses Pferd Heu machen. Auf Elses Feld war Klee zu Heu gemäht. Wer ihn gemäht hatte, wußten wir nicht. Dieser Klee war schwer und schon eingewachsen, und wir ausgemergelten Frauen quälten uns sehr damit, ihn schön trocken zu bekommen. Doch wir schafften es und beförderten das Heu auf den Spreuboden. Wie freuten uns, daß wir das trotz unserer Schwäche bewältigt hatten. Aber diese kleine Freude währte nicht lange. Da Tante Idas Auszugshaus noch stand und die Pferdeställe auch noch erhalten waren, wollte sie in ihren Hof zurück. Als sie ihr Pferd nehmen wollte, kam unser Puterrek und sagte, das Pferd gehöre ihm. Die Tante ging zum polnischen Bürgermeister, um sich Recht zu holen, aber alles Betteln half nichts. Unser Pole war der gemeinste Mensch im Dorf und hatte alle, die etwas zu sagen hatten, durch Bestechung in seine Hand gebracht. Sie ließen sich durch ihn beeinflussen, da sie alle nichts besaßen, er aber durch Schacher alles mögliche herbeischaffte. Tante Ida mußte ihm ihr schönes Tier überlassen. Nun hatte er ein Pferd, als Renner für seine Schiebereien, und das Futterheu dazu.

Die Brieger Zuckerfabrik war im Januar noch in Betrieb. Der Zucker kam nach Karlsmarkt auf den Bahnhof, um verladen zu werden. Da die Polen über Karlsmarkt eintrafen, blieb ihnen das natürlich nicht verborgen. Unser Pole witterte sofort ein Geschäft. Es wurde zwar alles bewacht, aber mit Schnaps ließ sich viel machen.

In unseren Mieten gab es Kartoffeln, Brennholz war da, und wenn dazu auch die Holzwalze, das war ein Ackergerät aus unserem noch verbliebenen Bestand, herhalten mußte. Wenn das Holz knapp wurde, brachte er Möbel aus leerstehenden Wohnungen von der Stadt mit und zertrümmerte diese zu Heizmaterial. Der Kessel war ebenfalls vorhanden, und so ging das Schnapsbrennen los. In der einbrechenden Dunkelheit fuhr er los, und mit Zuckerballen beladen kam er zurück. Das war der Anfang.

Die anderen hatten die Gelegenheit nicht erfaßt oder besaßen neben anderen nötigen und fehlenden Voraussetzungen nicht die erforderliche Unverfrorenheit für diesen Handel. Im Schuppen war auch noch die Brückenwaage in gut erhaltenem Zustand. Damit konnte er den Zucker pfundweise abwiegen und an die Polen für Zlotys verkaufen. Die Leute, die er für sich brauchte, bestach er mit Zucker. Dadurch kam er zu Geld als Grundlage für weitere Geschäfte.

Er fuhr wer weiß wie weit nach Ferkeln, und immer nachts. Die alten Kartoffeln waren aufgebraucht, für einen Neuanbau war das Jahr zu weit fortgeschritten, und so beschaffte er im Herbst welche. Die Getreideernte stand ihm auch zur Verfügung, obwohl er die Saat nicht ausgebracht hatte. Er und seine Familie brauchten nur zu ernten, zu essen und das Vieh zu füttern. Unsere Nachbarin Marta Reiprich hat auf dem langen Feldstück in ihrer Hungersnot Ähren von dem schönen Weizen abgeschnitten und versteckt. Unsere Frau Puterrek hat sie gefunden und ihre Kücken vor der Haustür damit gefüttert, dabei zynisch gelacht und geschimpft: „Deitsche zappzerapp“. Wir durften bei der Ernte und beim Dreschen helfen, bekamen dafür aber kein einziges Körnchen. Schon 1945 konnten sie Brot und schöne Kuchen backen. Die Ferkel waren zu Schweinen herangewachsen, und sie konnten geschlachtet werden. Was er nicht mit Zukker erhielt, konnte Puterrek nun mit Fleisch erhandeln oder bei den Behörden mit Bestechung durchsetzen.

Die Briefmarke

An die Familie Puterrek kann ich mich noch ziemlich deutlich erinnern. Die Frau trug eine dicke, helle Strickjacke. Der Herr Puterrek sah furchteinflößend aus. Sein Gesicht war ein großer schwarzer Schnurrbart, der an seinen Enden tief herabhing.

Als Schuljunge sammelte ich Briefmarken. Im Dorf war uns Jungs bekannt, wer Briefe aus dem Ausland erhielt. Dort gingen wir nachfragen, um wieder den Bestand zu erweitern. So kam ich auch an polnische Briefmarken. Das Motiv einer dieser Marken zeigt einen Bauern, der die Sense schwingt. In diesem Bauern erkannte ich sofort den Herrn Puterrek wieder. Und da diese Marke aus Polen stammte, war ich mir sicher, ein Bild von Herrn Puterrek zu besitzen. Diese Puterrek-Marke habe ich noch heute.

Neben diesem äußeren Bild ist mir auch in Erinnerung, daß ich diesen Leuten aus dem Wege ging. Der kindliche Instinkt mag noch ursprünglicher und unverfälschter wahrnehmen können als Erwachsene dazu in der Lage sind.

Ein Sohn von Puterreks heiratete in jener Zeit. Viele Gäste waren gekommen und großer Schmaus wurde gehalten. Davon zeugte ein großer Haufen recht großzügig abgenagter Geflügelknochen, die in einem Gefäß auf dem Hofe standen. Ich schlich ein paar Mal drum herum und konnte nicht glauben, wie man so viel Fleisch wegessen konnte.

Einmal war ich in der Küche bei Puterreks, als Frau Puterrek Piroggen zubereitete. Gern hätte ich damals eine gegessen, aber meine Mutter hat so etwas nie gebacken.

Die Söhne von Puterreks sind manchmal mit reicher Beute vom Fischzug zurückgekehrt. In Wannen und Schüsseln standen die Fische vor dem Haus. Es roch danach, und überall lagen die Schuppen umher. Damals lernte ich Fische ihrem Aussehen und Geruch nach kennen. Um auf den Geschmack zu kommen, mußte ich noch ein paar Jahre warten.

Das Bonbon

Bei meiner Tante Else fand ich bei einem meiner Besuche einen einfachen Bleistiftspitzer, einen, den man auf den Bleistift steckt und damit durch Drehen des Spitzers so lange Späne abheben kann, bis der Bleistift alle ist, ohne daß zuvor eine Spitze zustande gekommen wäre. Dieser Anspitzer fand in meiner Hosentasche Platz.

Der Rückweg nach Hause führte an Pelkas Geschäft vorüber, wo nicht mehr die Frau Pelka, sondern ihr polnischer Nachfolger Nahrungsmittel, allerlei Bedarf und auch Bonbons verkaufte. Das Geschäft kannte ich gut, denn ich war Kunde dort, nicht, um zu kaufen, sondern um die vielerlei bunten Bonbons durch die großen runden Glasbehälter zu betrachten.

Diesmal kam ich zum ersten Mal mit einem Bonbon in der Hand aus dem Geschäft. Ich kann gar nicht mehr so recht sagen, wie es dazu kam. Das hatte ich wenige Augenblicke später meiner Mutter zu erklären, der ich freudestrahlend mit dem Bonbon in der Hand entgegeneilte.

So deutlich hatte ich bis dahin noch nie zu spüren bekommen, wozu mein Po außerdem noch gut sein kann. Aber noch schwerer war es, das Bonbon wieder in den Laden zurückzubringen. Der polnische Verkäufer war natürlich so klug, das Geschäft nicht rückgängig zu machen. Sein Nutzen am Spitzer wird hoffentlich größer gewesen sein als mein Schaden daran.

Fahrzeughandel

In das neben unserem Hof liegende Grundstück, in dem einst Familie Pogarell wohnte, war eine polnische Familie gezogen, zu der zwei Söhne gehörten, die etwas älter waren als ich und schon zur Schule gingen. Wenn ich dorthin spielen ging, hieß es immer, ich sei bei Schlossers, denn der Herr Pogarell übte bis zur Flucht im Dorf den Beruf des Schlossers aus. Von der Mutter der nun polnischen „Schlosserjungen" erhielt ich manchmal eine Schmalzschnitte, wenn sie ihre Jungs vom Spiel weg zum Frühstück rief und ich mich habe mit rufen lassen.

Ich besaß damals als einziges Spielzeug ein bunt bemaltes Lastauto aus Holz. Um auch Anteile in das gemeinsame Spiel einzubringen, führte ich stolz mein Auto vor.

Meine polnischen Spielgefährten betrachteten mich offenbar als ihren ersten Übungspartner auf dem Gebiet des internationalen Tauschgeschäftes. Sie drückten mir zwei kleine gummibereifte Räder, die von einem anderen Spielzeug stamm-

ten, in die Hand und nutzten dieses Ablenkungsmanöver. Ihnen entging nicht das Interesse, mit dem ich das so detailgetreu nachgebildete Profil dieser Räder betrachtete.

Noch während sie mich von dem Vorteil zu überzeugen versuchten, den ich von so einem Tausch hätte, übernahmen sie mein gepflegtes Auto in ihren Besitz und drängten mich in die Rolle des Hans im Glück. Die Eile, mit der sie den Handel vorantrieben, hatte seinen Grund. Denn sie sahen in dem Auto ein Schiff und in dem Dorfgraben einen Fluß, und sie befürchteten, daß der Fluß noch vor dem Stapellauf austrocknen könnte.

Noch ehe in meinen Augen mehr Wasser stand als der Graben führte, trat ich mit den beiden Rädchen in der Hand den Rückzug an.

Außer der eben gemachten Erfahrung, daß es im Handel Sieger und Verlierer gibt, brachten mir die eingetauschten Spielzeugräder keinen weiteren Vorteil. Da ich ahnte, meine Mutter könnte ebenso empfinden, verbarg ich sie vor ihr und brachte sie nie wieder zum Vorschein. Das ersparte uns beiden eine Menge Ärger. Schon frühzeitig wird der Mensch aus Schaden klug.

Sich verstecken

Else hatte bessere Leute, sie waren aus Galizien gekommen. Arbeiten wollten sie auch nicht viel. Sie wußten schließlich alle nicht, woran sie eigentlich waren und was aus ihnen würde. Die Not brachte es wahrscheinlich mit sich, daß die meisten stahlen.

Auch Elses Ernte wurde von den Polen vereinnahmt, aber ihr wurde ein Stück Roggen am Stadtweg überlassen. Ich mähte es. Als es trocken war, fuhren wir es mit der Karre ein. In den Bansen durfte es nicht, es mußte auf die höchste Stelle in der Scheune, auf die Stangen über der Tenne. Wie habe ich mich da gequält, bevor eine Garbe oben war. Was hätte Else nur gemacht, wenn sie auf sich allein angewiesen wäre?

Rückblickend kann ich feststellen, daß wir die ganze schwere Zeit nur überleben konnten, weil unsere Familie fest zusammenhielt. Doch leider löschte die schwere Nachkriegszeit auch Leben in unserer Familie aus.

Vor der Getreideernte reift der Raps. Da bei uns nicht so viel angebaut wurde, fand sich ein Trupp Frauen zusammen, um bis Stoberau zu ziehen, sich dort über die Oder übersetzen zu lassen, und die Rapsfelder des Grafen Pfeil in Kreisewitz aufzusuchen. Der Raps stand prächtig und das Ernten machte Spaß. Wir hatten Säschwingen umgehangen, mit den Händen riffelten wir die Körner dahinein. Es kam schnell eine Menge zusammen. Eine Nacht blieben wir dort, am nächsten Tag sind wir noch mal aufs Feld gegangen.

Herr Muschner sollte uns vereinbarungsgemäß mit seinem Pferd, das er noch behalten hatte, von Schüsselndorf hinter Brieg abholen. Zu schön, wenn es geglückt wäre. Herr Muschner war wie versprochen da, aber die Miliz auch. Einen kleinen Teil konnten wir ihm schnell geben, er kam auch damit gut weg, das andere wurde uns abgenommen.

Das war der Lohn für zwei Tage Arbeit ohne Schlaf und für vierzig Kilometer Fußmarsch. Wir wurden gefangengenommen und mußten wieder leere Wohnungen in der Stadt saubermachen. Wie lange wir das machen mußten, weiß ich nicht mehr. In den nächsten Tagen durften wir wieder weg. Den Raps haben wir dann in Groß-Kauern nach einem Fußmarsch von fünfzehn Kilometern km zu Öl gepreßt, haben wieder auf Stroh übernachtet und sind am nächsten Tag, um das Öl nicht auch noch loszuwerden, durch den Wald zurück.

Wir haben Elses Korn mit dem Flegel gedroschen und trauten unseren Augen nicht: von dreißig Garben ein Zentner Roggen! Es waren goldene Ähren! So hatte Else wenigstens Brot. Man muß immer wieder sagen, es war ein Wunder geschehen. In Mutters Gemüsegarten waren Bohnen und Gurken angebaut. Alles wuchs so üppig, die Gurken rankten bis über den Zaun. So einen Erntesegen habe ich später nie wieder gesehen. Ein paar Kartoffeln durfte Else auch anbauen und ernten. Wir aber behielten von der von uns angepflanzten Zeile nur so viele Kartoffeln, die der Menge der gesteckten entsprachen.

Weshalb gerade unsere Mutter so einen schlechten Menschen auf ihren Hof bekommen mußte! Das hatte sie nicht verdient! Die meisten Leute wurden vernünftig behandelt. Eines muß man jedoch allen polnischen Zugewanderten hoch anrechnen, auch unseren: Sie haben nicht die russischen Armeeangehörigen auf uns gehetzt. So sind wir alle verschont geblieben. Es war wohl den russischen Soldaten untersagt, die Bevölkerung zu belästigen, doch das blieb leider nicht aus. Wir waren immer darauf bedacht, unauffällig zu bleiben.

Um nicht von eindringenden Soldaten überrascht zu werden, habe ich auf dem Strohboden geschlafen. Dieser war bis zum First voll mit Stroh gepackt. Ich bin am Giebel auf der einen Seite hochgeklettert und auf der anderen Seite wieder bis aufs Gewölbe hinunter gestiegen. Dort hatte ich ein Schlaflager aus Lumpen. Abends war es heiß, und morgens fror man. Die Polen durften davon auch nicht wissen. Muttel hat von außen das Tor zugesteckt, und früh mußte sie wieder öffnen.

Da die Polen Angst um den Besitz hatten, waren sie ständig auf Wacht. Ein Sohn schlief in der Scheune, einer auf dem Heuboden, der Chef im Stall. Seine Frau war eifersüchtig. Einmal schlich sie draußen umher und paßte auf, woher er kam.

Ich schlief manchmal auch über dem Hühnerstall, wo ein Schlitten meine Schlafstatt war. Da ging eines Nachts jemand bei hellem Mondschein durch den Schuppen, ich wagte nicht zu atmen. Einmal bin ich durchs Fenster geflohen, bis zu einem hohen Zaun gerannt, über den ich kletterte und in einem Hof angelangt. Dort hielt ich mich bis früh versteckt. Das letzte Kleid war zerfetzt, und ich war durchgefroren.

Muttel blieb immer zu Hause bei den Kindern. Wenn Russen kamen und nach der jungen Mutter der Kinder fragten, war Muttels Antwort: „Mama kaputt!", also tot. Meine Schwester Lisbeth schlief ein paar Häuser weiter bei Else, meiner anderen Schwester. Das Stück bis zu ihr zog sie sich die langen Röcke und Jacken von Großmutter an.

Damit Else nicht so allein war und jemand bei den Kindern bleiben konnte, wenn sie mal weg mußte, nahm sie das Mädchen Elfriede Schönfelder, die fünfzehnjährige Tochter von Herrmann Schönfelder, zu sich. Schönfelders waren abgebrannt, sie waren mit ihren fünf Kindern acht Personen im Haushalt.

Nahrungssuche

Segen der Natur

1945 hatten alle, die Deutschen wie auch die meisten Polen, nichts. Manche Polen besaßen eine Kuh, aber was zählte das schon. Viele Deutsche trafen auf bessere polnische Besitznehmer als wir. Obwohl wir zuvor unseren Fremdarbeiter immer gleichberechtigt als Familienmitglied behandelten, hätten wir es mit unserem „Besitzer" kaum schlechter treffen können. Wir waren ohnehin, da wir nur Frauen waren, schlechter dran als solche deutschen Familien, in denen noch ein Mann dabei war, sei es als Versehrter oder als alter Mensch. Sie konnten doch als Männer für ihre Familien wirksamer eintreten, auch etwas dazuverdienen.

Der geringe Besitz mußte unbedingt vor Zugriff geschützt werden. Wir hatten ein Stückchen Speck von unserer Flucht behalten. Das wickelten wir in einen schwarzen Lappen und hingen es in die unterste Ecke unter der Treppe. Davon brauchten wir immer nur ein paar Grieben, damit das Essen besser roch. Dabei mußten wir Fenster und Türen geschlossen halten, damit der Geruch nicht nach außen drang.

Als großes Geschenk sahen wir an, daß 1945 so viele Pilze wuchsen. Damit konnten wir uns ernähren. Wenn die Sonne aufging, sind wir losmarschiert, da es einige Kilometer bis in den Wald waren. Was nicht alles zum Wohl der Armen geschehen ist! An einem Sonntagnachmittag wurde es stockdunkel, ein Gewitter mit großem Sturm zog auf. Dadurch wurde viel zerstört, sogar Giebel stürzten um. Aber die auf den Feldern stehenden Kornpuppen wurden ebenfalls breitgestreut. So wuchs dann 1946 Getreide von allein, überall standen einzelne Halme mit dicken Ähren, und so konnten sich die Leute, die nichts hatten, davon holen. Wir haben dies als Wunder angenommen.

Das Spiegelei

Meine Mutter hat mich auf das Feld vor dem Dorf mitgenommen. Es war Frühling, die Kartoffeln wurden gelegt, und da ich zur Hilfe noch nicht taugte, überließ mich meine Mutter dem grasbewachsenen Feldweg, auf dem es genug zu beobachten und zu sammeln gab. Dabei stieß ich in der Ackerfurche auf etwas Rundliches von sehr heller Farbe. Ich beklopfte es vorsichtig mit einem Stöckchen, kullerte es von der Stelle und war mir nicht ganz schlüssig, was es hätte sein können. Meine Mutter rief ich herbei, und sie erkannte das als ein Ei. Es war wesentlich kleiner als ein Hühnerei. Da Rebhühner wegschwirrten, als wir ankamen, konnte das Ei nur von ihnen stammen. Wir nahmen es mit nach Hause, und meine Mutter hat es für mich in der Bratpfanne in ein Spiegelei verwandelt. Es war mir in seiner Größe angepaßt.

In Wohlstandszeiten findet die Menschheit in Miniaturen ihre Delikatessen.

Schonzeit

Zum Blaubeerensammeln nahm mich meine Mutter oft in den Wald mit. Offenbar betrieb sie diese Beschäftigung intensiver als ich, denn sie übersah einmal einen Förster in einiger Entfernung von uns auf dem Waldweg. Ich machte sie auf ihn aufmerksam, woraufhin wir uns fluchtartig vom Waldweg hinter einen Holzstapel zurückzogen und von dort aus den polnischen Förster beobachteten. Er verschwand jedoch wieder, ohne daß er uns bemerkte.

Dieses kleine Erlebnis sagt mir, daß uns die ständige Angst überall, selbst im Wald, nicht verließ und uns zu Verhalten trieb, wie es fluchtbereitem Wild eigen ist.

Das Wild war übler dran als wir, es konnte sein Fell verlieren, wir jedoch nur die gesammelten Früchte. Dabei bestand ein Unterschied: Für uns gab es keine Schonzeit.

Pilze

Pilze waren im Spätsommer und Herbst nicht nur unser Wildbret, sondern unser Fleischersatz überhaupt. Dazu gab es Pellkartoffeln. Die frischen heißen Kartoffeln half ich mit schälen. Vergeblich mühte ich mich, mit dem Messer rutschte ich immer wieder auf der glatten Schale weg. Ich schaute in die Runde und fand die Methode von Tante Lisbeth am besten. Sie ritzte jede Kartoffel erst einmal mit der Messerspitze an und hatte damit einen Angriffspunkt zum Abpellen der Schale geschaffen.

Diese ganz beiläufige Beobachtung eines banal-simplen Handgriffs war für mich offenbar so bedeutungsvoll, daß ich diese Fertigkeit noch heute ganz bewußt ausführe und mich ihrer Herkunft gern besinne.

Den Ursprüngen auf den Fersen bleiben hilft, die Distanz zur Vergangenheit abbauen.

Der Typhus

Für eine richtige Ernährung war auf Dauer dennoch alles zu wenig. Die Menschen erkrankten an Typhus. Diese tückische Krankheit verbreitete sich in den Städten schneller als in den Dörfern. Die Menschen starben wie die Fliegen.

Unsere Lisbeth muß sich in Brieg angesteckt haben, als wir dort Wohnungen reinigen mußten. Sie klagte schon vor Ausbruch der Krankheit über Kopfschmerzen, konnte beim Dreschen von Elses Korn nicht mehr mithelfen. Zu diesem Zeitpunkt erhielten wir Nachricht, daß ein Kriegskamerad von Walter zurückgekehrt sei. In der Hoffnung, etwas von Walter zu erfahren, machten sich meine Muttel und ich auf den Weg. Man konnte es damals nicht wagen, so etwas als Frau allein zu unternehmen. Wer versuchte damals schon nicht alles, etwas über das Schicksal seiner Angehörigen zu erfahren?

Der uns unbekannte Mann sollte auf der linken Oderseite untergekommen sein, den Namen des Dorfes habe ich vergessen. Wir sind bis Stoberau gelaufen, um uns wieder über die Oder setzen zu lassen. Die Leute in Stoberau rieten uns aber davon ab, denn unser Ziel lag an der Autobahn. Dadurch war in diesem Dorf viel Bewegung und Unruhe. Wir wollten uns nicht dieser Gefahr aussetzen und kehrten ohne Nachricht traurig zurück. Als wir daheim ankamen, lag Lisbeth mit hohem Fieber im Bett, ihr zweijähriges Töchterchen Marianne bei ihr. Wir ahnten, was es sein könnte.

Ein paar Tage vergingen so, aber wir konnten die Krankheit von Lisbeth vor unseren Polen nicht geheimhalten. Sie kannten den Typhus besser als wir und hatten Angst. Als sie Lisbeth ein paar Tage nicht sahen, fragten sie, ob „Schestra" krank sei. Wir sagten, sie hätte Grippe. Das glaubten sie uns nicht und drohten, wenn wir nicht sagten, was es sei, schickten sie die Miliz. Lisbeths Krankheit verschlimmerte sich immer mehr. Was sollten wir tun?

Unsere Dorfkrankenschwester Minna war auch von der Flucht zurückgekehrt. Was wäre ohne sie in dieser Zeit aus den Kranken geworden? Vielerorts hatten damals die Schwestern die Stelle der fehlenden Ärzte übernehmen müssen. Viele Patienten hatten zum Beispiel die ansteckende Krätze. Eckhart hatte sich auch infiziert. Schwester Minna bereitete aus Stauferfett und Schwefelpulver Salbe selbst. Das Stauferfett war noch in fast jedem Hof zum Abschmieren der Maschinen vorhanden. Eckharts Krätze konnten wir schnell damit heilen. Nun brauchten wir die Schwester für Lisbeth.

Als sie Lisbeth sah, erkannte sie sofort die Krankheit und sagte, daß Lisbeth der Kinder wegen aus der Stube heraus müsse. Damals bewohnten wir das Auszugshaus noch allein, und wir brachten Lisbeth in die Stube nach oben. Die Treppe konnte sie mit unserer Hilfe noch gehen.

Was hat man in solchen Situationen nicht alles zu bedenken! Wir dachten nicht an Marianne. Lisbeth lebte, seit ihr Mann gefallen war, nur für ihr Kind. Da Lisbeth jede Nacht bei Else schlief und erst früh zurückkehrte, als Marianne schon wach war, wurde sie von ihrer Tochter bereits erwartet. Marianne sprach bis dahin mit uns kein Wort, und zu Lisbeth sagte sie : „Ach, meine Mutti!" Nun sah sie, daß Lisbeth ohne sie die Treppe hochging. Sie stand von da an nur am Treppenpfosten, sah nach oben, sprach kein Wort. Man begreift als Erwachsener nicht, was in einem Kind vorgeht.

Die Polen wurden aufdringlicher und drohten uns immer mehr. Schwester Minna sagte, wir müßten den Arzt holen. Das war der alte Herr Sanitätsrat Larrisch, ein Arzt auf jedem Gebiet, auch Geburtshelfer. Was sollte er tun? Die Diagnose war auch für ihn klar. Die Wahrheit verschweigen? Dann hätten die Polen den Arzt angezeigt und in das Gefängnis gebracht. Das konnten wir auch nicht verantworten. Lisbeth mußte ins Krankenhaus.

Mit einem Rappen vor einem verdreckten Wagen brachte sie Onkel Herrmann nach Schreibendorf. Woher wir Pferd und Wagen erhielten, weiß ich nicht mehr. Als wir Lisbeth vom Krankenlager holten, konnte sie nicht mehr laufen, sie war steif. Da sie auch nicht sitzen konnte, legten wir sie quer in den Wagen, auf einer Seite hing der Kopf fast heraus, auf der anderen Seite die Beine. Wenn ich mir heute noch dieses Bild vorstelle! Unsere Polen standen dabei und freuten sich. Die Abendglocken läuteten wie zum Abschied.

Das „Krankenhaus“ in Scheibendorf hatte im Ersten Weltkrieg als Lazarett gedient. Es war ein großes Haus, vom Beschuß beschädigt, und es fehlte an allem, von Medikamenten über Pflegepersonal bis zu Ärzten. In der Stadt Brieg waren alle Krankenhauseinrichtungen, auch behelfsmäßige, überfüllt und für weitere Aufnahmen gesperrt. So mußte Lisbeth in dieses große, leere Haus. Wer sollte sie pflegen? Nicht auszudenken, wären wir alle zur gleichen Zeit erkrankt!

Lisbeth hatte den Flecktyphus. Dabei steigt das Fieber auf 42 Grad. Sie war meist ohne Besinnung. Am ganzen Körper entstanden große Blasen, die aufplatzten und tiefe Wunden hinterließen. Die blutigen Flecken gingen auch aus der Wäsche nicht heraus. Da niemand zur Pflege da war, ging Muttel drei Wochen lang täglich acht Kilometer hin und wieder zurück, um zur Nachtwache dort zu sein. Jedesmal brachte sie die Wäsche mit. Wenn Lisbeths Gedanken zeitweise klar waren, sagte sie, sie wolle sterben. Und wenn Muttel sie daraufhin an ihr Kind erinnerte, antwortete Lisbeth: „Das auch.“ Sie hatte keine Lebenskraft mehr, die Krankheit war zu schwer. Am 28. September1945 verstarb sie im Alter von gerade 27 Jahren.

Einen Sarg fertigte Tischlermeister Scholz aus unserem Dorf. Er war nicht gestrichen, aber es war ein Sarg. Mit Tante Idas Pferd und einem Kastenwagen holte Onkel Reiprich die Tote ab.

Es heißt immer: „Träume sind Schäume“. Leider haben sich meine schlechten Träume immer bewahrheitet. So habe ich heute noch Angst vor häßlichen Träumen. Vor Lisbeths Tod sah ich im Traum einen Wagen mit einem Sarg und einem schwarzen Pferd davor auf der Straße stehen. Genauso fand ich an jenem Tag das Bild in der Wirklichkeit vor.

Auf unserem Friedhof gab es noch keine Leichenhalle, und deshalb war es üblich, die Toten bis zu ihrer Beisetzung im Haus aufzubahren. Wir mußten erst unseren neuen Besitzer um Erlaubnis fragen, um den Sarg im Gehöft aufbahren zu können. Die Kranke wurde hier nicht geduldet, als Tote durften wir meine Schwester wieder aufnehmen. Im großen, massiven, gewölbten Schuppen an unserem Hause fand der Sarg Platz.

Unser Pfarrer war nicht zurückgekommen. Es kam ein junger Pfarrer mit dem Fahrrad (er besaß wenigstens noch eins) aus Langenbielau vom Gebirge herunter, um bei uns die Gottesdienste zu halten. Unsere Kirche war evangelisch. Die Polen als Katholiken benutzten die Kirche für ihre Andachten, sie erlaubten aber den Deutschen, ihre Gottesdienste ebenfalls in der Kirche abzuhalten. Die Kirche war in jener Zeit ständig überfüllt, da sie auch von vielen Menschen, die nicht gläubig waren, aufgesucht wurde.

Der Pfarrer bereitete Lisbeths Beerdigung. Zunächst stand der Sarg noch auf dem Hof, wie es bei uns üblich war. Verwandte und Bekannte kamen, um Abschied zu nehmen, auch Fremde nahmen Anteil. Bei einigen war auch eine gewisse Scheu spürbar, es war wohl die Angst vor einer Ansteckung.

Über eine Beobachtung zu berichten, fällt mir sehr schwer, doch ich kann das nicht verschweigen: Unsere Polen standen vollzählig vor dem Haus, beobachteten das Geschehen und lachten.

Der Pfarrer hielt eine schöne Grabrede. Wir betteten Lisbeth neben unseren Vater, welcher schon 1925 mit 38 Jahren verstorben war. Diese Grabstelle war für Großmutter bestimmt gewesen, die wir auf der Flucht in Hindorf lassen mußten. 86 Jahre war ihre Heimat nur ihr Dorf, und in fremder Erde muß sie ruhen. Lisbeth hatte nun auch eine würdevolle Beerdigung. Ihre zwei Jahre alte Tochter Marianne blieb als Vollwaise zurück.

Meine andere Schwester Else war inzwischen ebenfalls wegen Typhus zum Liegen gekommen. Ihre Polen im Haus wußten das auch, aber sie gaben sie nicht preis, sondern halfen ihr. Es war eine fünfköpfige polnische Familie. Da sie selbst keine Kuh hatten, holten sie bei anderen etwas Milch, und davon brachte die Frau jeden Tag für Else eine Tasse voll. Dabei sagte sie: „Frau Albinsky, wenn Miliz kommen, dann nicht sagen Typhus, dann sagen Grippe“. So ging bei Else alles gut ab.

Eine ehemalige Hebamme, Frau Herzfeld, sagte zu Muttel: „Frau Holdt, der Typhus kommt vom Hunger. Wenn Sie noch etwas Geld haben, reuen sie es nicht. Kaufen Sie Butter, damit Else was in die Därme bekommt.“ Ja kaufen, aber wo? Frau Herzfeld wohnte in Brieg und wußte wohl schon eher, wo es was geben könnte. Ich machte mich also wieder zu Fuß auf den Weg nach Brieg und kaufte, ich weiß aber nicht mehr wo, für 150 Mark 150 Gramm Butter!

Dann erfuhr ich von jemandem, daß ein Kriegskamerad von Lisbeths Mann, Gerhard Adam, in einem Typhuskrankenhaus in Brieg Pfleger sei. Überall hatte man herumgehört, um eben solche für uns lebenswichtigen Informationen zu erhalten. Und manch glücklicher Zufall half nach. Ich lief also wieder nach Brieg.

Das war damals für uns Frauen immer mit Gefahren verbunden, denn es paßten zwei Seiten auf uns auf: die sowjetische und die polnische. Vor den einen vermummten wir uns, vor den anderen mußten wir als Deutsche unsere weißen Armbinden mit dem schwarz aufgedruckten „N" zur Schau tragen. All das mußte man auch noch hinnehmen.

Ich fand in Brieg das Haus, in dem der Kamerad wohnte. Seine erste Frage war: „Warum habt Ihr Lisbeth nicht hergebracht, ich hätte sie schon durchgebracht!" Ja, davon hätten wir eher etwas wissen müssen, außerdem war doch Brieg gesperrt. Er gab mir Medikamente und ein Herzstärkungsmittel in Tablettenform, es war das Mittel Kardiazol, denn durch das hohe Fieber wird das Herz sehr stark belastet.

Wir haben Else ausheilen können. Das sprach sich herum, und als eine junge polnische Lehrerin eine schwere Lungenentzündung hatte, kam Schwester Minna zu uns, ob wir mit dem Medikament aushelfen könnten. Wir halfen, und sie wurde gesund.

Marianne

Marianne konnte es nicht verkraften, daß ihre Mutti nicht mehr kam. Mit uns sprach sie nicht. Nach Wochen wurde sie krank, so krank, daß sie ihre Augenlider nicht mehr aufbrachte. Schwester Minna sagte, sie würde ihrer Mutter folgen. Dr. Larisch versicherte uns, daß es kein Typhus sei. Uns fiel ein, daß Elses Kinder 1943/44 auf Milchkarten die Kindernahrung bekamen. Wir suchten in Elses Küchenschrank nach Resten und fanden vielleicht zwei Löffel voll. Welch ein Glück! Nun versuchten wir es mit der Flasche, anfangs nur ganz wenig, und sie zog mit dem Sauger ein paar Schlucke. Das war die Rettung! Wir wiederholten das, bis die Nahrung verbraucht war, aber das Wenige half ihr schon.

Ihre eigentliche Krankheit war die Sehnsucht nach ihrer Mutti gewesen. Nun hatte sie das überwunden, sie sprach mit uns und alles war gut. Unsere Nachbarn hatten inzwischen auch eine Kuh. Ich nahm Kleidungsstücke von Lisbeth und tauschte sie gegen Milch für Marianne ein.

Was sagt man einem zweijährigen Kind, wo die Mutter ist? Im Himmel. Wenn sie am Fenster saß, schaute sie hoch und sagte: „Mutti, wenn Du herunterkommst, halt Dich an den großen Bäumen fest, damit Du nicht herunterfällst“. Das sind solche unvergeßlichen Begebenheiten. Man hat mit allem fertig werden müssen. Es kann auch sein, daß man in der ungewissen Zeit auch gar nicht alles richtig erfassen und begreifen konnte. Zum Friedhof gingen wir regelmäßig mit ihr. Sie wußte ganz genau, wo ihre Mutti lag. Als wir später unsere Heimat verlassen mußten, sagten wir ihr: „Heute kommen wir das letzte Mal. Wo wir nun hinkommen werden, sind auch Muttis“. Als wir dann nach vielen Wirren in Kölzig gelandet sind, drängelte sie und fragte: „Wann gehen wir denn nun zu Mutti?“ Ich sagte zu Muttel: „Wir gehen, mal sehen, was es wird“. Wir kamen zum Friedhof, da wurde sie schon ganz still, und als wir die Grabreihen durchgingen, sagte Marianne: „Nein, hier ist meine Mutti nicht“. Sie ging weg und verlangte nie wieder nach einem Besuch dorthin. Da war sie zwei Jahre und acht Monate alt.

Auf dem Friedhof

Wir hatten bei unserem ersten Besuch 1973 Blumen von zu Hause mitgebracht, um sie auf dem Friedhof niederzulegen, in dessen Erde unsere Vorfahren und Angehörigen ihre letzte Ruhe gefunden haben. Wir wußten von Berichten aus vergangenen Jahren, daß die Friedhöfe, nachdem die deutsche Bevölkerung ausgesiedelt wurde, von der polnischen Bevölkerung zerstört wurden. Mein Vater fand den Friedhof nicht mehr vor, der ihm in Erinnerung war. Es existierte kein einziges deutsches Grab mehr. Gräber mit Grabsteinen von ehemals deutschen Gräbern, nun die Schriftzüge polnischer Namen in den Stein gehauen, waren neu angelegt und gepflegt. Ein Grabstein, auf dem noch der Name unserer ehemaligen Nachbarfamilie Malguth erkennbar war, lag umgestürzt auf dem nun als polnischer Friedhof benutzten Gelände, alle anderen Reste ehemals deutscher Gräber lagen, als Steinhaufen zusammengetragen, abseits davon, aber noch innerhalb des Areals, den der ehemalige Friedhof einmal eingenommen hatte. Diese Steinwüste war überwuchert von Gesträuch, irgendwo darunter lagen auch meine Urgroßeltern. Wir legten unsere Blumen dort ab.

Die Fläche mit polnischen Gräbern nahm nur einen Teil der ursprünglichen Friedhofsfläche ein, die übrige größere Fläche lag verödet da. Die Spuren, die auf einen deutschen Friedhof hinweisen könnten, waren gründlich beseitigt. Die

Geschichte dieses Friedhofes setzt mit dem ersten polnischen Verstorbenen 1945 ein.

Vergangenheit läßt sich nicht tilgen, indem Spuren gelöscht werden. Die Geschichte hat ein Recht darauf, unverfälscht zu bleiben, sonst wird die Wahrheit zur Lüge verkehrt.

Wir hörten immer wieder, daß mit Friedhöfen auch in anderen schlesischen Orten rigoros umgegangen wurde. So sollen sogar in die Steinplatten deutscher Gräber zu Gehwegen verlegt worden sein, mit der Inschrift der Verstorbenen nach oben. Die Fußgänger auf dem Gehweg hatten keine Wahl, ihnen blieb das Herumtrampeln auf den eingemeißelten deutschen Namen nicht erspart.

War die tief in den Menschen sitzende Verbitterung die alleinige Ursache dafür, daß sie ihre Rache an den Verstorbenen des anderen Volkes fortsetzten, nachdem die Lebenden vertrieben waren?

Bei Reisen in die Tschechoslowakei in die Gebiete, die ehemals deutsch besiedelt waren, fanden wir geschändete Friedhöfe nicht vor. Hier standen zum größten Teil die alten Grabsteine deutscher Bewohner noch gut erhalten an ihrem Platz.

Auf unserer Fahrt 1991 mit meiner Mutter hatten wir die Route der Flucht in ein paar Stunden mit dem Auto nachvollzogen, soweit dies noch möglich war. Die Erinnerung an den ursprünglichen Weg war nicht immer verläßlich, die Landschaft hat in 46 Jahren ihr Gesicht verändert, die Ortsbezeichnungen lauteten in einer anderen Sprache. Unser eigentliches Ziel, die Grabstelle unserer Großmutter in Hindorf aufzusuchen, scheiterte daran, daß der Ort für uns unauffindbar blieb. Die Blumen legten wir an einer unbekannten Friedhofsmauer nieder.

Unfälle

Mit Eckhart hatten wir auch so unsere Sorgen. Als er eines Mittags keine Ruhe zum Schlafen fand, brachte ich ihn nach oben ins Zimmer. Dort ist er ebenfalls nicht zum Einschlafen gekommen. Wir vernahmen plötzlich ein Bumsen. Ich sagte zu Muttel: „Jetzt ist Eckhart aus dem Fenster gestürzt"! Wir wagten es nicht, hinauszugehen, mußten uns aber doch dazu aufraffen. Als wir auf den Hof traten, kam er gerade mit einer blutigen Nase herein, zum Hoftor. So gut ging das ab. Weil er nicht schlafen konnte, hatte er herumgestöbert und eine Baumschere auf dem Fensterbrett gefunden. Vor dem Fenster stand eine hohe dünne Esche, von dieser schnitt er mit der Schere Blätter ab. Schere und Blätter lagen auf dem Fensterbrett – und er unten. Unterhalb der Fenster hatten wir einen Lattenzaun an die Hauswand gelehnt. Er muß auf diesen schräggestellten Zaun gefallen und dort abgerollt sein. So hatte er Glück im Unglück.

Ein andermal drehte er sich in der kleinen Küche wie ein Kreisel um die eigene Achse, so daß er das Gleichgewicht verlor. Er stürzte und traf mit dem Kopf auf eine scharfe Ecke an der Tür des Ofens. Das Blut strömte sofort. Ich rannte zur Schwester, Muttel hatte Angst, sie packte ihn in den Handwagen und kam nach. Schwester Minna untersuchte vorsichtig. Der Schädelknochen war durchgeschlagen, aber tiefer gingen die Verletzungen nicht. Außer einem hohen Blutverlust gab es keinerlei Komplikationen.

Erfahrungsaustausch

Mit meinen deutschen Spielkumpanen war ich oft in der freien Natur. Wir hatten sie pur, ringsum gab es sie. Wir kletterten auf alten, dicken Weidenstöcken umher, auf deren Riesenköpfen wir alle auf einmal Platz finden konnten, oder wir lagerten einfach im Rasen, wobei sich manches wichtige oder belanglose Gespräch entwickelt haben mag, von dem jedes auf seine Weise in uns aufgegangen sein wird.

Einmal lagen wir nach der Mittagszeit auf dem Rasen vor einem Gartenzaun und beschlossen zu schlafen. Vielleicht sollten wir auch auf das Geheiß unserer zuständigen Elternteile den Mittagsschlaf halten. Statt dessen wurden jedoch die verschiedensten Möglichkeiten der Schlaflage erörtert. Jeder erzählte, welche Lage er zum Einschlafen bevorzugen würde. Darüber hatte ich bis dahin noch niemals nachgedacht, ich schlief eben, wenn ich schlafen wollte.

Fortan probierte ich alle empfohlenen Schlaflagen aus: auf dem Rücken, auf dem Bauch, auf der Seite, auf der anderen Seite, den Kopf auf dem angewinkelten Arm, Beine gerade oder angewinkelt und noch die unzähligen Variationen davon. Und seit dieser Zeit muß es sein, daß ich um den gesunden, natürlichen Schlaf gebracht bin.

Es ist nicht gut, wenn der Mensch alles nur noch bewußt ausführt, er begibt sich in die Gefahr, die letzte Spur Instinkt aus seinen Urzeiten einzubüßen. Ein Stück Natur muß er selbst bleiben, an dem er sich nicht vergreift. Auch in ihm selbst muß eine unangetastete grüne Insel bleiben.

Nach einigen Lebensjahrzehnten kommt ein Stück Erfahrung hinzu: Das Experimentieren unterschiedlicher Lagen läßt der Körper nicht mehr zu. Dieser setzt den Schmerz ein und verweist damit den Willen in Schranken.

Arbeiten bei den Russen

Am Tage mußte man schwer arbeiten, wenn nicht bei unseren Polen, dann auf dem Gut im Nachbarort Neudorf. Jeden Tag kam russisches Militär zu diesem Zweck die Leute zusammenholen. Der Kuhstall dort stand voller Milchkühe. In dem unter russische Verwaltung gestellten Gut oblag die Milchverarbeitung den eigenen Leuten, die Melker waren Stammpersonal und mußten dort bleiben, da sie früh um drei Uhr mit dem Melken begannen. Die schwere Arbeit des Fütterns und Entmistens wurde uns zugeteilt. Sie wurde nicht bezahlt. An Verpflegung gab es ein Stück Brot und mittags eine Suppe. Beim Essen dieser Suppe mußte man wegschauen, um die darin schwimmenden Maden zu übersehen. Schließlich mußte man um des Überlebens willen essen. Für die zu Hause auf uns wartenden Kinder gab es nichts.

Auf dem Weg zu dieser Arbeitsstelle kamen wir an der Grabstelle des Gutsherrn vorbei. Er war in seinem Wald beerdigt. Das Grab war aufgebrochen, ein paar Sargbretter lagen da herum und der Schädel. Er hatte sich 1931 erschossen.

Das tägliche Zusammentreiben von Arbeitskräften aus den umliegenden Dörfern wurde der russischen Gutsverwaltung dann zuviel, so daß sie zu anderen Methoden überging. Sie behielt einmal eingetriebene Arbeitskräfte auf dem Gut. So wurden wir eines Abends nicht nach Hause gelassen, nachdem wir auf den Oderwiesen mit der Heuernte zu tun hatten. Wir mußten mit aufs Gut. Dort war die Schmiede schon für die Nacht hergerichtet: Es lag Stroh auf dem Pflaster. Ringsherum waren blanke Drähte gezogen, die unter Netzspannung standen, damit niemand auszubrechen versuchte. Drei Tage wurden wir dort behalten, belästigt wurden wir nicht. Nie wußten wir in solchen Situationen, wie lange wir festgehalten würden. Die Angehörigen zu Hause erhielten keinerlei Nachricht.

Das Heu wurde gleich auf den Wiesen in ganz große Haufen gesetzt, die Häusern ähnlich sahen. Was wird wohl daraus geworden sein, wenn Hochwasser war? Das war 1946.

Wo sind die Angehörigen?

Inzwischen war November, und wir waren immer noch im Ungewissen über unsere Angehörigen. Was unternimmt man nicht alles aus Verzweiflung! So suchte ich mit Else eine junge Kartenlegerin in Brieg auf. Wir sagten aber nicht, daß wir Schwestern sind und gingen getrennt zu ihr; Else zuerst. Die Aussage der Kartenlegerin gegenüber Else war die, daß Elses Mann noch lebte und es ihm nicht so schlecht ginge, in den nächsten Tagen käme Nachricht von zwei jungen Männern, es ginge aber auch um ein Kind, um das sich ältere Leute Sorgen machten, sie könne dabei aber keinen Zusammenhang sehen. Über die Polen, die auf Elses Hof waren, gab sie eine zutreffende Einschätzung ab. Anschließend war ich bei der Kartenlegerin. Sie bestätigte mir, daß auch mein Mann am Leben sei, es ihm nicht gut ginge, die gleiche Aussage wie bei Else bezüglich der Nachricht von den jungen Männern und über das Kind gab sie mir, auch über unsere Polen folgte eine Aussage, die sich mit der Wirklichkeit deckte. Dann sagte sie aber zu mir, es läge der Tod einer Schwester vor. Auf meine Antwort darauf, die Schwester sei schon tot, sagte sie mir: „Da würden die Karten anders liegen.“ Der letzten Aussage gaben wir keine Bedeutung. Wer wollte schon ahnen, daß das auf Else zutreffen könnte?

Alles andere, was wir gesagt bekamen, bestätigte sich bald. Nach zwei Tagen kam Frau Melzer, deren Angehörige in Berlin wohnten, und brachte die Nachricht, daß unsere Brüder Gerhard und Walter am Leben sind. Die Post ging damals noch nicht. Über wie viele Umwege mag diese erste gute Nachricht in unser trauriges Dasein gefunden haben? Das Kind, um das es ging, war Marianne. Ihre Großeltern in Gräben lebten noch und sorgten sich um sie.

Das Sterben ging weiter. Die meisten älteren Menschen überlebten nicht, und der Typhus raffte viele dahin. Aber es wurde auch neues Leben geboren. Herberts Schwester Frieda wurde von ihrer Tochter Irene entbunden. Wenn junge Mütter ihre Säuglinge nicht selbst nähren konnten, gab es kaum Überlebenschancen für Neugeborene. Friedel konnte zufrieden sein, sie hatte selbst genug Milch und konnte Irene sehr lange ernähren. Ihr Kind war für sie auch das einzige, was ihr blieb, denn ihr Mann blieb für immer verschollen. Zur Taufe fuhren wir mit dem Kinderwagen in die Kreisstadt Brieg.

Da die Infektionskrankheit nicht zum Stillstand kam, wurde mit Schutzimpfungen begonnen. Muttel und ich ließen uns auch impfen. Während sie gesund blieb, streckte mich der Typhus ebenfalls nieder. Auch Günter, der mit im Hof lebte, erkrankte. Er wurde auf Veranlassung unserer Polen weggebracht, ich mußte aufstehen, um nicht aufzufallen, sonst hätten sie mich gleich mitgenommen. Ich dachte nur immer daran, wie sich unsere Puterreks verhalten würden, wenn sie mein Kranksein entdeckten. Inzwischen war ich so schwach, daß ich nicht mehr aus dem Bett konnte. Und da kam wirklich eines Tages der Chef selber ins Zimmer, um nach mir zu sehen und zu fragen, was ich hätte. Ich zeigte ihm mein Taschentuch, das von dem blutig-braunen Auswurf meiner Typhuserkrankung verschmutzt war, und sagte, ich hätte TBC. Das glaubte er wahrscheinlich, denn er kam nicht wieder. Was wäre gewesen, wenn wir unsere damals 55jährige Muttel nicht gehabt hätten? Sie hat sich um uns und die kleinen Kinder kümmern müssen. Ohne sie hätten wir nicht überleben können, und die Kinder wären allein zurückgeblieben.

Sprachübungen: Puhling

Meine deutschen Spielgefährten wohnten nicht in unmittelbarer Nachbarschaft von uns. Zu ihnen gehörten meine Cousins Harald und Rainer und andere Kinder, von denen ich nicht mehr weiß, wer sie waren. Um zu ihnen zu gelangen, überquerte ich die Straße, hatte auf der anderen Seite über ein Gehöft zu gehen, das wie die meisten Anwesen nach hinten zu durch eine große Scheune abgegrenzt war. Im Frühjahr fanden sich in dem riesigen Nest auf dem First der Scheune Störche ein, und ich konnte beobachten, wie die Jungen heranwuchsen und flügge wurden. Hinter dieser Scheune führte mein weiterer Weg bis zum Familienhaus, in dem meine Großeltern väterlicherseits mit meinen Tanten und Cousins wohnten.

Mit ihnen ließ es sich besser spielen und streiten, da wir eine gemeinsame Sprache benutzten. Ich kann mir nicht erklären, wie ein Zusammenspiel und Verstekken mit meinen polnischen Nachbarjungs möglich war, wo sie doch nicht Deutsch verstanden und ich nicht Polnisch sprach. Dennoch haben wir immer etwas miteinander anzufangen gewußt.

Dagegen konnte ich mit meinen Cousins in den heftigsten Streit geraten, vor allem, wenn es um die eigene Sprache ging. So behauptete ich, „Puhling" sei richtig, sie jedoch bestanden auf „Puhding". Was wir meinten, wußten wir Kampfhähne zwar, nur wie es auszusprechen sei, darüber stritten wir hartnäckig und unerbittlich, bis ich plötzlich innehalten mußte, nicht wegen der zahlenmäßigen Überlegenheit meiner Gegner, sondern weil ich mein Argument dahinschwanden sah. Ich ertappte mich während des Disputs dabei, daß ich in dem Streitobjekt das „d" mit einem „l" verwechselte und „Puhling" sagte. Bei mir keimte ein Verständnis auf für die Haltung meiner Streitpartner.

Später, als ich in einer anderen deutschen Dialektlandschaft zur Schule ging, wurde das „Puhding" zum „Pudding" korrigiert.

Wahrscheinlich hätte sich dieses sprachliche Mißverständnis sanfter aus dem Wege räumen lassen, wenn ich damals den Pudding nicht nur vom Wort her, sondern auch von seiner süßen Wirklichkeit hätte kennenlernen können.

Oft kommt es nicht darauf an, was man sagt, sondern wie es gesagt wird. Die Gefahr, mißverstanden zu werden, hat die Ursache oft darin, daß das Wie schneller gehört als das Was verstanden wird.

Diese Erkenntnis wächst mit dem Kind. In der Schulzeit spätestens wurde es wichtig, mit ihr umzugehen und sie anwenden zu können.

Es kam mitunter darauf an, die Wahrheit zwischen die Worte zu legen, so wie auch zwischen den Zeilen gelesen werden konnte. Es konnte etwas Gesagtes in den ersten Jahren nach dem Krieg in Ostdeutschland sehr schnell „gegen den Frieden" ausgelegt werden, einen in späteren Jahren zum „Klassenfeind" abstempeln.

Erfolge

Bei meinen Großeltern spielte sich in der Wohnung alles auf engstem Raume ab. Meine Cousine Irene wurde von ihrer Mutter gestillt, während Oma das bescheidene Mittagessen kochte und wir Jungs zu dritt spielten oder uns anders beschäftigten. Einmal drängten wir uns alle am Fensterbrett zusammen, da woanders kein Platz frei war und wir etwas zu basteln hatten. Harald als der Älteste fertigte aus einem kurzen und einem etwas längeren Holzstäbchen, die beide an einer Seite mit dem Messer schräg angespitzt wurden, eine „1", indem die so vorbereiteten Rundhölzer aus einer Weidenrute mit ihren angeschrägten Flächen aneinandergesetzt und mit einem Bindfaden miteinander befestigt wurden. Wir jüngeren schauten zu und leisteten Handlangerdienste. Mehr ließ er nicht zu.

Diese handwerkliche Erfahrung versuchte ich ein paar Tage später bei meinen polnischen Spielgefährten an den Mann zu bringen, denn seit sie mir mit meinem Spielzeugauto alle materiellen Besitztümer abgeluchst hatten, konnte ich ihnen nur noch mit Leistung ebenbürtig sein. So dachte ich. Sie übernahmen die Technologie der „1" und dann ließen sie mich nicht mitbasteln. Ihre Mutter entschädigte mich mit einer Schmalzschnitte.

Hinsichtlich meiner fehlgeschlagenen Unternehmungen stand ich den Großen meiner Familie offenbar in nichts nach. Auch sie haben beim abendlichen Resümee der Tagesereignisse meist nicht mit Erfolgsmeldungen aufwarten können.

Wo sind meine Jungs?

Auf dem Weg der damals üblichen Mund-zu-Mund-Information erfuhren wir, daß die Bevölkerung aus der Gebirgsgegend ganz kurzfristig ausgesiedelt wurde. Sie mußte damit zum ersten Mal ihre Heimat verlassen, denn im Winter 1945 ist sie von der Fluchtbewegung nicht erfaßt worden.

Meine Tante Gretel aus Laugwitz, etwa zwanzig Kilometer von uns entfernt, war wie wir nach der Flucht in ihren Heimatort zurückgekehrt. Ihre Eltern wohnten in Mangschütz im Kreis Brieg. Es lag an der Breslauer Bahnstrecke in zehn Kilometer Entfernung von uns, aber in entgegengesetzter Richtung zur Stadt. Tante Gretel schickte ihre Söhne Arwed, fünfzehn Jahre alt, und Karl-Heinz, dreizehn Jahre, auf den Weg nach Mangschütz, um nach den Großeltern zu sehen. Da es zu Fuß ein weiter Weg war, blieben sie hin- und rückzu in unserem Dorf bei Else über Nacht. Als sie den Rückweg antraten, gab sie ihnen noch Brote als Wegzehrung mit. Auf dem Weg nach Laugwitz trafen sie vor der Stadt (Brieg) auf zwei Mädchen aus unserem Dorf, Trudel Land und Elses Nachbarin, die eben aus der Stadt zurückkehrten. Diese berichteten den Jungs, daß in Brieg die Polen die deutschen Leute auf der Straße auffingen und einen Transport zusammenstellten. In der Nacht wurden die Menschen aus den Wohnungen geholt, und sie mußten innerhalb von fünf Minuten ihr Gepäck zusammengesucht haben in der unbeleuchteten Wohnung. Die Jungen wußten nicht, was sie tun sollten. Die Lindener Fähre war besetzt, auf die andere Oderseite mußten sie aber. Zugefroren war die Oder auch nicht, daß sie hätten übers Eis gehen können. Sie überlegten und standen lange, wollten aber doch heim, denn ihre Mutter wartete auf Bescheid. So faßten sie Mut und wollten durch die Stadt, in der Hoffnung, daß sie durchkämen. Aber sie wurden aufgegriffen und kamen zu diesem besagten Transport. Das war am 5. Dezember 1945. Die Jungs waren nur mit ihren leichten Anzügen bekleidet, und der Winter meldete sich mit Kälte an. Eine Tante meines Mannes, Luise Bürkner, verehelichte Lohrmann aus Brieg, geb. 1876, kam auch zu diesem Transport. Sie blieb von da an vermißt.

Wir wußten von all dem nichts. Eine Woche später, am 12. Dezember 1945, hörte ich von meinem Typhus-Krankenlager aus einen lauten, an meine Mutter gerichteten Ruf vom Hofe her: „Gustel, sind meine Jungs bei Euch?“ Diesen Klageruf habe ich bis heute noch in meinen Ohren. Er kam von Tante Gretel, die ihre Jungen suchte. Muttel konnte ihr nur sagen, was sie wußte. In ihrer Verzweiflung kam sie nicht mal herein.

Es sollte noch fast ein Dreivierteljahr vergehen, bis Tante Gretel endlich etwas über den Verbleib ihrer Söhne erfuhr, und dazu verhalf auch nur ein Glücksumstand. 1946 wurde durch die polnische Verwaltung wieder Post weitergeleitet. Im August 1946 hob eine deutsche Frau im Dorf Laugwitz einen beschmutzten Brief von der Straße auf. Wer ihn dorthin geworfen und nicht beim Empfänger abgegeben hat, muß Mutmaßung bleiben. Aus dem Inhalt konnte die Frau schlußfolgern, daß der Brief für Frau Holdt bestimmt war, sie konnte ihn ihr übergeben. Das bange Warten einer Mutter war damit beendet. Sie erfuhr in dem von Arwed geschriebenen Brief, daß beide Söhne in einem mecklenburgischen Dorf bei Bauern untergekommen waren. Eine Woche später hätte sie dieser Brief nicht mehr erreichen können, denn da ging ihr Transport weg, der sie nach Westdeutschland brachte. Und wer wußte dann schon ihren neuen Aufenthaltsort, und wer kannte in den neuen Aufenthaltsorten die Namen der Angekommenen? So kannte Tante Gretel wenigstens die Adresse der Jungs und konnte ihnen schreiben. Sie holte sie etwas später von Westdeutschland aus zu sich.

Wie viele solcher ähnlichen Schicksale trugen sich nach Beendigung des Krieges zu und blieben ungeklärt? Noch nach Jahren waren die Suchdienste des Roten Kreuzes damit beschäftigt.

Arwed und Karl-Heinz berichteten uns viel später, was sie seit ihrem spurlosen Verschwinden erlebt hatten. Sie waren mit anderen Menschen auf dem Bahnhof zusammengetrieben worden und in einem Viehwaggon untergekommen, der Teil eines langen Transportzuges war. Auf dem Fußboden lag Stroh, auf das sich die Menschen niederließen. Wenn des Nachts alle liegen wollten, reichte der Platz nicht. An den Innenwänden der Wagen setzte sich eine dicke Reifschicht an. Der Zug war nicht beheizt, er wurde nicht versorgt. Beide hatten von ihren Großeltern ein Einweckglas mit Obstkompott mit auf den Weg bekommen. Dieses Glas öffneten sie für eine junge Mutter, die mit ihrem Säugling im gleichen Waggon untergebracht war. Da auf Grund fehlender Nahrungsmittel der Mutter die Milch ausblieb, gab sie dem Säugling teelöffelweise vom Saft. Wegen der frostigen Kälte hielt sich der Saft. Nach vierzehn Tagen kam dieser Transport mitten in der Nacht in Forst in der Niederlausitz an. Da die Neißebrücken zerstört waren, mußten die Menschen aussteigen und zu Fuß eine schmale Behelfsbrücke, die auf die andere Seite nach der sowjetisch besetzten Zone führte, benutzen. Polnische Posten trieben die Menschen mit Schlägen an und stießen hilflose alte Menschen von der Brücke in den Fluß. In Forst wurden sie seit ihrem Abtransport von Brieg zum ersten Mal wieder mit warmen Getränken und Essen versorgt. Wie werden diese Menschen in das bevorstehende Weihnachtsfest gegangen sein? An Besitz hatten sie nur soviel, wie sie am Leibe trugen, denn in Brieg kam sämtliches Handgepäck in einen Wagen. Dieser wurde abgehangen, als der Zug abfuhr. Viele haben die Strapazen der Fahrt nicht überlebt, auch der Säugling nicht.

Weihnachten 1945

Heiligabend

Als Weihnachten 1945 kam, lag ich noch krank im Bett. Trotzdem hatte ich etwas vorbereitet, um den Kindern eine kleine Freude zu bereiten. Für Marianne bastelte ich aus Stoffetzen einen Ball, für Eckhart ein Bilderbuch aus Zeichenblättern, die noch aus Elses Schulzeit stammten. Da Else gut zeichnen konnte, hatte Großmutter deren Zeichnungen alle aufgehoben. Sie lagen bei unserer Rückkunft alle verstreut umher, und wir hatten sie wieder eingesammelt. Der Christbaum bestand aus ein paar Zweigen, ein Stückchen Kerze hatte ich noch irgendwo gefunden und für Weihnachten aufgespart. Sie gab das einzige Licht. Ich weiß nicht mehr, was wir an diesem Abend gegessen haben.

So gegen zwanzig Uhr hörten wir draußen Schritte und Stimmen. Dann pochte es an der Stalltür, die wir als Eingang zur Wohnung benutzen mußten, da wir die Haustür bei unserer Rückkehr zerstört vorgefunden hatten. Die verbliebene Öffnung verbarrikadierten wir notdürftig mit einer anderen Tür und mit Balken. Mein erster Gedanke war, nun sei es soweit, daß wir mit der Aussiedlung an der Reihe sind. Wie hätte das ausgehen sollen, ich konnte vor Schwäche keinen Schritt durch die Stube tun, und unsere kleinen Kinder brauchten uns doch noch. Eckhart war mit seinen inzwischen erreichten viereinhalb Jahren unser „Mann“. Ich schickte ihn nach längerem Warten zum anderen Haus hinüber, er sollte durch das Fenster schauen und auskundschaften, ob Muttel bei unseren Polen war. Er kam enttäuscht zurück, sie war nicht dort. Mitternacht war schon vorbei, da kehrte Muttel zurück. Kein Geschenk konnte wertvoller sein! Erst jetzt war für uns Weihnachten, wie froh wir waren! Andere polnische Nachbarn, denen unsere Lage bekannt war, haben Muttel zum Heiligen Abend zu sich eingeladen und haben sie gut bewirtet. Ich freute mich, daß dadurch wenigstens Muttel einen schönen Heiligen Abend erleben konnte. Sie hatte leider nicht bedacht, uns Bescheid zu sagen.

Der Ball

Weihnachten 1945 war wunderschön. Das Christkind hatte mir ein Bilderbuch und einen Stoffball gebracht. Und Mohnklöße gab es auch zu essen. Oma und Mutti sangen Weihnachtslieder aus dem Gesangbuch, und dann beteten wir. Jeden Abend vor dem Schlafengehen war meine Mutter an meinem Bett, wir falteten die Hände und sprachen das Gebet. Ich wußte die Worte und sprach sie auch allein, wenn meine Mutter nicht sprechen konnte, weil sie weinte: „Lieber Jesus, ich bin klein, mein Herz ist rein, es soll niemand drin wohnen als du allein. Und ich bitte dich, daß mein Papa gesund bleibt und bald nach Hause kommt, Amen."

Das Bilderbuch war aus selbst gemalten Blättern geheftet, es war das einzige Buch, das ich besaß.

Mit dem Stoffball errang ich kein rechtes Vergnügen. Die Bälle, die ich bislang gesehen hatte, selbst besaß ich noch keinen, sprangen alle hoch, wenn man sie auf die Erde warf. Mein Ball war zu faul dazu, er blieb liegen. Er taugte nur zum Hochwerfen und wieder Auffangen. Das war auf die Dauer langweilig. Niemand war da, der mir den Ball hätte zuwerfen oder auffangen können. Die Hauswand wurde mein Spielgefährte beim Ballspiel. Nach jedem Wurf mußte ich dem Ball hinterherrennen, da er senkrecht an der Wand herunterfiel und ich ihn auffangen wollte. Wenn ich nicht rechtzeitig zum Stehen kam, sorgte die Wand dafür. So hielt nicht ich den Ball, sondern er mich in Bewegung. Daß die Wand und ich keinen weiteren Schaden aneinander nahmen, mag daran gelegen haben, daß der Ball schon bald dem Treiben ein Ende setzte. Er flog einfach höher als er sollte, erreichte die Dachrinne und versteckte sich darin. Niemand half mir, ihn herauszuholen. Nach vielen Wochen schaute ich zu, als Männer die Dachrinne reinigten, weil sie verstopft war und überlief. Sie holten viel Schmutz und ein Häufchen verrottetes Heu, von vermoderten Stoffetzen umgeben, heraus.

Mein Ball war nicht dabei.

Am Straßenrand

Ich erkenne in der gelbgrauen Fläche viele kleine farbige Punkte: gelbe, weiße, graue und braune Körnchen in dunklen und helleren Schattierungen. Alles mischt sich zu diesem Gelbgrau der Sandfläche, vor der ich hocke.

Die sandige Fläche am Straßenrand ist das Papier, das kleine Stöckchen in meiner Hand der Zeichenstift, mit dem ich Linie für Linie in den Sand ritze und zu Mustern füge. Die Handfläche ist der Radiergummi, sie beseitigt das Gezeich-

nete und glättet die Unebenheiten der Sandfläche. Eine neue Seite liegt aufgeschlagen da, der Platz für ein neues Bild ist frei.

Die in den Sand geritzten Furchen verlaufen ineinander, wenn sie zu dicht nebeneinander gezeichnet werden. Die Körnchen rieseln hinter dem Zeichenstift durcheinander und mischen sich neu.

Da sehe ich einen Punkt, kräftig rot und so intensiv, wie sonst nur noch Blumen im Sonnenlicht leuchten können. Dieser Rotpunkt bleibt nicht liegen, mischt sich nicht still unter, er rieselt nicht wie die anderen Sandkörner, treibt nicht in ihrem Strom, sondern er bewegt sich dagegen. Er versucht, den Hang der gezeichneten Furche zu erklimmen, herabstürzende Sandkörner reißen ihn wieder zurück. Fast hat der Leuchtpunkt die obere Kante erreicht, als die stampfenden Hufe eines Pferdes mich aufschrecken. Ich muß weichen. Auf dem Sommerweg der Straße, an der ich sitze, zieht das Pferd einen Wagen vorüber. Die Räder des Ackerwagens durchqueren meine Zeichnung.

Es blieb nichts übrig von dem Bild mit dem rot leuchtenden Punkt außer ein paar Strichresten am Rand der tiefen breiten Gleise, die das Wagenrad als Spur in den Sand gedrückt hat.

Ob mein Rotpunkt noch lebt, ob er weiterhin noch krabbeln wird? Ich habe ihn gesucht und nicht mehr entdeckt, er blieb für mich verschollen.

Dem Kutscher mit Pferd und Wagen stand nicht der Sinn nach den kleinen Dingen am Wegesrand. Er hatte ein weiteres, ein größeres Ziel, das er nur erreichen konnte, wenn er sich nicht aufhielt mit den Krümeln auf dem Wege dorthin. Er sah vom Kutschbock aus nur noch die größeren Steine auf der breiten Straße, denen er ausweichen mußte. Die farbigen Sandkörner und eine kleine rote Spinne, die auf dem Weg lagen, konnte er aus seiner hohen Position nicht mehr erkennen. Er konnte nicht wissen, daß die Räder seines Ackerwagens das kleine Insekt unter sich begruben, denn niemand erzählte ihm davon.

Die Geschichte fährt über die Menschen und die Zeiten hinweg. Von den Spuren der Zeit werden Geschehnisse verwischt, Betroffene treten ab, ihr Erlebtes wird vergessen sein für immer. Später wird das Bild der Geschichte neu gemalt werden mit den Farben, die dann verfügbar sind: mit erhalten gebliebenen Zeugnissen aus der darzustellenden Zeit. Dem zukünftigen Maler könnte auf der Suche nach wahrer Darstellung jedes verlorengegangene Farbkrümel sehr fehlen.

Hospital in Borisow

Die Gefangenen wurden in drei Arbeitsgruppen eingestuft, womit die Tauglichkeit zum Arbeitseinsatz festgestellt wurde. Gruppe 1 bedeutete: uneingeschränkt arbeitsfähig, Gruppe 2: arbeitsfähig für mittlere Belastung, Stufe 3: arbeitsfähig für leichte Arbeit. Wer höher eingestuft wurde, konnte nicht mehr arbeiten. Diese Stufe wurde „O.K." genannt, „ohne Kommando". „Dystrophie", also Unterernährung, war oft die Ursache für diese letzte Stufe.

Im Hospital, es war ein Barackenlager, lagen zum überwiegenden Teil solche erschöpften Gefangenen, die, wenn sie sich nicht mehr erholen konnten, bis zu ihrem Tode hinsiechten. Sehr viele der eingelieferten Gefangenen sind hier gestorben.

Die ersten vier Wochen habe ich hier durchweg gelegen. Dann hat mich eine russische Ärztin in die Aufwaschküche überwiesen, um schneller wieder für eine Arbeitsgruppe auf die Beine zu kommen. Dadurch, daß ich in der Küche meine Ration erhielt, außerdem die mir zustehende Lagerration mit aufs Zimmer bekam, stand mir doppelt so viel zu essen als üblich zur Verfügung.

Wir lagen in Doppelstockbetten, aus Brettern zusammengenagelt. Unter mir lag ein Offizier, dessen Namen ich mir gemerkt habe. Es war Leutnant Werner Doepgen. Er war so schwach, daß er sich kaum halten konnte. Diesem Werner Doepgen schob ich abends im Finstern meine Ration zu. Ich durfte mich nicht dabei erwischen lassen, sonst wäre ich aus dem Hospital verwiesen worden. Diesen Mann habe ich einige Wochen mit verpflegt. Er sagte: „Das werde ich Ihnen nie vergessen, was Sie an mir getan haben. Wenn ich eher nach Hause komme, dann benachrichtige ich Ihre Familie, und umgekehrt, wenn Sie vor mir nach Hause kommen sollten. Merken Sie sich meinen Namen und die Anschrift: Euskirchen, Rheinland. Mehr brauchen Sie nicht wissen, mich kennt dort jeder." Wir haben aber nie wieder Verbindung gehabt.

Wie ich später nach meiner Heimkehr erfuhr, hatte dieser Doepgen über einen LKW-Fahrer aus Westdeutschland, der aus einer Glasschleiferei in Klein-Kölzig Waren abholte, einen Brief mitgeschickt, der mir niemals abgegeben wurde. Spätere Anfragen per Telefon von der BRD aus, als wir als Rentner erstmals dorthin reisen durften, blieben ohne Erfolg.

Unter so vielen Namen habe ich mir diesen gemerkt. Solche Gespräche, in denen man seine Hoffnung an einen Mithäftling klammerte in der Erwartung, so Verbindung nach seinen Angehörigen zu knüpfen, wurden immer wieder geführt. Man muß wissen, daß wir keinerlei Post erhielten noch ein Lebenszeichen nach draußen geben konnten. Ich wußte nicht, ob meine Angehörigen zu Hause noch lebten, und umgekehrt hatte meine Familie noch nie etwas von meinem Los erfahren. Die einzigen Informationen, die uns aus der Heimat erreichten, kamen über verschleppte Zivilisten aus dem von den Russen besetzten Teil Deutschlands. Und diese Berichte waren für uns nicht sehr ermutigend.

Nach vier Monaten Aufenthalt im Hospital habe ich wieder über fünfzig Kilogramm gewogen und wurde mit der Einstufung in die Arbeitsgruppe 3 in ein anderes Lager entlassen.

Unsere neuen Polen

Weihnachten war vorüber und das Jahr 1946 begann. Wir lebten in der bisherigen Ungewißheit weiter. Die Transporte mit Schlesiern aus der Gebirgsgegend nach Deutschlands Westen wurden fortgesetzt. Neues erfuhren wir nur in Form von Gerüchten, es gab für uns keine anderen Quellen. In unserem Dorf trafen immer noch weitere Polen ein, Familien kamen zusammen, Verwandte ließ man nachfolgen. Es war kein Hof mehr unbesetzt, und so bekamen wir noch eine Familie in unser Auszugshaus: zwei ältere Leute mit zwei jungen Mädchen, ungefähr dreizehn und fünfzehn Jahre alt. Die Frau hatte wohl TBC, sie hustete andauernd, so daß ich eine Ansteckung der geschwächten Kinder befürchtete. Sie hielten sich oft bei diesen Leuten auf. Marianne brachte von ihnen jedesmal Läuse mit. Wo gab es sie nicht in jener Zeit? Eines Sonntagmorgens entdeckte ich bei Eckhart eine Kleiderlaus. Das war ein Schreck! Man mußte hinterher sein, sonst hätte man leicht verkommen können. Die Leute erhielten unten beide Stuben, wir konnten die kleine Küche behalten, und oben schliefen wir. Sie waren Galizier, brachten ein Pferd mit.

Nun sollten Puterreks den Besitz mit den neuen Leuten teilen, alles zur Hälfte: die Scheune, den Hof, jeder ein Haus. Da ging es hart auf hart zu, sie schrien sich an, daß die Leute zusammenliefen. Mit der Düngerkarre gingen sie aufeinander los. Worum sie stritten, verstanden wir, auch ohne ihre Sprache zu kennen: Sie zerpflückten das Ergebnis unserer mühevollen lebenslangen Arbeit. Uns blieb nicht erspart, auch das mit ansehen zu müssen.

Die polnischen Behörden erfuhren durch diese zugezogene Familie endlich, wie gemein unsere Puterreks waren. Für uns war mit dieser neuen Familie ein Zusammenleben möglich. Aber auch vor ihr mußten wir das wenige, was wir noch besaßen, verstecken, und wenn es nur ein Löffel war. Einmal saß ich vor dem Haus und nähte für Eckhart ein paar Hosen aus alten Resten, die ich in der Scheune gefunden hatte. Im Vorbeigehen nahmen sie die Schere weg. Sie waren geübt wie Zauberkünstler. Die Familie war ebenso arm wie die meisten. Die Männer sah man zum größten Teil in deutschen Soldatenuniformen.

Streifzüge

Der geheimnisvolle Drahtzaun

Der Weg zu Tante Else führte an einem Maschendrahtzaun vorbei, der an unserem Auszughaus begann und bis zum Nachbarhaus reichte, in dem sich einst die Fleischerei Malguth befand. Ich hätte niemals von dem Zaun Notiz genommen oder noch heute etwas davon gewußt, wenn er mir nicht immer wieder das gleiche Rätsel aufgegeben hätte. Ich beobachtete einmal, wie bei beiläufigem Hinschauen das Karomuster der Drahtmaschen größer erschien, als es wirklich war. Wenn ich die Augen schloß oder den Blick wechselte und wieder zurückschaute, sah ich das geometrische Muster wieder in der richtigen Größe.

Von da ab zog es mich immer wieder an den Zaun, um das vergrößerte Abbild ganz bewußt ins Gesichtsfeld zu holen. Durch Übung gelang mir das so perfekt, daß ich die Vergrößerung, wann immer ich sie haben wollte, am Zaun vor Augen haben konnte.

Mit meiner Beobachtung konnte niemand aus meinem Erwachsenenumfeld etwas anfangen. Meine Fragen nach dem Warum und Wieso stießen auf Unverständnis und Kopfschütteln. Ich erkannte unterschwellig, daß ich mich mit weiterem Fragen verdächtig machte.

Unbeantwortet blieb diese Frage auf Dauer nicht. Mit dem Wissen um optische Sinnestäuschung konnte ich mir die Erklärung später selbst geben.

Nicht immer haben Menschen die Antwort auf Fragen bereit. Oft ist das Leben selbst ein besserer Ratgeber.

Lehrpfad

Den Weg zu Tante Else muß ich sehr oft gegangen sein; es sind so viele unscheinbare Begebenheiten, die sich im lokalen Zusammenhang mit diesem Weg eingeprägt haben.

Ein Kind forscht und sucht und findet unaufhörlich in den unscheinbarsten Dingen. Wenn ein Schulkind auf dem Weg nach Hause trödelt, dann beschäftigt es sich in Wirklichkeit intensiv mit seiner Umgebung und lernt die andere wich-

tige Hälfte dazu, die ihm die beste Schule nicht vermitteln kann. Es erobert sich seine Welt mit Beobachtung, es findet dazu überall seine Lehrpfade, die ihm von den Erwachsenen nicht verstellt werden dürfen.

Kukuritza

In Pelkas Garten, der auch an diesen Weg grenzte, saßen an einem warmen Abend im Frühherbst junge Menschen an einem offenen Feuer, das unter den Tannenbäumen brannte. Die Neugier trieb mich dorthin, wo es so laut prasselte und knallte. Ein Mann hielt ein Sieb mit Maiskörnern über der offenen Flamme. Die Maiskörner zerplatzten mit Knallen und Zischen und brachen dabei zu weiß ausgefransten Gebilden auf. So warm vom Sieb und aufgeplatzt schmeckten die Kukuritza-Körner vorzüglich.

Nach weiteren Jahrzehnten lernte ich dieses Erzeugnis in Plastetüten verpackt mit dem Aufdruck „pop corns“ kennen.

Eisbahn

Zwischen Tante Elses Gehöft und der Dorfstraße lag ein rechteckiger künstlicher Feuerlöschteich mit steilen Betonwänden. Als im Winter darin das Wasser gefroren war, sind die Kinder des Dorfes dorthin schlittern gegangen, manche besaßen auch Schlittschuhe. Auf dieses Eis bin ich jedoch nur einmal gekommen. Größere polnische Jungen verfolgten mich und drohten mir, mich in einem Eisloch zu versenken. Ich kam vollkommen verängstigt und schluchzend zu Hause an und machte von da an einen Bogen um die Eisbahn.

Frühlingsgruß

Im Frühjahr entdeckte ich in Omas Garten, der zwischen Gehöft und Dorfstraße lag, gleich in der Nähe des Türchens eine leuchtend rote Blume mit einem dikken schwarzen Stempel in ihrer Mitte. Ich zeigte meine Entdeckung nicht ohne Stolz meinem polnischen Spielgefährten von nebenan. Auch ihm gefiel sie prächtig. Wir ließen sie stehen. Als ich am nächsten Tag nachschauen ging, war sie nicht mehr da, und ich war darüber traurig. Ich wußte damals nicht, was für eine Blume das war. Als Jahre später auch Blumen wieder in das Leben unserer Familie eintreten konnten, lernte ich auch die verschiedenen Arten mit ihrem Namen kennen. Und so wußte ich erst danach, daß die erste in mein Bewußtsein getretene Blume eine Tulpe war.

Sie hatte in besseren Zeiten für ihr späteres Leben vorgesorgt. In einem einst gepflegten Garten konnte sie sich frei entfalten, die Kraft der Sonnenstrahlen zur Stärke von Reservestoffen assimilieren und in der Tiefe der Erde den wertvollen Vorrat in ihrer Zwiebel anlegen. Die Pflanze hat ihre Zeit genutzt. Nun besaß sie genug Kraft, sich gegen das verwilderte Umfeld zu behaupten und mit ihrer leuchtenden Blüte einen Farbtupfer über das Chaos im Garten zu setzen.

Sie blühte zur Freude eines kleinen Jungen und desjenigen, der sie heimlich gepflückt und zu Hause in eine Vase gestellt hat. Die Blume hat ihren Zweck erfüllt.

Identität

Meine Streifzüge waren damals begrenzt und vorgegeben. Täglich fragte mich meine Mutter nach meinen wichtigsten persönlichen Daten ab und trainierte mit mir Namen, Geburtsdatum, Wohnort, Namen der Eltern. Niemals entfernte ich mich aus dem Haus, ohne ein Lederbeutelchen am Körper zu tragen, das an einer um den Nacken gelegten Schnur befestigt war und das einen Zettel mit all jenen Daten enthielt, die zum Wiederauffinden verlorengegangener Kinder hätten wichtig sein können. Diese Vorsichtsmaßnahme war eingeübt und über Jahre tägliche Gewohnheit geworden, sie löste bei mir keinerlei Widerstand aus. Als ich Jahre später über den Rundfunk täglich die Suchmeldungen Vermißter oder Suchender hörte, mußte ich immer an diese Zeiten zurückdenken, in denen das Identitätsbeutelchen zu meiner täglichen Kleidung gehört hatte.

Das jahrelange Unterwegssein hat in unserer Familie dazu geführt, daß auch noch Jahre nach der Vertreibung eine jederzeitige Aufbruchsbereitschaft nicht abgelegt werden konnte. Es verging kaum ein Nachtgewitter im Sommer, an dem wir Kinder nicht geweckt wurden und uns ankleiden mußten. Diese Vorkehrungen waren immer begleitet von dem Bereithalten des nötigsten Reisegepäcks und der Dokumente. Es ist ein Verhalten, das zurückreicht in die Zeit meiner bäuerlichen Urgroßeltern.

Kontrollkommissionen

Vom Internationalen Roten Kreuz kamen immer mal wieder Kommissionen, die die Bedingungen im Lager kontrollierten. Dabei wurden die Kriegsgefangenen befragt. In einem Lager verschob der russische Lagerkommandant Teile der uns zustehenden Lebensmittel. Wir Lagerinsassen, etwa hundert Leute, nahmen uns vor, zur nächsten Kontrolle darzulegen, daß unsere Rationen zu klein ausfielen. Untereinander hatten wir uns zu einer einheitlichen Aussage abgestimmt, da die Gefangenen in der Regel einzeln nach ihren Anliegen abgefragt wurden.

Eines Tages war es soweit. Als wir mittags antreten mußten, brauchten wir nicht zur Arbeit, sondern wir wurden einer inzwischen eingetroffenen Kontrollkommission gegenübergestellt. Die Befragung begann bei mir, ich stand als erster in der Reihe. Ich habe entsprechend unserer Absprache die Wahrheit über unsere schlechte Verpflegung gesagt. Der russische Kommandant stand daneben und erfuhr über den Dolmetscher, was ich sprach. Der zweite Befragte sagte nichts mehr, der dritte nichts und alle anderen schwiegen auch.

Die Kommission fuhr ab, alle konnten wieder zurück, ich wurde zum Lagerkommandanten gerufen.

Dort erhielt ich von ihm selbst erst einmal Schläge. Er schrie mich an, der Dolmetscher übersetzte mir: „Alle sind zufrieden, alles ist in Ordnung, und du sagst, du bekommst nichts zu essen!“ Über Nacht wurde ich in einen Keller gesperrt, früh kam ich raus zum Lagerkommandanten, erhielt seine Faustschläge ins Gesicht, ehe ich zum Frühstück gelassen wurde, und dann ging ich mit meinem Arbeitskommando hinaus in den Wald. Abends nach der Rückkehr vom Arbeitseinsatz wurde ich wieder zum Kommandanten gerufen, erhielt dort seine Schläge, dann erst durfte ich zum Abendessen. Nach dem Essen kam ich wieder in den Keller. Das wiederholte sich täglich eine Woche lang.

Nach der Woche kam der Dolmetscher, ich solle mich sofort in der Küche melden. Dort wurde mir eine Schüssel mit Stampfkartoffeln vorgesetzt. Diese Kartoffeln schwammen im Fett. Der Kommandant erschien und ließ mir über den Dolmetscher sagen: „ Du sagst immer, du hast Hunger und bekommst nichts zu essen. Nun kannst du dich satt essen. Das mußt du ausessen. Ich komme in einer Stunde zurück. Wenn du das nicht ausgegessen hast, bekommst du Prügel!“ Er ging. Ich versuchte einen Löffel voll zu essen, da hob es mich. Jahrelang schon war ich an keine Fettigkeit mehr gewöhnt, da konnte ich solch ein Essen nicht mehr vertragen.

In der Küche wurden Gefangene mit der Einstufung O. K. (ohne Kommando) beschäftigt, die nicht mehr arbeitsfähig waren. Diesen rief ich zu, sie sollten mit ihren Büchsen schnell kommen, es gäbe was zu essen. Bis auf zwei Löffel voll verteilte ich den fetttriefenden Kartoffelbrei. Als nach der angekündigten Stunde der Kommandant zurückkehrte, wurde ich wegen der zwei verbliebenen Löffel Brei von ihm verhöhnt, erhielt noch ein paar abschließende Schläge und wurde ins Lager zurückgeschickt.

Von da ab hatte ich vor dem Kommandanten Ruhe. Aber vor einem anderen nicht: Mein Magen hat die kleine Menge des fetten Breis nicht vertragen. Ich bekam Magengeschwüre und wurde wieder in das Hospital nach Borisow eingewiesen.

Mir war diese Erfahrung für die weitere Zeit in den Lagern zu einer überlebenswichtigen Lehre geworden. Ich gab den Bewachern nicht mehr die Gelegenheit, sich mit mir so intensiv beschäftigen zu müssen.

Frauen streiten

Als das Frühjahr kam, hätten die Felder bestellt werden müssen. Die Saat zur letzten Ernte hatten wir deutschen Bewohner noch ausgebracht. Da war es für die polnischen Einwanderer einfach, sie brauchten nur zu ernten. Nun fehlte es nicht nur an Zugkräften und Maschinen, sondern auch an jenem Elan, der für die Erledigung der vielen Arbeit nötig war. Es blieb viel Land unbebaut liegen.

Bei der Roggenernte 1945 erlebte ich, wie Herr Puterrek seine Frau schlug. Das eine Stück war abgeerntet, und er wollte anschließend die Erntearbeit auf dem anderen Acker am Mittelberg fortsetzen, seine Frau wollte nicht mehr mit. Er fuhr trotzdem, sie mußte auch mit, aber recht widerwillig. Da schlug er sie mit der Peitsche über den ganzen Körper.

Einmal waren wir auf dem Feld am hintersten Weg Disteln stechen. Dort trafen wir Frau Nökel auf ihrem Feld. Natürlich sprachen wir mit ihr. Immer, wenn man einen Bekannten traf, erkundigte man sich über das Nötigste, denn nur so konnten wir Informationen erhalten. Da das die 18jährige Tochter von Puterreks sah, schimpfte sie sofort los: „Deitsche nur quatschen und quatschen“.

Frau Nökel beherrschte die polnische Sprache, und sie verstand es, ihr in gebührender Weise eine Antwort zu erteilen. Da geriet sie mit den beiden polnischen Frauen, mit Mutter und Tochter, derart aneinander, daß man glauben konnte, sie würden sich noch raufen. Wir bekamen Angst und gingen bis zum Wasseracker. Bis dorthin hörten wir sie noch schreien. Dann kamen Mutter und Tochter angeschlichen wie begossene Pudel und sprachen kein Wort. Frau Nökel hatte ihnen wohl ordentlich Bescheid gegeben.

Sie bestätigte uns später, daß die Frau Puterrek eine noch viel gemeinere Haltung gegen uns Deutsche einnahm als ihr Mann, obwohl sie selbst eine deutsche Mutter hatte. Uns schrie sie bei jeder Gelegenheit an: „Du Deitsche, du nach Bralin (Berlin)!“

Jahrzehnte später sollten diese „Braliner“ den „Deitschen“ in der ehemaligen Kornkammer Schlesien helfend unter die Arme greifen müssen.

Gutes Beispiel

Dagegen ist mir die Begegnung mit einer anderen polnischen Familie in sehr angenehmer Erinnerung geblieben, wovon ich auch berichten möchte. Von Puterreks wurde ich mit einem anderen Mädchen nach Groß-Neudorf zu deren Bekannten, einer etwas größeren Familie, vermittelt, um bei der Kartoffelernte zu helfen. Der Kartoffelacker lag beim Schmiedeloch. Diese Familie kam wie Puterreks aus Wolinien, sie hatte Pferde und auch Maschinen zur Verfügung. Die Arbeit machte dort Spaß, denn die Leute waren freundlich und achteten uns. Zwei junge Frauen in meinem Alter sprachen mit mir in einwandfreiem Hochdeutsch. Wir wurden verpflegt mit gutem Brot und soviel Hausschlachtenem, wie wir es in den letzten zwei Jahren nicht gesehen, geschweige denn gegessen hatten. Abends wurden wir noch ins Haus gebeten, dort stand eine Tafel, weiß gedeckt und voll mit Speisen. Am nächsten Tag haben wir bei unseren Polen auf dem Acker bei Tomalles Kartoffeln gelesen. Weil das Mädchen auch mit war, gab es ausnahmsweise Mittagessen. Es bestand aus Pellkartoffeln mit saurer Gurke. Für mich war das ein gutes Essen, aber das Mädchen wunderte sich, denn es war anderes gewöhnt.

Bei Puterreks wurden wir die ganze Zeit bis zur Ausweisung ohne jede Bezahlung zur Arbeit auf den Feldern gezwungen.

Sonntage

Meine Mutter hat sich immer bemüht, die Sonn- und Feiertage vom Alltag abzuheben. Am Vormittag besuchten wir als Familie den Gottesdienst. Die Kirchenlieder und das Orgelspiel mögen in frühesten Kindheitsjahren dafür gesorgt haben, daß eine besondere Empfindsamkeit und Empfänglichkeit für barocke Musik in mir geblieben ist. Von der Kirche aus gingen wir die verstorbenen Angehörigen auf dem nahegelegenen Kirchhof besuchen, und dann ging es nach Hause. Zum Mittagessen gab es, wenn wir es uns leisten konnten, „Polsche Klöße“, das sind Klöße aus rohen Kartoffeln. Ich lernte später die gleichen Klöße als „Thüringer Klöße“ kennen. Fleisch gab es damals nicht zu braten, so daß diese Arbeit entfallen konnte und das Essen schnell zubereitet war. Nach dem Mittagsschlaf hatte ich den Nachmittag für mich frei, und auch da durfte ich meine gute Sonntagsgarderobe tragen. Diese bestand in den Sommermonaten aus einer kurzen dunkelblauen Bleylehose mit Trägern aus dem gleichen Material und einer weißen Bluse, die vorn bunt bestickt war.

An einem schönen warmen Sonntag ging ich auf diese Weise ausgeputzt die Nachbarsmädchen auf der anderen Straßenseite besuchen. Zwei waren älter als ich, eine mir gleichaltrig. Es waren die Töchter von Ruth Klose, der Freundin meiner Mutter. Sie spielten auf dem Hof, und ich muß in meinem Sonntagsstaat einen besonderen Reflex bei ihnen ausgelöst haben. Sie waren sich sofort darüber einig, mit mir etwas besonders unternehmen zu müssen. In die Art des Spiels weihten sie mich jedoch nicht ein. Ich sollte der Mittelpunkt darin sein und trat entsprechend der Regieanweisung der Ältesten in die Mitte des Hofes, dorthin, wo sich genügend Jauche vom Misthaufen in der Vertiefung der Grube angesammelt hatte. Der Jauchenschöpfer in den Händen des einen Mädchens erregte in mir keinen Verdacht. Ich brauchte diese Taufe erst noch als Lebenserfahrung. Sie war gründlich und ergoß sich über mich mit Schwung vom Kopf aus über den ganzen Körper. Ich war gänzlich überrascht, denn so viel Gestank und Schlechtigkeit hatte ich der Welt bis dahin doch noch nicht zugetraut.

Von da an ging ich der Vielweiberei aus dem Wege.

Auf Kolchosen

Beutepferde

Insgesamt war ich in sieben bis acht verschiedenen Lagern, wobei ich in manchen Lagern mehrmals war, wie in Borisow. Von dort aus kam ich dann wieder in benachbarte Lager.

Im Winter 1945/46 arbeitete ich in einem außerhalb liegenden Lager, dessen Unterkünfte aus Erdbunkern bestanden. Hier waren siebzig deutsche Beutepferde eingestallt, die von zehn Kriegsgefangenen zu betreuen waren. Futter mußte von den benachbarten Kolchosen herangeholt werden. Dazu wurden vier bis sechs Schlittengespanne mit je zwei Zugpferden eingesetzt. Wir sind mit diesen Schlitten in bis zu vierzig Kilometer entfernte Kolchosen nach Heu und Stroh gefahren. Je einen Tag dauerten die Hin- und die Rückfahrt. Übernachtet haben wir dort bei russischen Bauern.

Einmal übernachteten wir auch in einer Kolchose bei einem russischen Zivilisten. Unser Sergeant, wir sind nie ohne bewaffneten Posten unterwegs gewesen, kam zu uns und sagte: „Ihr braucht heute nicht bei den Pferden Wache stehen, ihr könnt euch alle schlafen legen.“ Früh haben wir unser blaues Wunder erlebt, es waren zwei Fahrzeuge mit den vier dazugehörigen Pferden verschwunden. Jetzt wurden wir beschuldigt, daß wir nicht aufgepaßt hätten. Wir sind mit dem Rest an Pferden und Schlitten zurück, kamen vor den Kommandanten zur Aussprache und haben den Hergang dargelegt. In unserer Unterkunft im Dorf gab es im Nachbarzimmer viel Radau. Dort befand sich unser Sergeant in feuchtfröhlicher Runde. Offenbar wurde auf den Pferdeschacher getrunken. Wir hatten zwar kein Wort Russisch verstanden, aber der Zusammenhang war uns am Morgen klar. Der Kommandant entließ uns nach unserem Bericht, ohne daß uns etwas passiert ist. Den Sergeanten haben wir nicht wieder zu Gesicht bekommen. Er muß versetzt worden sein.

Bei den russischen Zivilisten erhielten wir Pellkartoffeln zu essen, das war damals eine Delikatesse für uns. Bei unseren wenigen Begegnungen mit russischen Zivilisten haben wir nie schlechte Erfahrungen gemacht. Wir sind meist freundlich aufgenommen worden, überall herrschte viel Armut.

In dieser Zeit sind jeden Tag Pferde geschlachtet worden. In der Nacht haben wir uns Fleischportionen abgeschnitten, im Eimer gekocht, und uns und andere Kameraden damit zusätzlich versorgt. Ich hatte damals einen total erschöpften Kameraden namens Bartel aus Berlin, den ich eine Zeit lang auf dem Wege zum Arbeitskommando abpaßte, um ihm heimlich Fleisch zuzustecken. So kam er wieder auf die Beine. Man mußte sich darauf verlassen können, daß diese Zusatzrationen ebenso still und „illegal“ verspeist wurden wie sie zuvor beschafft worden waren. Bei einer Entdeckung war der Entzug der Quelle neben anderen Bestrafungen die schlimmste Folge.

Frühjahrsbestellung

Im Frühjahr kam ich auf eine andere Kolchose. Diese wurde ausschließlich von Kriegsgefangenen bewirtschaftet, und die Ernteprodukte dienten zur Versorgung eines Lagers. Auf dieser Kolchose kam ich auch zu den Pferden. Insgesamt vierzig Pferde sind für zwanzig Gespanne eingesetzt worden. Ich arbeitete im Stall. Früh holten die Gespannführer die Tiere ab, pflügten mit ihnen auf den Feldern, mittags kamen sie zurück, da hatten wir fünf Stallarbeiter die Pferde zu füttern, und nach dem Feierabend hatten wir sie weiter zu versorgen.

Während die Pferde im Einsatz waren, reinigten wir die Ställe, bereiteten das Futter auf, erledigten Reparaturen an Geschirren und Geräten. Zum Häcksel schneiden hatten wir die Maschine mit der Hand zu bedienen, da es keine Elektroenergie geschweige denn einen Elektromotorantrieb gab. Wer einmal einen Häckselschneider von Hand bedient hat, weiß von der Anstrengung, die das kostet. Ich war damals mit Arbeitsstufe 3, also für leichte Arbeit, tauglich.

Zusätzlich zu dem Kraftfutter, was die Tiere bei der schweren Arbeit brauchten und auch erhielten, durften die Tiere auf einer Weide fressen, auch über Nacht. Wir fünf Stallarbeiter hatten dann wegen der Wölfe die Pferde gemeinsam mit einem Posten zu bewachen. Um die Wölfe abzuschrecken und uns zu wärmen, brannte immer ein Lagerfeuer.

Einmal drangen die Wölfe dennoch ein. Der Posten lag im Grase und schlief, das Gewehr neben sich liegend, als wir die Pferde scharren und trampeln hörten. Wir riefen den Posten, der schoß in die Luft, und so konnten die Wölfe vertrieben werden. Wir suchten das Gelände ab und fanden ein gerissenes Fohlen. Am nächsten Morgen luden wir das getötete Fohlen der Stute auf und nahmen es mit. Von dem daraus geschmorten Braten haben wir Gefangenen nichts gesehen.

Wölfe

Wesentlich später, im Herbst 1947, war ich auf einer anderen Kolchose zum Kartoffellesen eingesetzt, als ich noch einmal erlebte, wie Wölfe eindrangen. Jedem Gefangenen war als tägliches Soll auf dem Kartoffelacker das Lesen der Kartoffeln von einer Furche auferlegt. Diese Furche hörte irgendwo am Horizont auf. Bei der Erfüllung gab es zusätzlich 150 Gramm zu unserer täglichen Brotration von 300 Gramm, bei Nichterfüllung wurden davon noch 100 Gramm abgezogen.

Auf dieser Kolchose hatten zwei Kriegsgefangene mit Knüppeln in der Hand eine Schafherde zu hüten, etwa fünfhundert Meter von unserem Kartoffelfeld entfernt. Es war nachmittags, als plötzlich die ganze Schafherde auf uns zugestürzt kam und sich ängstlich um uns drängte. Wölfe waren eingedrungen, die Wächter hatten ihre Knüppel fallen lassen und sind auf die Bäume geflüchtet. Damals haben die Wölfe zwei Schafe geholt.

Die Post geht wieder

Im Frühsommer 1946 hieß es auf einmal, daß Post durchginge, und das bestätigte sich. Wir erhielten bald die erste Nachricht von meinem Bruder Gerhard. Er war im Westen in ein Gefangenenlager gekommen und zur Erntezeit 1945 entlassen worden. Er kam nach Heiligenfelde zu einem Landwirt in den Dienst. Dort lernte er auch Margret kennen, seine spätere Frau. So kam eine Nachricht nach der anderen, nur von unseren Männern erfuhren wir nichts. Am Dorfeingang warteten die Menschen schon auf die Post, und wenn ein Lebenszeichen kam, sagte es einer dem anderen, und jeder freute sich mit. Der Zusammenhalt unter den Menschen, das Mitgefühl für den Nächsten war damals intensiver. Mußte dazu erst eine Notzeit kommen?

Im Sommer 1946 starb unser Onkel Reiprich. Ich hatte vorher von einem falschen Grab geträumt, das offen war und sich auf dem Weg befand. Als bei der Beerdigung der Pfarrer die Grabrede hielt, ging ein sich immer mehr verstärkendes Gemurmel durch die anwesenden Trauergäste. Schließlich wurde eine Frau laut, sie schimpfte darüber, daß der Tote in diesem Grab liege. Sie forderte, ihn wieder herauszuholen, da das die für sie reservierte Grabstätte war. Zu diesem Mißverständnis ist es dadurch gekommen, weil der Grabmacher von Onkel Hermann versehentlich den falschen Platz angewiesen bekam, da während des Krieges keine Grabsteine aufgestellt und dadurch die Grabstätten nicht namentlich eindeutig für Außenstehende zugeordnet werden konnten. Die Frau, es war Frau Gramlich aus Teichelberg, ließ sich erst nach langem Hin und Her beruhigen und gab ihren Protest auf, als man ihr sagte, daß es doch sowieso unbestimmt sei, ob sie wegen der bevorstehenden Aussiedlung überhaupt einmal hier beerdigt werden würde.

Viele Menschen hatten Schlesien durch die von den Siegermächten festgelegte Gebietsaufteilung der deutschen Ostgebiete und der damit verbundenen Aussiedlung der deutschen Bevölkerung bereits verlassen müssen, zum großen Teil ohne Hab und Gut, da sie entweder unterwegs alles abgenommen bekamen oder von vornherein von polnischer Seite aus nur mit leeren Händen fahren durften. Wo diese Menschen dann in anderen Gebieten Deutschlands auch eintrafen, sie fanden überall auf Grund des Krieges Mangel vor und konnten sich oft nicht das Nötigste beschaffen.

Durch den Krieg war die Produktion vollkommen zum Erliegen gekommen, es gab nichts mehr zu kaufen, und Millionen von ausgesiedelten Menschen hatte das in allen Bereichen zerrüttete und wirtschaftlich am Boden liegende verbliebene Deutschland zusätzlich aufzunehmen und einzugliedern. Die Flüchtlinge wurden von der ansässigen Bevölkerung nicht gerade mit offenen Armen aufgenommen.

Von denen, die inzwischen eine neue Bleibe gefunden haben, kamen die ersten Nachrichten. Sie schrieben oft, von einem neuen „Zuhause“ könne nicht die Rede sein, und die Hoffnung auf Rückkehr gab ihnen vorerst den nötigen Mut zum Überstehen. Und sie schrieben auch, woran es ihnen am meisten mangele, und was die Flüchtlinge unbedingt mitnehmen sollten, wie z.B. ein bißchen Hausrat, einen Kochtopf, vor allem Bettzeug.

Über die Alliierten wurde inzwischen bei den polnischen Behörden durchgesetzt, daß jeder Aussiedler vierzig Kilogramm Gepäck mitführen darf. Das hört sich viel an, aber woran sollte da gedacht werden, das Gewicht kam schnell zusammen. Bei uns bestand das Problem darin, daß wir drei Frauen, total geschwächt, mit den vier Kleinkindern das Gewicht hätten gar nicht bewältigen können.

Zucker und seidene Strümpfe

Die fünfzehnjährige Elfriede Schönfelder erfuhr von der Verwandtschaft von Albinskys, daß in einem Nachbarort auf dem Boden des Gebäudes dieser Verwandten Zucker gelagert sein sollte. Elfriede unternahm mit meiner damals 55jährigen Oma Auguste den Versuch, dorthin zu gelangen. Sie wurden unterwegs von einem polnischen Milizionär aufgegriffen und festgehalten. Er wollte sie zur Wache bringen, ließ aber diese Absicht fallen, nachdem Elfriede ihn für ein Paar seidene Strümpfe interessieren konnte, die sie zum Eintausch des Zuckers mithatte und ihm zeigte. Sie erhielten freies Geleit zurück nach Gerlachshain, er die seidenen Strümpfe für seine Braut.

Der Zucker, sollte es ihn je dort gegeben haben, war auf den Besuch dieser beiden sicher nicht angewiesen, um verbraucht zu werden.

Überfall

Onkel Herrmann, seine Tochter Hilde und deren vier- und fünfjährigen Söhne Hartmut und Horst saßen am Tisch und aßen ihre Kartoffeln zu Mittag. Plötzlich wurde die Tür aufgerissen und grölende polnische Männer drangen ein. Sie rissen Onkel Herrmann vom Tisch weg und prügelten auf ihn ein. Einige hielten ihn fest, andere traten ihn von hinten mit den Füßen. Sie stießen ihn zur Tür hinaus ins Freie und die Treppenstufen hinab. Er blieb unterhalb der Treppe liegen, wo sie weiterhin auf ihn eintraten und dann wegrannten.

Hilde schleppte ihren Vater ins Bett, wo er mehrere Wochen lag und sich langsam wieder erholte. An seinen Verletzungen litt er jedoch bis an sein Lebensende in den 50er Jahren.

Niemand konnte sich diesen Überfall erklären, Onkel Herrmann hatte sich nichts zuschulden kommen lassen.

Wann kommen wir endlich raus?

Kann es wirklich bei Menschen dazu kommen, daß sie ihre Heimat ein zweites Mal verlassen wollen? Bei uns war es soweit! Wir waren durch die neuen polnischen Besitzer um unsere Existenzmöglichkeit gebracht worden. Wir mußten bei Puterreks arbeiten, ohne etwas dafür zu bekommen. Erst 1946 setzte ein neuer Bürgermeister, der sich von Puterrek nicht mehr bestechen ließ, durch, daß dieser uns als unser „Brotgeber" monatlich zwölf Pfund Roggen in geschroteter Form überließ. Wir hatten sonst keinerlei Möglichkeiten zum Broterwerb. Die Kinder kamen ins schulpflichtige Alter. Was sollte aus uns werden? Wohin würden wir einmal kommen? Wir hatten keine Vorstellungen, waren ohne Ziel.

Im Laufe des Sommers kamen unsere Kreise zur Aussiedlung dran. Der erste Transport aus unserem Dorf ging im August weg. Immer wurden diese Transporte aus den Dörfern dreier Kreise zusammengestellt. Warum geschah das nicht dorfweise? War es Absicht, die ohnehin durch die Wirren der Flucht und des Krieges auseinandergerissenen Familien und Gemeinschaften endgültig zu zerschlagen? Es ist das Ergebnis jener Zeit, daß die Bevölkerung unseres Dorfes und unsere gesamte Familie gleichmäßig über ganz Deutschland verteilt lebt.

Nach diesem ersten Transport tat sich lange Zeit nichts. Jede Familie saß auf ihren Koffern, die Bettsäcke waren wochenlang verschnürt, die Polen holten sie heraus und stöberten darin. Alle warteten wir gespannt auf den nächsten Transport. Wieder war ein Transport angesetzt, wieder kamen befreundete Familien weg, wieder blieben wir zurück. So ging das wochenlang. Nun kam die Angst hinzu, daß man gar nicht mit hinausgelassen würde. Die russische Gutsverwaltung brauchte Arbeitskräfte, sie hätte uns zurückbehalten können, wir wären machtlos gewesen. Ach, war das ein Leben! Es gab nur noch die eine Sehnsucht, endlich herauszukommen, ganz gleich, wohin. Wir waren einerseits so abgestumpft, daß man vieles gar nicht mehr wahrnahm oder dem Geschehen gleichgültig gegenüberstand, aber mir ist andererseits in Erinnerung, wie so vieles weh tat. Und wenn es die Scherben unseres schönen Speise- und Kaffeegeschirrs waren, über die ich gehen mußte, wenn ich zum Feld wollte. Ich hatte es in der Scheune versteckt gehabt, doch was half das schon, nun diente es als Wegschotter.

Manche Leute gingen zum Amtsvorsteher und ließen sich vormerken. Dieser war verwandt mit Elses Polen, wurde vom Militär entlassen und hier im Dorf eingesetzt. Er war einmal bei ihnen, als wir bei Else in der Scheune standen. Da kam er auf uns zu und sagte uns, daß der Rest der Bevölkerung geschlossen herauskäme.

Wo muß ein Volk hingeraten sein, wenn ihm seine Heimat gleichgültig geworden ist, wenn sich die Menschen danach sehnen, sie zu verlassen? Wenn sie alles bisher Liebgewonnene preisgeben und auf den Weg ins Ungewisse drängen? Diesen Satz niederzuschreiben schmerzt mich um so mehr, da er noch 45 Jahre danach für einen Teil Deutschlands, wenn auch mit Einschränkungen, zutraf. Und diese Einschränkung besteht darin, daß für einen Ausgewiesenen oder nach der Ausreise Drängenden aus der DDR bis in die 80er Jahren hinein es so ungewiß nicht mehr war, was auf ihn im anderen Teil Deutschlands zukam. Für uns bedeutete damals Ungewißheit: Werden wir überleben oder nicht?

Vertreibung

Abschied ohne Tränen

Mein Bruder Gerhard schrieb laufend, wir sollten zusehen, daß wir herauskommen. Er hielt für uns eine Wohnung frei, und diese könne er nicht länger bereithalten, wenn wir nicht bald kämen, denn der Flüchtlingsstrom riß nicht ab. Doch wir mußten warten, wir konnten nicht mit kleinen Kindern so eine Reise allein, ohne polnische Sprachkenntnisse, ohne Ausreisedokumente unternehmen. Nach Norddeutschland kamen in der Regel die Menschen aus Pommern und Ostpreußen.

Im Kreis Oppeln bekannte sich der größte Teil der Bevölkerung zu Polen. So konnten diese Familien in der Heimat bleiben und wurden nicht ausgesiedelt. Der Preis dafür war der Verzicht auf ihre Identität als Deutsche. Es gab nicht nur keine deutschen Schulen, Kultureinrichtungen usw., die Amtssprache war überall polnisch, in der Öffentlichkeit durfte nicht deutsch gesprochen werden, ja selbst die Änderung des deutschen Familiennamens in einen polnischen wurde den Menschen abverlangt. Wo sie in starker Minderheit waren, entschieden sie sich zu diesem letzten Schritt auch freiwillig, um der Diskriminierung durch die polnische Bevölkerung aus dem Wege zu gehen. Vierzig Jahre später sollten sich viele ihrer polnisch sprechenden Enkel, unter Berufung auf ihre deutsche Herkunft, dazu entscheiden, nach Deutschland überzusiedeln, und für sie wurde der Verlust der Muttersprache ihrer Vorfahren schmerzlich spürbar.

Endlich war es für uns soweit, der Termin der Abreise stand fest. Für die ausreisenden deutschen Familien, deren polnische Nachfolger ein eigenes Gespann hatten, stand auch fest, daß sie von ihren Polen zum Bahnhof transportiert werden. Doch was sollten wir von unserem Polen erhoffen? Der polnische Bürgermeister ging jedoch von einem zum anderen damaligen polnischen Besitzer und wies sie zu dieser Fahrt an, so auch unseren Puterrek. Er hatte uns und Else mitzunehmen, da deren Polen kein Gespann besaßen. An diese Auflage mußte er sich halten. Darüber informierte uns sofort der Junge, den Puterreks bei sich hatten. Man sah ihm an, daß er sich mit uns darüber freute, daß dieser gewalttätige Mann einmal gehorchen mußte. Dieser Junge war Vollwaise, seine Eltern waren umgekommen. An Gedenktagen mußte man ihm aus dem Wege gehen, da er dann sehr aufgewühlt war und fortlaufend auf Hitler schimpfte. Sonst war er gut zu uns und unterhielt sich mit uns, man konnte sich mit ihm verständigen.

Da ich vor der Abfahrt nicht mehr backen konnte, gab ich unserer polnischen Bäuerin, der Frau Puterrek, von unserem knappen Vorrat das Getreide für zwei

Brote, aber, es ist kaum zu glauben, nur ein Brot gab sie mir zurück! Die anderen deutschen Familien bekamen von ihren polnischen Nachfolgern manch Proviant mit, damit sie unterwegs versorgt waren. Eine Tochter der Polen aus unserem Auszugshaus sagte, sie könne nicht verstehen, daß wir nicht weinen, wenn wir für immer aus der Heimat wegmüssen. Wir hatten es verlernt. Diese Familie weinte für uns, als wir den Hof mit unserem Handgepäck verließen.

Das große Unrecht, das die Deutschen über andere europäische Völker gebracht haben, wurde nach dem Ende des zweiten Weltkrieges mit Unrecht am deutschen Volk beantwortet. Ich wünsche mir, daß sich die europäischen Völker weitere gegenseitige Aufrechnungen für die Zukunft ersparen.

Wiedersehen nach 27 Jahren

Das Auszughaus war bewohnt. Wir klopften an, und ein Mann in mittleren Jahren öffnete uns. Er verstand etwas Deutsch, und mit Unterstützung meiner Russischkenntnisse konnten wir uns ganz gut verständigen. Seine Frau erschien, und als sie meinen Namen erfuhr, hießen sie uns in ihrer Stube willkommen. Sie konnte sich noch an den kleinen fünfjährigen Jungen erinnern, und sie fragte nach denen, die sie noch von unserer Familie kannte: nach Marianne, nach meiner Mutter und unserer Oma. Wir lernten nun ihre Familie kennen. Damals, als wir Schlesien verließen, war sie dreizehn Jahre alt. Nun hatte sie selbst zwei Töchter in ähnlichem Alter. Ihre Eltern waren verstorben, sie hatte geheiratet und lebte weiter in diesem Hause. Von ihr erfuhren wir auch, daß Puterreks nicht mehr leben, daß deren Kinder auch nicht in das Haus zurückgekehrt sind, und so stand das Hauptgebäude leer.

Unsere freundlichen Gastgeber bewirteten uns mit frischen Tomatenscheiben aus dem Hausgarten und mit Brot. Sie hatten sich gut eingerichtet, und wir konnten erkennen, daß sie sich alle Mühe gaben, mit den bescheidenen Möglichkeiten, die der sozialistische polnische Staat bot, Haus und Hof zu erhalten. Daß Mühe und Fleiß nicht überall walteten, konnten wir an vielen verfallenden Anwesen im Dorf sehen. Mein Vater hatte seinen Heimatort anders in Erinnerung und war sehr traurig darüber, wie er ihn nun vorfand.

Diese Familie betrieb die kleine Landwirtschaft nebenbei, der Mann stand in einem Arbeitsverhältnis. Der polnische Staat verlangte damals von seinen Bauern, daß sie für den Grund und Boden, den sie nach dem Kriegsende von den Deutschen übernommen haben, an den Staat hohe Geldsummen entrichten. An dieser riesigen Geldforderung leistete die Familie Zahlungen. Andere scheiterten an der Höhe und mußten aufgeben.

1991 gab es ein erneutes Wiedersehen, wobei wir auch die ältere der beiden Schwestern trafen. Dieses Mal war meine Mutter mit, und die beiden Frauen, die 1946 als dreizehn- und fünfzehnjährige Mädchen unsere Vertreibung miterlebten, verabschiedeten sie nun mit einer Umarmung. Die Familie hatte inzwischen Enkel, eine Tochter war Deutschlehrerin.

Nicht alle dürfen raus

Frühzeitig am 6. November 1946 sollten sich alle Flüchtlinge am Dorfausgang sammeln. Es waren die letzten Deutschen aus Gerlachshain, die sich hier einfanden. Auch meine Schwiegereltern und Schwägerinnen mit ihren Kindern waren dabei. Familie Nökel stand mit ihrem Gepäck vor dem Hoftor und wartete ebenfalls darauf, mitgenommen zu werden. Da kam unser Herr Puterrek, ging auf sie zu, entnahm seiner Tasche Papiere, hielt sie ihnen hin und sagte: „Du darfst nicht weg, du Spezialist, da Dokument!“ Herr Nökel war Hufschmied und wurde vom Puterrek für seine drei Pferde gebraucht. Frau Nökel sprach polnisch und konnte sich verständigen, sie erreichte aber auch nichts, er blieb Sieger. Wer weiß, welche Behörde er wieder bestochen hatte. Es half nichts, Nökels mußten mit ihrem Gepäck dableiben. Ich sehe das alles noch vor mir. Nökels standen allein und verlassen in Ihrem Grundstück. Die Tochter war Kriegswitwe. Sie blieben zurück und wirtschafteten so weiter, wie sie es gewöhnt waren.

Da ich wegen der vielen trüben Erfahrungen unserem Fuhrmann Puterrek nicht traute, bin ich noch einmal zurück und holte die große Karre für den Fall, daß er unser Gepäck abwirft und uns nicht weiterfährt. Als ich zum Sammelpunkt kam, waren alle weg und schon fast bis zum Schmiedeloch gefahren. Die Karre war so schwer, daß ich sie leer fast nicht wegbrachte. Von der Ferne konnte ich beobachten, was da entgegen kam: Es war das bekannte Lastauto mit bewaffneten russischen Soldaten. Bewaffnet waren sie immer, auch wenn sie sich Leute zum Arbeiten holten. Ich hatte inzwischen unsere Kolonne eingeholt, die anhalten mußte, da das russische Militär die Straße absperrte. Sie kannten bereits die Familien mit arbeitsfähigen Leuten, und diese wollten sie haben. Der Treck fuhr aber weiter, sie daneben her. In Groß-Neudorf wurden die ersten Familien von den Soldaten gezwungen, vor dem Gebäude des Amtsvorstehers das Gepäck abzuladen. Der polnische Amtsvorsteher setzte es aber durch, daß der Treck geschlossen weiterfuhr. Und so luden die Familien wieder auf. Damit gaben sich die Russen nicht zufrieden, denn wenn sie den Rest der deutschen Dorfbevölkerung fortließen, hatten sie keine billigen Arbeitskräfte mehr für das Gut. Sie fuhren bis Schreibendorf voraus und erwarteten dort unseren Treck. Der Amtsbezirk, über den der polnische Amtsvorsteher das Sagen hatte, erstreckte sich nur bis Groß-Neudorf, und in Schreibendorf hatten die russischen Soldaten leichtes Spiel. Die fünf Familien, die sie im Auge hatten, konnten sich nicht verborgen halten. Ihr Gepäck wurde von den Wagen gerissen und über den Graben auf eine Wiese geworfen. Die Menschen mußten zurück aufs Gut. Das betraf die Familien Paul Holdt, sechs Personen, Bäcker Giergas, vier Personen, Frau Schüller mit beiden Töchtern, Frau Gerber aus Teichelberg mit ihrer Tochter. Die anderen sind mir nicht mehr bekannt. Hinter zwei Männern waren sie noch her, Wilhelm Bürkner, genannt der „Achtunddreißiger", der jedoch nicht mit meinem gleichnamigen Schwiegervater identisch ist, und Kiontke. Diese Männer, auch nicht mehr die jüngsten, waren jedoch schneller. Sie rannten bis Brieg und konnten in den Trümmern der Stadt ihre Verfolger abschütteln. Diese gaben die Verfolgung erst in Briesen auf, als sie die beiden Männer auch dort nicht mehr entdeckten.

Diesem Umgang mit der deutschen Bevölkerung noch anderthalb Jahre nach dem Kriegsende konnten wir nichts entgegensetzen, wir waren eingeschüchtert und mußten alle Schmach still erdulden. Die zurückgehaltenen Familien wurden später von den Polen ins Dorf zurückgeholt. Sie sind zum Teil noch nach vielen Jahren herausgekommen.

Unsere Besuche

Unseren ersten Besuch 1973 meldeten wir bei Erna Lucas an, einer der Deutschen, die in Polen zurückbehalten wurden. Wir konnten als DDR-Bürger erstmals unkompliziert nach Polen nur mit dem Personalausweis einreisen. Erna und mein Vater hatten sich das letzte Mal als Jugendliche gesehen. Nun waren beide Großeltern geworden. Ernas Enkeljunge war bei ihr zu den Ferien auf dem Dorf. Er sprach polnisch, er hatte polnische Eltern, die kein Wort Deutsch mehr sprachen. Erna hatte nach dem Krieg einen polnischen jungen Mann geheiratet und eine Familie gegründet. Ihren Mann konnten wir nicht kennenlernen, sie war verwitwet. Wir wohnten bei ihr und unternahmen von hier aus unsere Besuche ins Dorf.

Den ehemaligen Dorfschmied, Herrn Nökel, trafen wir als 80jährigen. Zusammen mit seiner Tochter, Enkelin und Urenkel lebte er auf seinem ehemaligen Anwesen. Mein Vater tauschte mit seinen Bekannten aus der Vorkriegszeit Erinnerungen aus. Die Mutter Nökel lebte damals nicht mehr. Die Familie Nökel hatte ihren ursprünglichen Namen in einen polnisch klingenden verwandelt. Die Enkelin und ihr Sohn sprachen polnisch miteinander.

Damals kamen noch nicht so häufig Besuche aus Deutschland, sie nahmen späterhin zu. Meist war Familie Nökel Anlaufpunkt für die Anreisenden, die ihre funkelnden großen Autos vor diesem Grundstück am Dorfeingang abstellten, an dem die Zeit offensichtlich stehengeblieben war. Was mag Familie Nökel empfunden haben, wenn sie dauernd mit Besuchern aus einer anderen, wohlhabenderen Welt zu tun hatte?

Bei unserem Besuch 1991 lebte der ehemalige Dorfschmied nicht mehr. Auch Erna Lucas war schon lange verstorben.

Wir übernachteten in einem Hotel in Brieg, schauten uns die Stadt an, erlebten dort am Sonnabend ein Markttreiben, wie wir es bisher noch nicht kennengelernt haben. Das Geld ging bündelweise von Hand zu Hand, es wurde in Eimern und Pappkartons verstaut. Portemonnaies wären den gewaltigen Papiermengen nicht gewachsen gewesen.

Wir suchten alle die für uns wichtigen Stätten in Gerlachshain auf und unternahmen einen Abstecher bis nach Ribnich, dem Dorf, aus dem meine Großmutter stammte. Ihr elterliches Anwesen am Ortsausgang stand nicht mehr. Meine Mutter konnte uns erklären, auf welchen der noch erkennbaren Grundmauern und Gewölben welches Gebäude gestanden hatte. Alte knorrige Äste eines Apfelbaumes trugen Früchte, die wir kosteten. Diesen Baum hatte einst mein Urgroßvater Frenzel gepflanzt. Ein Stück von hier war das Oderwehr angelegt, das wir uns ebenfalls anschauten.

Auf der Rückfahrt nach Gerlachshain hielten wir am Ortsausgang vor dem letzten Hof an der rechten Seite. Hier lebte einst ein Großonkel meiner Mutter mit seiner Familie. Wir wollten an dieser Stelle dieses Mannes gedenken, der 1945 auf grausame Weise von russischen Soldaten ermordet wurde. Etwa dreißig alte Leute aus dem Dorf waren nicht mit auf die Flucht gegangen. Sie blieben aus Furcht vor den Strapazen und in der Erwartung, daß Greise von den hereinbrechenden Truppen verschont würden. Auch dieser Großonkel meiner Mutter, Karl Frenzel, ein Bruder meiner Ribnicher Urgroßmutter, blieb zurück. Er war schwerhörig und stumm. Die alten Männer hatten sich kurz vor dem Einmarsch der russischen Soldaten im Gasthaus zusammengefunden. Nachdem dieser Karl, der den gemeinsamen Aufenthaltsort für eine Weile verlassen wollte, nicht wieder zurückkehrte, suchten die anderen nach ihm. Sie fanden ihn tot in seinem Grundstück vor der Scheune liegen, seine Zunge und Ohren waren abgeschnitten, seine Augen ausgestochen. Insgesamt neun oder zehn der zurückgebliebenen Alten kamen so oder so ähnlich ums Leben.

Die polnischen Besitzer bemerkten uns vor ihrem Grundstück und luden uns in ihre Wohnung ein. Sie bewirteten uns und waren sehr freundlich. Der Sohn dieser Familie sprach etwas Deutsch, er hatte in Westdeutschland eine Zeit lang als Gastarbeiter gearbeitet.

Überall in ihrer Heimat wußte meine Mutter mit ihren Erinnerungen Brücken in die Vergangenheit zu schlagen. Wir konnten über sie Verbindung zu den jetzigen polnischen Bewohnern finden.

Verstauen im Waggon

Die meisten Flüchtlingstransporte sind in der zwölf Kilometer entfernten Kreisstadt Brieg verladen worden. Weshalb wir bis nach Markstädt mußten, das von unserem Dorf ungefähr 35 Kilometer weit weg war, dafür fanden wir keine Erklärung. Ob man mit uns noch etwas anderes vorhatte?

Als wir auf dem Wege nach Markstädt im Dorf Linden ankamen, fragten die Menschen, wohin wir denn wollten, denn die Hauptstraße war wieder einmal gesperrt. Sie warnten uns vor der für uns vorgesehenen Umleitungsstrecke durch die Tanne, einem unwegsamen Gelände im Überflutungsbereich der Oder, in dem wegen des sumpfigen Bodens Weidenanbau betrieben wurde. Uns war solches Gelände aus unserem Dorf durch den Straußenweg, so benannt nach dem Weidenzüchter Strauß, genügend bekannt, und wir befürchteten Schlimmes. Nun mußten wir solch einen Weg nehmen. Er war gerade so breit, daß ein Fuhrwerk hindurchkam. Ein Zurück war nicht mehr möglich. Und ich bin mit der schweren Karre hinterdrein, denn ich glaubte immer noch nicht, daß unser Fahrer mitmacht. Nach den allergrößten Anstrengungen haben wir den Weg endlich hinter uns gebracht. Wir kamen auf eine feste Straße und erreichten Ohlau. Hinter Ohlau kam wieder eine gute Wegstrecke, und es ging weiter im Galopp bis Markstädt. Wir mußten hinterherrennen und schwitzten tüchtig, da wir uns zur Sicherheit viel angezogen hatten. Es war schon stockdunkel, als wir am Lager ankamen. Die anderen Flüchtlinge aus den Kreisen Ohlau und Öls waren schon längst dort, sie hatten es wesentlich näher als wir.

Die Fahrzeuge mußten auf der Straße vor dem Lager stehenbleiben, während die Familien einzeln nacheinander ins Lager zur Registrierung aufgefordert wurden. Zurück durfte niemand mehr, außer zum Entladen des Gepäcks, wenn der Wagen an der Reihe war.

Die Dunkelheit bot die Gelegenheit für unseren Polen. Er sagte zu mir: „Frau, da gut aufpassen, da viel Zapzerap machen.“ Dabei war er derjenige, der sich daran hielt. Er kam ununterbrochen mit geraubten Gepäckstücken an und versteckte sie am Straßenrand hinter Büschen. Als wir im Lager waren, kam uns ein junges Mädchen Bescheid sagen, daß er unsere Gepäckstücke aufreißt. Als er dann zum Entladen ins Lager mußte, konnte er nicht schnell genug wieder davonkommen, um seine Beute in Sicherheit zu bringen. Viele andere Polen blieben noch bei ihren Deutschen und verabschiedeten sich herzlich, manche übergaben ihnen noch etwas zum Verzehr. Gegen Mitternacht waren alle Formalitäten abgewickelt, wir wurden in Baracken untergebracht. Das Lager in Markstädt, früher Lidsmannstadt genannt, war sehr groß. Die Erlebnisse dieses Tages hinterließen in mir ein Gefühl, als seien wir Flüchtlinge zu Objekten eines Menschenschachers geworden.

Nach einem einwöchigen Aufenthalt im Lager erfolgte die Verladung in den Transportzug. Dazu stand auf dem ein ganzes Stück vom Lager entfernten Verladebahnhof ein aus 53 Viehwaggons bestehender Güterzug bereit. Das Beladen begann früh und dauerte den ganzen Tag, denn jede Familie mußte mit ihrem Gepäck vorher in einen Kontrollraum. Hier wurde die letzte Möglichkeit zum Berauben der Flüchtlinge wahrgenommen, diesmal ganz offiziell durch die polnische Miliz. Die einzige Gerechtigkeit bestand hier darin, daß die Menschen in geordneter Reihenfolge abgefertigt wurden: Da wir als letzte im Lager eingetroffen waren, sind wir auch hier zuletzt drangekommen und sind anschließend auch in dem letzten Waggon des Güterzuges untergebracht worden. Wir gelangten mit unserem Gepäck, das alles auf einem dafür bereitgestellten Transportwagen gestapelt lag, in den Kontrollraum. Als die Polizisten mit der Kontrolle anfangen wollten, begannen Elses Mädchen im Zwillingskinderwagen wie auf Kommando laut zu schreien. Damit war das Interesse der Kontrolleure auf ein anderes Objekt gerichtet: Sie schauten nur verwundert in den Kinderwagen und vergaßen ihre ursprünglichen Absichten. Sie bestaunten dieses Fahrzeug auf eine Weise, wie zu Zeiten des geteilten Deutschlands ein neues westliches Automodell von einer Interessentenschar bestaunt wurde, wenn es auf östlichen Straßen auftauchte. Das intensive Geschrei hatte denn auch seine Wirkung nicht

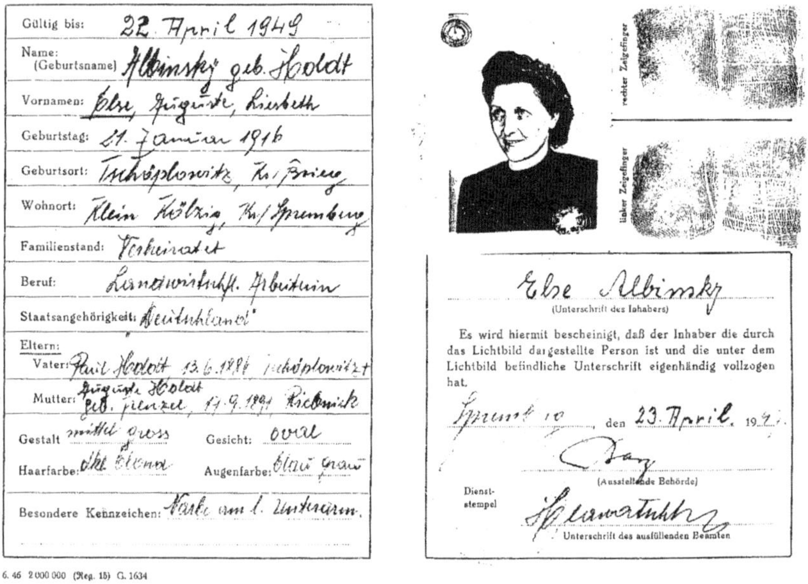
Gültig bis: 22. April 1949

Name: (Geburtsname) Albinsky geb. Holdt

Vornamen: Else, Auguste, Lisbeth

Geburtstag: 21. Januar 1916

Geburtsort: Tschöplowitz, Kr. Brieg

Wohnort: Klein Kölzig, Kr. Spremberg

Familienstand: Verheiratet

Beruf: Landwirtschaftl. Arbeiterin

Staatsangehörigkeit: Deutschland

Eltern:

Vater: Paul Holdt 13.6.1886 Tschöplowitz †

Mutter: Auguste Holdt geb. Jenzel, 11.9.1891 Riebnick

Gestalt mittel gross Gesicht: oval

Haarfarbe: dkl. blond Augenfarbe: blau grau

Besondere Kennzeichen: Narbe am l. Unterarm.

6. 46 2 000 000 (Reg. 15) G. 1634

rechter Zeigefinger

linker Zeigefinger

Else Albinsky

(Unterschrift des Inhabers)

Es wird hiermit bescheinigt, daß der Inhaber die durch das Lichtbild dargestellte Person ist und die unter dem Lichtbild befindliche Unterschrift eigenhändig vollzogen hat.

Spremberg, den 23. April 19[illegible]

(Ausstellende Behörde)

Dienst-stempel

Unterschrift des ausfüllenden Beamten

Elses erster Ausweis nach dem Verlust aller unserer Papiere.

verfehlt. Wir wurden nur noch gefragt, wieviel Familien zum Gepäck gehören, ohne alles auspacken zu müssen. Damit war die Kontrolle beendet, und wir konnten erleichterten Herzens den Raum wieder verlassen, ohne daß Bestand von unserem Gepäck den aufgetürmten Berg von Beutesachen vergrößern half, der diesen großen Raum fast ausfüllte.

Die Ernüchterung trat ein, als wir alles Gepäck im Waggon verstaut hatten und dabei unsere Ledertasche vermißten. In dieser Tasche hatten wir sämtliche Dokumente, Sparbücher, Geld und so weiter, auch Fotografien und Wertsachen von uns vier Familien untergebracht. Die Tasche selbst war in Stoff eingenäht. Wir achteten auf diese Tasche besonders intensiv, vielleicht auch zu auffällig, so daß Diebe aufmerksam darauf werden konnten. Ich hatte die Tasche am Waggon neben der Tür abgesetzt, um sie nach dem Verstauen des Gepäcks griffbereit zu haben. Ich lief zurück zur Kontrollstelle, wo mir jemand sagte, daß die bezeichnete Tasche von einer Familie mitgeführt wurde, die unterwegs zur Kontrolle war. Eine Tochter dieser Familie hatte sich in einem Männermantel verhüllt. Das erregte das besondere Mißtrauen der Miliz, und bei der folgenden ausgiebigen Kontrolle wurde auch unsere Tasche auseinandergenommen, und der gesamte Inhalt war weg. Ich versuchte, mit den Posten zu verhandeln, doch es war nicht möglich, sie waren total betrunken. Tasche und Inhalt waren und blieben damit für uns bis zum heutigen Tag unwiederbringlich verloren. Das war für uns ein folgenschwerer Verlust. Noch schwerer als der Verlust des Geldes, das wir auch dringend benötigten, wog das Fehlen sämtlicher Dokumente. Wir brauchten zum Nachweis der Aussagen zu unserer Person immer einen Zeugen. Herr Land hat für uns Deutsche in der Rolle eines Ersatzbürgermeisters unsere Interessenvertretung übernommen. Er hat für uns eidesstattlich ausgesagt. Wir mußten uns damit abfinden.

Transport aus der Heimat

Im Viehwaggon befanden sich unterhalb der Decke kleine Fenster, durch die wenig Licht drang. Die einzige Ausstattung im Innern bestand aus Stroh. Die Wagen wurden mit etwa dreißig Personen belegt einschließlich des Gepäcks und der Kinderwagen. Die Aufsicht hatte eine männliche Person. Nun saßen wir dort eine Woche lang eingepfercht, ohne daß der Zug angehalten hat oder der Waggon einmal geöffnet wurde. Die Notdurft ging über das Nachtgeschirr zur Fensterluke hinaus. Da die Fahrt kein Ende nahm und Stationen wegen der nicht vorhandenen Fenster nicht erkennbar waren, wußten wir nie, wo wir uns befanden. Dadurch kam die Furcht auf, daß wir nach dem Osten transportiert würden. Diese Angst war uns erst genommen, als der Zug anhielt. Wir waren in Forst angekommen.

Der Zug war auf einem Nebengleis abgestellt. Wir konnten aussteigen und das Notwendigste erledigen, waschen, die Kleinkinder baden. Warmes Essen wurde verteilt, es gab die erste Verpflegung in Deutschland für uns. Das Brot schmeckte trotz des Hungers nicht so recht, es war aus Soja oder Mais. Doch auch daran konnte man sich gewöhnen. Dann sah man auch Leute auf Fahrrädern. Welch ein Wunder, wir hatten schon lange keines mehr gesehen. Wenn ich heute nach Forst komme und das Gebäude sehe, in dem wir die Erstversorgung empfingen, werden die Erinnerungen wach.

Nach dieser notdürftigen Erstbetreuung ging die Fahrt weiter. Aber wohin? Niemand wußte es, niemandem wurde von offizieller Stelle irgendein Hinweis gegeben. Manch einer hatte die heimliche Hoffnung, daß es in westliche Richtung ginge. Der Zug fuhr auf Grund seiner Länge nicht gerade im Expreßtempo und wurde wahrscheinlich öfter umgeleitet, denn es dauerte lange, bevor wir in Wittenberge ankamen. Hier erreichte uns das Gerücht, daß der Zug weiter westwärts fährt, doch er brachte uns über die nächste Station Jüterbog nach Treuenbrietzen.

Wieder in Deutschland

Im Lager Treuenbrietzen

Ankunft

Weit weg vom Ort befand sich ein Waldlager, das wurde, wie wir hörten, ehemals von Menschen bewohnt, die für die Kriegsmaschinerie arbeiten mußten. Die Unterkünfte waren Baracken mit sehr großen Räumen, in denen aus Brettern montierte zweietagige Gestelle entlang einer Wand standen, die als Schlafstätte vorgesehen waren. Dazu lag darauf Stroh, das schon stark verbraucht war. In so einen Raum wurden wir einquartiert, insgesamt etwa vierzig Personen aller Altersstufen, Männer, Frauen und Kinder, und alle hatten ihr Hab und Gut ebenfalls hier stehen. Zum Heizen diente ein eiserner Kanonenofen, wir Insassen mußten das Heizmaterial beschaffen. Für Hygiene war hier gesorgt: Duschgelegenheiten waren in den dafür vorgesehenen Räumen vorhanden, und alle Ankömmlinge mußten eine Baracke passieren, die als Entlausungsstation eingerichtet war. Ärztevorträge wurden auch gehalten über Geschlechtskrankheiten. Der Lageraufenthalt war mit einer Quarantänezeit verbunden. Mittagessen wurde an jeden ausgegeben, es fiel der damaligen Zeit entsprechend sehr dürftig aus. Nahrungsmittel wurden nach dem Kartensystem verteilt, doch wir waren darin noch nicht einbezogen. Unsere Kinder hingen nur dauernd an uns und wollten etwas zu essen haben. Die Körper waren nach zwei Jahren Not stark ausgehungert.

Nachtlager

Das Interessanteste in diesem großen Barackenraum waren die riesigen zweistökkigen Bettgestelle, die die ganze Wandseite einnahmen. Ich hoffte, oben schlafen zu dürfen, und dieser heimliche Wunsch erfüllte sich tatsächlich. Eine Sprossenleiter führte in die obere Bettetage, und dort konnte man sich so richtig wohl und geborgen fühlen. Mollig warm war es und weich in den Mänteln und Jacken, mit denen mir mein Bett schlafgerecht bereitet wurde. Noch nie vorher bin ich so erwartungsfroh zu Bett gegangen. Das dämmrige Licht brannte weiter, das Stimmengewirr sich unterhaltender Menschen im Raum war die Begleitmusik zum Einschlafen.

Immer, wenn ich mit meiner Familie in den Jahren ab 1975 auf einem großen Campingplatz einen Urlaub im Zelt verlebte, empfand ich besonders schön die Abendzeit vor dem Einschlafen. Man liegt im Zelt und empfängt ein Gemisch von

Geräuschen, die leicht gedämpft aus allen Richtungen durch die dünne Zeltwand dringen. Beim Einschlummern wird man begleitet von fernem Stimmengemurmel, von dem surrenden Geräusch eines Reißverschlusses, der ein Zelt verschließt, vielleicht auch von den Akkorden eines Gitarrenspiels, von dem dumpfen Trittgeräusch eines Vorübergehenden. Gleich am ersten Campingabend kam mir diese Akustik zum Nachtaufbruch vertraut vor, und ich entsann mich an den Barackenraum in Treuenbrietzen vor etwa dreißig Jahren.

Kinderspiele

Tagsüber traf sich eine Kinderschar, mit der ich immer mitzog, um das Lagergelände zu erkunden. Abseits der Baracken befand sich eine ausgehobene und an den Rändern wieder eingefallene Grube, in der wir unsere Versteckspiele betrieben. Dort lag eine glänzende, schwarze Masse herum, die in der Kälte recht spröde war und zersplitterte, wenn man sie mit einem Stein zertrümmerte. Durch die Handwärme wurde sie weich und klebrig, und sie ließ sich von der Haut nicht wieder entfernen. Das also mußte das Pech sein, mit dem die Pechmarie so schlechte Erfahrungen gemacht hat.

Mittagessen

Die buntgesprenkelten Schüsseln aus Kunststoff, in denen uns Lagerbewohnern jeden Mittag die Suppe gereicht wurde, teilten ihren Geruch und Geschmack dem Essen mit. Mit diesem eigenartigen, gewürzfernen Geruch drang stofflich zum ersten Mal etwas über die Nase ins Bewußtsein, für das mir zehn Jahre später durch den Chemieunterricht die Erklärung nachgereicht wurde. Als Schüler lernten wir die ersten organischen Verbindungen kennen, und wir untermauerten unser Wissen durch eine Exkursion per Fahrrad von Döbern zum Preßstoffwerk „Dr. Erani" im achtzehn Kilometer entfernten Spremberg. Dort wurden zerfaserte bunte Lumpen mit phenolhaltigem Kunststoff versetzt und unter Wärmeeinwirkung zu Erzeugnissen mit guten elektrischen Isoliereigenschaften verpreßt. Sie hatten die gleiche glatte, bunte Oberflächenstruktur wie die Kunststoffschüsseln im Lager, und über dem gesamten Werk lag der gleiche Geruch, der ehemals mit dem Mittagessen aus den Schüsseln dampfte.

Noch Ende der 80er Jahre stand dieser Geruch bei entsprechender Windrichtung aus dem Preßstoffwerk über der Stadt, wenn er sich gegen die stärkeren Geschwader gasdurchsetzter Luft aus Schwarze Pumpe behaupten konnte.

Lagerleben

Das Lager lag mitten im Wald, weit weg von der Stadt und den Dörfern. Wir Frauen gingen aus Not auf Wanderschaft, um zu betteln. In dieser Gegend waren die Höfe im Gegensatz zu denen in Schlesien durch hohe Tore geschlossen, so daß der Zufall helfen mußte, um ein geöffnetes Tor vorzufinden. Wer sah auch schon gern solche Bettler, wie wir es nun geworden waren? Wir waren ja nicht die einzigen. Die Backöfen der Bauern befanden sich wie früher bei uns auch auf dem Hof, wir sagten „Backse" dazu. Einmal sah ich eine junge stattliche Bäuerin bei der schönsten, wenn auch schweren Arbeit: Sie zog das frisch gebackene Brot aus dem Ofen. Ich sprach sie höflich wegen einer Gabe an, und sie sagte: „Sie sehen doch, daß ich Arbeit habe!" Ich antwortete ihr: „Versündigen Sie sich nicht! Ich wünschte mir nur, daß ich diese Arbeit noch einmal tun könnte!" Das frische Brot war herrlich anzusehen, und es duftete noch nach so allerlei, denn es war Adventszeit. Die Frau gab mir einen Kanten Brot, es war nicht viel für 7 hungrige Mäuler, aber ich war ihr dankbar.

Die Kartoffelernte war längst abgeschlossen, und wir suchten auf den abgeernteten Feldern nach liegengebliebenen Kartoffeln. Da es im November schon Frost gab, buddelten wir aus dem gefrorenen Boden die ebenfalls gefrorenen Kartoffeln heraus. Auf dem zwanzig Kilometer langen Rückweg zu Fuß tauten die Kartoffeln im Rucksack auf, und die schmutzige Brühe lief den Rücken herunter.

Von einer schweren Grippe im 18. Lebensjahr hatte ich eine chronische Bronchitis zurückbehalten, die sich nach einem Kuraufenthalt im Herbst 1943 gebessert hatte, aber nicht ausgeheilt war. Während der ganzen strapazenreichen Zeit seit damals gab es keine neue Erkrankung, aber im Treuenbrietzener Waldlager brach es, verursacht durch die dauernde Hatz nach etwas zusätzlich Eßbarem bei jedem Wetter und häufigem Nebel, wieder hervor und hielt mein Leben lang an.

Mein Bruder Walter war in Stettin in sowjetischer Kriegsgefangenschaft und bekam so viel Wasser in seinen Körper, daß er nicht bis in die Sowjetunion gebracht wurde, sondern von Stettin aus entlassen wurde. Da er uns vereinbarungsgemäß in Hartau vermutete, hoffte er auch, uns dort zu treffen. Wie groß war seine Enttäuschung, als er niemanden von uns antraf. Davon erzählten uns später die Familien Schütze und Junge. Als er in Hartau ankam, schlich er wie ein Dieb hinter den Häusern umher, nur um von niemandem gesehen zu werden. Er wegen seines vom Wasser aufgedunsenen Kopfes und wegen des ussehens. Frau Junge tröstete ihn und sagte, daß Else und Lis- einige Sachen gelassen hätten. Sie fanden für ihn und Gerhard ei- nen und da war ihm schon wohler zumute. Er blieb zunächst dort bei einem Bauern. Walter hatte durch seine Krankheit, die Wassersucht, doch letzten Endes Glück, da er schon 1945 aus der Gefangenschaft entlassen wurde.

Inzwischen ging in Deutschland wieder Post, und da wir an Junges und meinen Bruder Gerhard schrieben, hatten wir untereinander Kontakt gefunden.

Vier Wochen waren wir schon im Lager. Einige Familien wurden in der dortigen Gegend aufgeteilt, andere gingen nach dem Westen. Das waren jedoch Erwachsene ohne kleine Kinder, die den illegalen Grenzübertritt wagen konnten. Durch die Aufteilung „Rest"-Deutschlands in die vier Besatzungszonen der Siegermächte war eine Grenzüberschreitung insbesondere aus der sowjetisch besetzten Zone in die Westzonen nur noch mit Zuzugsgenehmigung möglich. Manche Leute wurden von ihren Ehepartnern, die schon im Westen lebten, nachgeholt. Gerhard konnte die für uns gedachte Wohnung nicht länger halten, und wir mußten noch im Lager bleiben.

Nun kam Weihnachten, wir fanden uns damit ab, Weihnachten im Lager zu verbringen.

Weihnachtsfeier

Ein paar Tage vor Weihnachten wurden wir Kinder zu einer Weihnachtsfeier versammelt. Wir füllten die Stuhlreihen in einem großen Saal, in dem vorn ein langer Tisch die ganze Raumbreite einnahm und auf dem viele schöne bunte Dinge gestapelt lagen. Daneben in einer Ecke leuchteten Kerzen an einem Weihnachtsbaum.

Bisher war mir das Christkind, das den Kindern die Bescherung brachte, noch nie unter die Augen gekommen. Gerade immer in dem Augenblick verschwand es durchs Fenster, durch das es auch eingetreten sein soll, wenn man in das weihnachtlich geschmückte Zimmer eingelassen wurde. Und hier stand nun der erste leibhaftige Weihnachtsmann vor uns, hielt eine Rede, von der ich nichts verstand, stimmte ein Weihnachtslied mit uns an und kam dann endlich zum Zweck seines Hierseins. Er kündigte an, daß er für alle artigen Kinder etwas mitgebracht habe. Jedes Kind, dessen Namen er nannte, durfte nach vorn gehen und erhielt ein Geschenk überreicht, das er von dem überfüllten Tisch herunternahm. Als sich der

Geschenkevorrat verbraucht hatte, fand die Weihnachtsfeier mit einem Lied ein Ende und wir durften zu unseren Angehörigen zurückkehren.

Ich muß nicht gefolgt haben, denn mich hatte der Weihnachtsmann nicht mit aufgerufen. Und etwas anderes hat das Weihnachten 1946 für mich auch nicht bereitgehalten.

Vom Lager Treuenbrietzen nach Spremberg

Walter kam uns hierher besuchen. Er brachte etwas Nahrhaftes mit: Mais und Mohn. Wir bereiteten die Mohnklöße für den Heiligen Abend 1946 vor. Das ist jenes Gericht aus unserer Heimat, das es nur zu Weihnachten gibt. Es besteht aus Mohn, Semmeln, Zucker. Diese Zutaten werden schichtweise in ein Gefäß gegeben und mit heißer Milch oder kochendem Wasser überbrüht, und das Ganze wird abgekühlt. Da wir weder Semmeln noch Milch hatten, haben wir improvisieren müssen. Doch ein Verzicht auf unsere Mohnklöße hat es nie gegeben, und sie werden bis heute zu jedem Weihnachtsfest bereitet und unter dem Tannenbaum gegessen.

Doch an diesem Weihnachtsabend kam es anders. Es war Nachmittag 16 Uhr, draußen begann es schon zu dunkeln, als der Befehl von der Lagerleitung kam, daß das Lager sofort geräumt werden muß. Niemand wollte das glauben und konnte es fassen. Beherzte Männer wollten sich das nicht bieten lassen und protestierten bei der Lagerleitung. Es half nichts! Zu Weihnachten, dem Fest der Liebe und des Friedens, haben uns unsere eigenen Landsleute mit unseren Kindern in die Nacht hinausgeschickt. Es war ähnlich wie in der Weihnachtsgeschichte: Maria und Joseph waren mit ihrem Jesuskind unterwegs auf der Flucht.

Für das Gepäck wurden Lkws zur Verfügung gestellt. Die Kinder kamen wieder in die Kinderwagen, die Mohnklöße wurden ebenfalls reisefertig gemacht. Die Lkws fuhren vor uns her, wir stapften hinterdrein und schoben die Kinderwagen durch den Schnee nicht nur bis zur nächsten, sondern zur übernächsten Bahnstation. Nach dem langen Marsch erwartete uns dort wieder ein langer Güterzug, wieder waren es Viehwagen. Walters Anwesenheit war gut, er konnte sich um das Gepäck kümmern. Der Zug war dank der niedrigen Temperaturen wenigstens weihnachtlich geschmückt: Mit dickem Rauhreif an den Wänden. Auf dem Bahnsteig lag ein großer Berg Stroh, damit wir es uns gemütlich einrichten konnten. Nach Stunden war es dann soweit, Gepäck und Menschen waren verstaut, und die nächste große Fahrt begann, denn als solche war sie angelegt, damit das Personal des einen Lagers, das uns wegschickte, und das desjenigen, dem wir nun entgegenfuhren, der lästigen Flüchtlinge über die Weihnachtstage entledigt blieb.

Durch die kleinen Fenster des kalten, finsteren Viehwagens sah man in größere, die zu Häusern der Einheimischen gehörten, und hinter denen man die brennenden Kerzen an den Christbäumen leuchten sah. Wir rollten und wußten wieder nicht, in welche Richtung es ging. Als der Zug zum Stehen kam, hieß es, wir seien in Spremberg in der Niederlausitz angekommen. Die Bahnhofsuhr zeigte wieder 4 Uhr an, und es war wieder dunkel. Wir kamen wieder in ein Lager. Dafür war ein massives Fabrikgebäude hergerichtet. Dieses Gebäude steht heute noch. Die elektrische Beleuchtung war außer Funktion. Nur Behelfsleuchten gaben spärliches Licht, als wir den Weg über das Treppenhaus in die oberen Stockwerke nahmen, wo wir untergebracht wurden. Eine Frau brach sich dabei ein Bein.

Damit war der erste Feiertag fast vorüber. Die eine Lagerverwaltung war uns losgeworden, und die hiesige hat uns noch nicht erwartet. So war niemand da, der uns wenigstens ein Willkommen hätte entbieten können. Nach einer langen Zeit erschienen doch Leute, es waren wohl die, welche die Verwaltung übernehmen sollten. Sie wiesen uns ein.

Im Lager in Spremberg

Wer weiß, wie viele Bewohner dieses Lager vor uns bereits hatte, denn das Stroh auf dem Betonfußboden war schon verbraucht, und viele kleine „Untermieter“ hatten hier ihren Wohnsitz gefunden. Wir hatten hinsichtlich der Unterbringung jedoch Glück, denn wir sieben Personen erhielten in einem kleineren Raum neben den großen Sälen Platz für uns allein. Ansonsten verlief das Lagerleben hier so, wie wir es schon kannten. Wir mußten wieder eine gewisse Quarantänezeit hier zubringen. Das Verlassen der Lager war grundsätzlich verboten. Da die Verpflegung so knapp gehalten war wie auch in anderen Lagern, mußten wir notgedrungen ein Loch im Zaun benutzen, um zusätzlich etwas zu erbitten. Man durfte sich nicht ertappen lassen, das Mitgebrachte wurde einem abgenommen. Die Kinder konnten das damals noch nicht verstehen, daß die Verpflegung bemessen war und kalorienarm, so daß sie nicht lange anhielt. Sie hielten uns immer fest und verlangten nach Essen. Sie befanden sich im Wachstum und mußten so viel entbehren. Für uns wäre es günstiger gewesen, wenn wir schon hätten arbeiten können. Ledige Leute wurden schon zur Montage beziehungsweise Demontage herangezogen.

Wir mußten auch unsere Wäsche waschen. Ja, aber wo und womit? Ich hatte das Bettzeug erst auf der rechten Seite, dann wechselte ich sie nach links. Die Wäsche war mit den Möglichkeiten im Lager nicht sauber zu bekommen. Wir hatten weder Waschpulver noch einen Waschkessel. Als Waschmaschine standen nur die Handknöchel zur Verfügung. Den Waschkessel bauten wir uns auf dem Hof selbst aus übereinandergeschichteten Ziegelsteinen, darauf kam ein kleiner Topf als Kessel, ein offenes Feuer darunter. So bewältigten wir die „große Wäsche".

Nun kam das Jahr 1947. Die Quarantänezeit reichte wohl aus, und das Lager mußte auch wieder frei werden. Der Kreis Spremberg sollte die „Umsiedler", wie wir genannt wurden, aufnehmen. Viele wußten davon, wir nicht. Es war auch an der Zeit, denn in solcher Unterkunft mit Ungeziefer konnte sich schnell eine Erkrankung finden. Monika war jeden Morgen so von den Wanzen zerbissen, daß sie krebsrot aussah.

Viele Familien meldeten sich bei der Verwaltung und ließen sich einschreiben mit dem nachdrücklichen Hinweis, bei der Aufteilung nicht getrennt zu werden. Die Gemeinden durften nur eine Personenanzahl aufnehmen, die ihren Möglichkeiten entsprach. Für uns blieben nur noch die Gemeinden Groß- und Klein-Kölzig mit einem solchen Kontingent, daß wir als Familie zusammenbleiben konnten. So kamen meine Schwiegereltern und meine Schwägerinnen mit ihren Kindern nach Groß-Kölzig, wir waren sieben Personen und sind in Klein-Kölzig gelandet. Das war auf die Initiative von Friedel zurückzuführen, die zu mir kam und sagte, wenn unsere Männer zurückkämen, dürften wir nicht so weit auseinander wohnen. Unsere Nachbarin, Frau Pflaume, ging sich nicht anmelden und ließ es darauf ankommen, wohin man sie vermitteln würde. So blieb sie in der Stadt und hatte es besser getroffen als wir.

Ankunft in Klein-Kölzig

Am 7. Januar 1947 erschienen aus Klein-Kölzig drei Herren. Sie standen an den Türen der großen Fabriksäle und sahen sich das Treiben im Lager an. Die Männer wurden durch die Leitung mit uns bekannt gemacht. Sie wurden uns als der Bürgermeister des Dorfes, als der Fahrer des LKW und als Gemeindevertreter vorgestellt. Nun wurde dort vor unseren Augen und Ohren beraten, wo wir „hingesteckt“ werden sollten. Wir wurden Zeuge, wie sie über einige Bürger dachten: „Ja, wo stecken wir sie denn hin? Schnuppatz muß welche nehmen.“ Und dieser und jener auch. Wir wußten nicht, wer dieser und jener waren und wer mit „Schnuppatz“ gemeint war, aber soviel haben wir begriffen, daß er wohl Parteigenosse war und „Wiedergutmachung“ zu leisten hätte. Wir wurden als Mittel zum Zweck eingesetzt. Wir erfuhren dadurch unsere Wertschätzung, daß wir als Strafe anderen auferlegt wurden.

Zum Essen kamen wir nicht mehr. Unsere Mittagsration, Wassersuppe mit Rübenstückchen, wurde uns mitgegeben. Man verfrachtete uns auf einen offenen LKW und brachte uns mitten im strengen Winter über eine Strecke von achtzehn Kilometern von Spremberg bis nach Klein-Kölzig. Die drei Herren saßen in der Fahrerkabine und spürten nicht, wie wir vor Kälte erstarrten. Vielleicht hätten sie eine Decke mitbringen können, wir besaßen keine. Der Weg kam uns unendlich vor, man hätte denken können, es ginge wieder nach Polen zurück. Weit weg bis dorthin war es nicht mehr.

Ein Stück vor dem Ort stieg der Bürgermeister aus und ging in sein Büro in der Ziegelei. Die anderen fuhren mit uns weiter bis vor ein Siedlungshaus. Einer der Männer ging hinein und kehrte mit einer Frau zurück. Er sagte nur zu ihr, daß sich die Frauenorganisation um uns kümmern solle. Dann fuhren sie mit uns ins Dorf bis zu einem Bauernhof, vor dem wir stehenblieben. Sie luden unser Gepäck ab und sagten nur: „So, hier sollt ihr bleiben!“ und fuhren los. Was sollten wir tun? Wir konnten doch nicht in den Hof gehen und sagen: So, hier sind wir. Das wäre doch Sache der Männer gewesen, die uns bis hierher gebracht hatten.

Es war niemand zu sehen. Die Hausangestellte kam vorbei, sie sah uns zwar stehen, aber sie hatte offenbar drinnen nicht Bescheid gesagt, denn es rührte sich nichts. Mittags waren wir von Spremberg abgeholt worden, und als es dunkel wurde standen wir immer noch vor dem Hoftor.

Von einer Wohnung aus beobachtete eine Familie Handschuh den Vorgang. Der Mann war im Flüchtlingskomitee und wollte sich um uns kümmern. Um nicht in den „Verruf“ zu kommen, er mische sich als erster ein, wartete er auf Anraten seiner Frau so lange, bis es fast finster war. Nun konnte er es nicht länger verantworten und kam zu uns, nahm uns und führte uns ins Haus. In der Küche warteten wir das weitere Geschehen ab. Der Besitzer, Herr Bojak, genannt der „Schnuppatz“, wurde nun gewahr, das etwas im Hause vor sich geht.

Er selbst lag im Krankenbett und rief uns zu sich. Die uns als seine Strafe auserwählt hatten, waren zu feige gewesen, es ihm selbst zu sagen. Er musterte uns, fragte kurz und sagte: „Da müßt ihr eben bleiben!“ Zu Eckhart sagte er: „Na, Gänsehüten wirst du doch können!“ Er wurde im Mai sechs Jahre alt.

Unser Zimmer erhielten wir oben. An der Wand fehlte der Putz, im Dielenfußboden waren große Löcher, und die einfach verglasten Fenster waren schon sehr schlecht und undicht. Als einzige Einrichtung stand ein leeres Bettgestell im Raum. Bojaks waren nicht auf die Aufnahme von Flüchtlingen eingestellt und hatten den Raum vorläufig auch nicht für eine eigene Nutzung vorbereitet. So saßen wir, bis es draußen bereits vollkommen finster war. Unsere paar Habseligkeiten hatten wir auf dem Fußboden verstaut. Bis zum Abend hatte sich offenbar unsere Anwesenheit dem Dorf mitgeteilt, denn Frauen und auch Männer kamen und überbrachten uns die Erstausstattung für unser neues „Zuhause„: Stroh, das wir auf den Fußboden ausbreiten konnten, um ein erstes Nachtlager zu haben, einen Korb mit Holz und Kohlen und eine alte Kochmaschine. Ein Stück Ofenrohr fand sich auch irgendwo, und so konnte die Kochmaschine aufgestellt und in Betrieb genommen werden. Wir konnten nun unsere Wassersuppe aufwärmen, die in der Kanne gefroren war, denn seit früh hatten wir nichts gegessen. Wir verbrachten die erste Nacht in unserer neuen, und von nun ab auf Jahre bleibenden Behausung.

Am nächsten Tag setzte sich die Solidaritätsbewegung des Dorfes fort. Wir erhielten zwei aus rohem Holz gezimmerte Bettgestelle, sie wurden mit Stroh gefüllt, und so konnte man gut schlafen. Für Marianne gab es ein Kinderbettchen, das dann schnell zu klein wurde. Weiterhin wurden uns ein alter wackliger Gartentisch, ein altes Schränkchen und ein paar Stühle übergeben. Aus Bojaks Keller konnten wir einen Kasten, schon von Nagern zerfressen, holen. Dieser wurde gründlich gereinigt und zum Küchenschrank gemacht. Die Einrichtung bestand aus ein paar lädierten Emailletellern. Ein Topf war am Anfang noch nicht dabei.

Nach einiger Zeit bekamen wir noch einen Jagdschrank aus dem Schloß des Dorfes. Dort wären bestimmt noch andere Möbelstücke und vor allem eine Wohnung frei gewesen. Aber diese wurde freigehalten für Leute, die nach uns kamen. Dieser Familie hätte man unser Asyl nicht anbieten dürfen. Wir aber waren nach zwei Jahren Unterdrückung von allen Seiten dermaßen eingeschüchtert, daß wir keinen Widerspruch wagten.

Wir waren nun unter Deutschen, hatten aber nie das Gefühl, auch als Landsleute akzeptiert zu werden. Wie oft wurde unsere Armut gegen uns ausgespielt! Wie oft hörte man sagen: „Wenn sie was gehabt hätten, hätten sie sich auch was mitgebracht!“ Zwei Jahre wußten wir nicht, wohin wir gehören, ob zu Deutschland oder zu Polen. Und nun waren wir dem Deutschland hinter seine neugezogenen Grenzen gefolgt, und seine Menschen zeigten uns von Anfang an ihre kalte Schulter. Diese Erfahrung machte der größte Teil der Aussiedler in beiden Teilen Deutschlands. Erst mit der inzwischen herangewachsenen neuen Generation ist diese Kluft überwunden. Doch da entwickeln sich im gleichen Deutschland zur Gegenwart erneut Abstände zwischen Aussiedlern und Übersiedlern aus dem Osten und alteingesessener Bevölkerung.

Muttel, ich und die Kinder Eckhart und Marianne wohnten fortan in der einen Stube in Bojaks Haus, im Keller erhielten wir eine kleine Ecke für unsere „Vorräte“. Das war alles, was zu unserer Wohnung gehörte. Das Wasser holten wir aus dem Pferdestall im nebenstehenden Stallgebäude, in diesem Gebäude befand sich auch der Abort. Das Abwasser wurde ebenfalls über den Hof weggebracht.

Else fand Unterkunft in einem kleinen Haus, das der Gemeinde gehörte und in dem schon eine Familie Weiß als Mieter wohnte. Sie erhielt ein so kleines Stübchen, daß darin nur zwei Betten, ein Schrank und ein Öfchen Platz hatten. In Familie Weiß hatte Else verständnisvolle Mitmenschen, denn sie kannten Armut aus eigener Erfahrung.

Frau Bojak lebte nicht mehr. Der Erbe des Hofes war im Krieg geblieben, der andere Sohn im Dorf verheiratet. Er bewirtschaftete den Hof seiner verwitweten Schwiegermutter, kam aber jeden Tag nachsehen und verwaltete gemeinsam mit seiner Frau den größeren Hof seines Vaters und damit sein Erbe. So hatten sie mit zwei Höfen genug Arbeit übernommen, und ich glaube, Herr Bojak junior war über die Anwesenheit der neuen Bewohner nicht enttäuscht, denn er erkannte in uns jungen Frauen willkommene und billige Arbeitskräfte. Zwei Jahre Hungerszeit hatten jedoch unsere Kraftreserven aufgebraucht.

An dieser Stelle möchte ich erwähnen, daß bei uns jungen Frauen vom Beginn der Flucht an die Menstruation für die Dauer von zwei Jahren ausblieb. Als wir alles hinter uns hatten, Flucht, Polenzeit, Aussiedlung, Lagerleben, hat sich das später wieder selbst geregelt. Weshalb das so war, ob Aufregungen, Entbehrungen und andauernde körperliche Überlastung dazu führten? Der Körper hat sich selbst geschützt, indem er eine Ruhephase einlegte. Wir hatten Glück, doch wie viele Frauen wurden von russischen Militärangehörigen vergewaltigt, und was hätte für diese armen Frauen in jener schweren Zeit eine Schwangerschaft bedeutet! Auch hinsichtlich der Hygiene blieben uns dadurch Probleme erspart, denn wie hätte man das unterwegs bewerkstelligen sollen?

Nun waren wir Bürger in der Gemeinde Klein-Kölzig. Wir bekamen je nach Alter Lebensmittelkarten. In den ersten Tagen konnten wir uns von der Gemeinde aus der Ziegelei Kohlen unentgeltlich holen. Unsere finanzielle Lage wurde auch geregelt: Marianne bekam dreißig Mark Vollwaisenrente, später vierzig Mark. Muttel erhielt nach einiger Zeit vierzig Mark von der Fürsorge. Das oblag dem Wohlwollen der Gemeinde und war nicht gesetzlich festgelegt. Wir Frauen hatten Anspruch auf eine Unterstützung, weil die Kinder noch klein und unsere Männer noch nicht zurück waren. An Miete hatten wir zwölf Mark zu zahlen, und so blieb für Ernährung und Anschaffung nicht viel übrig. Es gab auch nichts zu kaufen. Wir mußten ganz von vorn anfangen, wir besaßen nicht einmal einen Eimer.

Ein Bekannter aus unserer Heimat arbeitete in Spremberg bei den Besatzern. Dort gab es Material, und aus Zinkblechresten fertigte er uns ein paar Eimer. Im Laufe der Zeit haben wir erkennen müssen, daß wir einen Fehler begangen hatten, uns in einem so kleinen Dorf niederzulassen. Die Leute, die in Spremberg blieben, bekamen bessere Wohnungen, hatten günstigere Arbeitsmöglichkeiten mit einem geregelten Verdienst. Außerdem blieben ihnen weite Wege erspart. Wenn wir in die Kreisstadt Spremberg zu Erledigungen mußten, hat ein Tag dafür kaum ausgereicht.

Am zweiten Tag unseres Hierseins hörte Muttel unfreiwillig ein Gespräch mit an. Der junge Herr sagte zum Chef, Herrn Bojak senior: „Nun haben sie einen Korb Holz bekommen, damit wird es sich erledigt haben. Nun wird sich niemand mehr kümmern". Und so war es auch. Von nun an mußten wir selbst der Mann sein. Er sagte weiter: „Wir müssen sowieso Holz machen. Da können sie gleich mit in den Wald gehen, da bekommen sie ein Schläpfel (eine kleine Fuhre), denn geschenkt wird nichts!"

Am 7. Januar 1947 kamen wir in Kölzig an, und am 9. Januar arbeiteten wir schon im Wald, schleppten das Stangenholz, und wir waren noch so schwach. Im harten hohen Schnee verlor ich die Sohlen meiner Schuhe. Sie hatten schon die ganze Flucht mitmachen müssen und waren meine einzigen. Herr Bojak fuhr uns das Holz auf den Hof. Wir halfen ihm und er uns, es zu zerkleinern. Von da an arbeiteten wir tagtäglich den ganzen Tag für zwei Mark. Frühstück und Nachmittagsbrot gab es auch. Das nahmen wir für die Kinder mit. So lebten wir uns mit der Zeit ein. Wir waren damals froh, auf einem Bauernhof untergekommen zu sein. Damit erschien uns der Abstand zu unserer Herkunft, zu unserer verlorengegangenen Heimat nicht so weit, wir fühlten uns heimischer.

Im Frühjahr gab uns Herr Bojak ein Stück ganz leichten Sandboden, den er selbst nicht bearbeitete, da darauf schlecht etwas wuchs. Wie wir hörten, ließ er sich das zur „Wiedergutmachung" anrechnen. Darauf bauten wir Hirse an. Dann bekamen wir ein Stück Wald zum Roden. Das machten wir urbar, und wir bauten darauf ein paar Kartoffeln an. Siehe da, sie sind ohne Dünger so gut geraten, daß wir einen großen Korb voll herrlicher Kartoffeln ernteten. Wir kamen uns vor wie im siebenten Himmel, denn nun hatten wir unsere erste Ernte seit langer Zeit einbringen können. Und woanders her erhielten wir keine Kartoffeln.

An einem Tag im Frühjahr hatten wir von früh bis abends Kartoffeln aus der Miete genommen, und die vollen Wagen standen im Garten. Als ich abends noch einmal mit Abfällen herausmußte und mit meinem geleerten Pappeimer an den vollen Wagen vorüberkam, konnte ich nicht widerstehen und füllte den Eimer vielleicht zur Hälfte. Auf einmal war Herr Bojak neben mir. Ich entschuldigte mich, er aber brummte nur etwas Unverständliches vor sich hin. Ich schäme mich nicht, das niederzuschreiben. Weshalb hat man das getan? Aus Übermut sicher nicht, dazu war man nicht aufgelegt. Es war aus Not geschehen, denn wir hatten nichts zu essen. Wäre es nicht Sache des Bauern gewesen, und hätte ihn nicht auch sein Gewissen mahnen müssen, uns Frauen zu fragen, ob wir denn für den Abend ein paar Kartoffeln zu essen haben? Oder er hätte uns gleich ein paar anbieten können, wenn wir schon den ganzen Tag damit zu tun hatten. Aber wer kann schon ermessen, was Hunger bedeutet, wenn er selbst von allem im Überfluß hat. Das war mir eine Warnung, und ich war mir von da an zu schade dafür, ihm noch einmal für so eine Situation Gelegenheit zu geben. Ich schärfte dann auch den Kindern ein, sich nicht von heruntergefallenem Obst verleiten zu lassen. Sie mußten es liegenlassen, obwohl so viel davon verdarb.

Eines Sonntagmorgens ging Muttel zu einem anderen Bauerngrundstück in der Nachbarschaft wegen ein paar Kartoffeln. Die Frau ließ sie gar nicht erst auf den Hof. Sie sagte: „Wenn sie das Volk hergebracht haben, dann sollen sie auch dafür sorgen, das es was zu essen hat!" Diese Frau hat sich wenig später beim Essen von Kartoffelsalat vergiftet und ist daran gestorben.

Ausbeutung

Der Mehrheit der Bevölkerung ging es damals schlecht. Wir hatten nun wenigstens eine warme Stube. Herr Bojak brachte im Frühjahr Putz an die Wände, und wir verschönten sie mit Farbe. Viele Menschen aus den Städten hatten jedoch nicht einmal Heizmaterial. Viele opferten das Letzte, sie mußten oft weggeben, woran ihr Herz hing, nur um zu überleben. Wir hatten auf dem Dorf Möglichkeiten, so etwas zu beobachten. Ein alter Mann war einmal auf dem Hof wegen ein paar Kartoffeln. Der Herr Bojak sagte ihm, er hätte keine „Knullen". Er hatte dann welche, die in einer kleinen Tasche Platz fanden, als ein großer Schein winkte.

Die Bauern hatten ihre Verpflichtungen, und sie mußten erst arbeiten, um auch ernten zu können. Sie haben aber, wenn sie gut zu wirtschaften verstanden, ohne Schwierigkeiten die schlechten Zeiten besser als die anderen Bevölkerungsschichten überstanden, auch, wenn sie die Notlage der anderen nicht ausnutzten. Leider mißbrauchten viele Bauern ihre Vorzugsstellung in jenen Nachkriegsjahren auf Kosten der Hungernden zur schamlosen Bereicherung oder zur Ausbeutung von deren Arbeitskraft. Waren wir denn allein schuld daran, daß es so gekommen ist? In erster Linie haben die Opfer des Krieges, die Kriegsversehrten, die hinterbliebenen Witwen und Waisen, die aus der Heimat vertriebenen Menschen und die Ausgebombten der Städte für die Schuld eines ganzen Volkes bezahlen müssen. Als wir in unserer Heimat unter Polen und Russen die Unterdrückten waren, so fügte man sich in dieses Los im Wissen darum, daß die Sieger das Recht auf ihrer Seite hatten und es ausnutzten. Doch das Leben anschließend unter dem eigenen Volk und das Nachdenken über den Begriff „Volk" nun als Deutsche unter Deutschen ließ manches Mal den quälenden Hunger vergehen.

Einmal bot uns unser Wirt und Arbeitgeber etwas an, womit er auf schäbige Weise unsere Abhängigkeit von ihm ausnutzte: Er wollte uns das Wurzelholz von einem Stück Land überlassen, wenn wir es rodeten. Da er die Nachkriegslage zu nutzen verstand und jedes Stück bebauter Ackerfläche zusätzlichen Gewinn brachte, war ihm in den Sinn gekommen, einen breiten mit Akazien bestandenen Streifen in Ackerland zu verwandeln. Sollten wir Frauen das Roden übernehmen? Wir taten es tatsächlich, denn wir wagten nicht zu widersprechen, und außerdem brauchten wir dringend Brennmaterial. Das war mehr als Schinderei. Wer dem zähen harten Wurzeldickicht von Akazien jemals mit der Hacke, mit Axt und Spaten zu Leibe rücken mußte, der kann sich vorstellen, wie wir drei ausgemergelten, kraftlosen Gestalten – Muttel, Else und ich – uns quälen mußten. Es wäre noch angegangen, hätten wir dafür das gute Holz erhalten. Aber nur die Wurzelstöcke konnten wir uns für diese Arbeit behalten, die zu zerkleinern wir kaum in der Lage waren. Einmal half uns Onkel Herrmann, als er zu Besuch kam. Einen Platz für das Holz brauchten wir auch. Wir bauten uns einen Schuppen ganz allein. Was man nicht alles zustande bringt, wenn man muß!

Verhöre und die erste Post

1947 wurden im Lager die Gefangenen vernommen und alle diejenigen herausgesucht, die als Soldaten im Mittelabschnitt gekämpft hatten. Diese Gefangenen wurden durch Verhöre ermittelt und herausgeholt, wir haben sie nie wieder gesehen. Auch ich wurde während einer Nacht dreimal zum Verhör geholt. Über einen Dolmetscher wurde ich gefragt, wo ich im Mittelabschnitt gegen die Sowjetunion gekämpft hätte. Ich konnte nur antworten, daß ich in den Jahren gar nicht an dieser Front eingesetzt war. Ich zählte alle die Stationen meiner Soldatenzeit auf. Mein Vernehmer gab sich damit nicht zufrieden, er schlug mich so zusammen, daß ich zusammenbrach. Danach durfte ich in meine Baracke zurückkehren. Nach zwei bis drei Stunden wurde ich wieder zum Verhör geholt, ich wiederholte meine Aussagen so, wie es der Wahrheit entsprach. Und wieder wurde ich zusammengeschlagen, bis ich nicht mehr stehen konnte. So wiederholte sich das ein drittes Mal in dieser Nacht. Dabei wurden mir zwei Schneidezähne abgeschlagen.

Es mag Gefangene gegeben haben, die im Wissen um die Abtransporte mit unbekanntem Ziel ihren wirklichen Einsatz bei den Verhören leugneten. Diese wurden in einen großen Kellerraum zusammen mit anderen eingesperrt. Auch ich war einmal mit dort. Daraufhin konnten wir immer wieder feststellen, daß einzelne ausgesondert wurden und auf Nimmerwiedersehen aus dem Lager verschwanden. In diesen Karzerräumen wurden deutsche Spitzel eingesetzt, die ihre Auftraggeber über das Gehörte informierten. So gab mancher in vertrauensseligen, nächtlichen Gesprächen gegenüber einem Spitzel preis, was Verhöre aus ihm nicht herauspressen konnten.

Diese Spitzel sind uns mit der Zeit bekannt gewesen, wenn Beobachtungen über längere Zeiträume erfolgen konnten. Doch der ständige Wechsel der Lagerinsassen war Methode. Er unterband weitgehend das nähere Kennenlernen der

Gefangenen untereinander, das Zustandekommen von Freundschaften, von Solidarität.

Den Namen eines Spitzels habe ich mir gemerkt: Heinz Früh. Dieser Heinz Früh lag in meiner Baracke. Einmal, als Post eingetroffen war, erhielt auch er eine Karte von zu Hause, von seinen Eltern. Unser Stubenältester verteilte die Post, und die an Heinz Früh gerichtete Karte hat er gelesen. Darin fragten die Eltern verwundert an, was es damit auf sich hätte, daß so viele Heimgekehrte aus dem Ort und der Nachbarschaft anfragen, ob der Heinz Früh denn schon zurückgekehrt sei. Die Verratenen lauerten auf ihren Denunzianten.

Post erhielten wir zum ersten Mal 1947, wobei aus den Westzonen die Post früher kam. Wir mußten auf Verbindung aus der Ostzone noch immer warten, als Kameraden aus dem Westen bereits Post empfingen. Über zwei Jahre hatten wir überhaupt keine Verbindung mit der Heimat. Wie konnte man sich da selbst wieder aufrichten, als die erste Nachricht von den Lieben daheim eintraf, als man wußte, wo sie inzwischen lebten und daß sie lebten. Das gab wieder Hoffnung.

Von den nächsten Angehörigen durften wir Post erhalten. Gretel schrieb mir regelmäßig jede Woche, das wußte ich jedenfalls. Erhalten habe ich nicht alle Briefe. Das hing nicht nur mit unseren ständigen Lagerwechseln zusammen, da die Post nicht nachgeschickt wurde. Es war von Seiten der Lagerleitung üblich, Post zurückzuhalten oder gar nicht auszuhändigen. Einmal erreichte mich in einem Brief das Paßbild von Gretel. Dafür bin ich jetzt noch dankbar.

Meine erste Post richtete ich an Gustav Winkler in Berlin-Biesdorf, den Schwager meiner Schwester Else, bei dem ich während des Krieges öfter gewesen war. Eine andere Adresse hatte ich nicht, denn Schlesien gab es nicht mehr. In der Annahme, daß meine Schwester mit Gustav in Kontakt stünde, hoffte ich, daß meine Post meine Angehörigen erreicht. So ist es auch eingetreten.

Wir durften im Monat einmal schreiben. Die Form war vorgeschrieben: Auf einer vorgedruckten Karte war die Anzahl der Worte vorgegeben. Damit war eine leichte Überprüfung möglich, Kritisches zu schreiben war ausgeschlossen. Mir ging es immer gut und ich war auch immer gesund und das erhoffte ich auch von den Meinen zu Hause. Und damit war dann nur noch Platz für einen lieben Gruß auf der Karte. Aber diese Karten waren immer ein Lebenszeichen von mir und gaben auch meiner Familie die Hoffnung auf meine Heimkehr.

Doch wann endlich sollte es soweit sein?

Der Schrei

Bis zu meinem sechzehnten Lebensjahr hatten wir Kinder mit den Eltern ein gemeinsames Schlafzimmer. Ich habe noch den Nachtschrei meines Vaters im Ohr, in den ersten Jahren stieß er ihn im Schlaf regelmäßig aus. Später, wenn wir besuchsweise bei meinen Eltern übernachteten, hörte ich manchmal noch, nicht mehr so häufig, durch die Tür seinen Schrei. Noch bis in sein hohes Alter wurde er von den Vernehmungen in den russischen Lagern verfolgt, meine Mutter mußte ihn jedes Mal erneut aus dem Alptraum befreien. Eine Nachbarin, die das Schlafzimmer unter dem meiner Eltern hatte, mußte von meiner Mutter aufgeklärt werden, um sie wegen der nächtlichen Angstschreie zu beruhigen.

Ich wurde später von einem ehemaligen Kollegen, Rolf H., denunziert. Unter anderem führte er Beschwerde, daß ich Lügenmärchen erzählt hätte über die Behandlung deutscher Kriegsgefangener in der Sowjetunion. Ich mußte nun die Erlebnisse meines Vaters, von denen ich einmal in einer kleinen vertrauten Runde am Mittagstisch einiges Wenige nur erzählt hatte, als Lüge darstellen lassen. Ein Protest wäre natürlich möglich gewesen, ich hätte auf der Wahrheit bestehen können, ich hätte noch mehr nicht ausgesprochene Wahrheiten und Tatsachen berichten können, ich hätte ihm widersprechen können. Aber ich tat es nicht. Nicht die Furcht ließ mich schweigen, daß die Parteisekretäre hätten die Konsequenzen daraus ziehen und meine Arbeitsstelle ideologisch zuverlässiger neu besetzen können. Ich schwieg aus Angst, diese Konsequenzen hätten weiter reichen und meinen damals noch lebenden Vater treffen können.

Erstes Lebenszeichen

Es kam die glückliche Zeit, in der wir Nachricht von unseren Männern erhielten. Ich bekam das erste Lebenszeichen von Herbert über meinen Schwager Karl Winkler. Dessen Bruder wohnte in Berlin, und Herbert hatte ihn während seines Aufenthaltes in Berlin im Krieg dort öfter besucht. Herbert schrieb an ihn, dieser an seinen Bruder Karl, der schon aus der französischen Gefangenschaft zu seiner Familie in Groß-Kölzig zurückgekehrt war. Die Postverbindung zu meinem Mann war damit hergestellt. Ich schrieb ihm jede Woche, aber viele Karten bekam er nicht. Einmal erreichte ihn jedoch Post mit einem Foto von mir.

Elses Mann Gerhard schrieb an seine Schwester Frieda Maitre nach Bernau, wo sie noch immer wohnte. Diese wußte ja inzwischen unsere Bleibe, und damit war auch die Verbindung meiner Schwester Else zu Gerhard gefunden. Beide Männer befanden sich in russischer Kriegsgefangenschaft. Wir wußten nun endlich, daß sie leben, und wir konnten in der Hoffnung weiterleben, daß der Tag ihrer Heimkehr käme. Aber immer wieder war dieses Hoffen mit der Angst verknüpft, ob es Herbert durchstehen würde. Ich wußte doch, wie es um seinen Magen stand. Von Heimkehrern hörte man die unterschiedlichsten Berichte. Wie bei den Flüchtlingen, so gab es auch bei den Kriegsgefangenen die unterschiedlichsten Schicksale. Viele hatten Glück, andere waren froh, mit dem Leben davongekommen zu sein. Am schwersten traf es die Gefangenen in der Sowjetunion. Wenn man damals einen Heimkehrer von dort traf, kamen Bedenken, ob man seinen Mann auch wiedererkennen würde. Sie hatten alle kahlgeschorene Köpfe und waren oft von Wasser aufgedunsen und entstellt.

Der Sommer verging, und keiner von den Männern kehrte heim.

Zurück!

Im Juli oder August 1947 wurde in dem Lager, in dem ich mich damals aufhielt, offiziell von der Lagerleitung bekanntgegeben, daß vierhundert Mann entlassen werden sollten. Eines Tages, an einem Sonntag, mußten wir alle im Hof antreten. Da wurden die Namen derer, die entlassen werden sollten, verlesen. Ich gehörte mit dazu. Nun war es also endlich soweit, nur noch die paar Tage bis zur Abreise waren abzuwarten. Dann kam der Tag, an dem die Verladung auf dem Bahnhof erfolgen sollte. Wir Entlassungskandidaten mußten an der Wache antreten. Dann wurde abgezählt. Ich stand hinten in der letzten Reihe. Bei der Zählung waren vier Mann zuviel, darunter auch ich. Nichts wurde mit der Heimkehr, ich mußte wieder zurück ins Lager. Einer von uns vier konnte nicht zurück. Als die vierhundert Mann aus dem Lager marschierten, brach er vor der Wache zusammen.

Schuleinführung

Im September 1947 kam Eckhart zur Schule. Welche Ängste mir das brachte! Mein Minderwertigkeitsgefühl trieb mich dazu, mich mit meinem Jungen hinter die Haustür zurückzuziehen, nur, um ja von niemandem gesehen zu werden. Klein-Kölzig hatte damals ungefähr fünfhundert Einwohner, und es war ein noch verhältnismäßig starker Jahrgang zur Einschulung angetreten. Die meisten der Schulanfänger stammten nach meinem damaligen Verständnis aus gutsituierten Familien des Dorfes. Was sollte denn von solchem „hergelaufenen Volk“, wie wir es waren, kommen? Ich konnte nicht mit meinem mageren Sohn, nicht mit Garderobe und nicht mit Selbstbewußtsein repräsentieren. Diese Rolle stand schon besser den Angehörigen der Abc-Schützen, die aus den Häusern des Bürgermeisters, des ehemaligen Ortsbauernführers oder des Gastwirtes des Dorfes stammten. Viele verstohlene Blicke spürte ich auf uns gerichtet. Und welche Schmach könnte mir ab nun bevorstehen, wenn mein Sohn mit schlechten Leistungen aus der Schule heimkäme?

Meine Zuckertüte

Dem Schulgeschehen schaute ich mit sehr gemischten Gefühlen entgegen, denn das meiner Vorfahren kannte ich aus deren Erzählungen so genau, als hätte ich selbst erlebt, wie einst der strenge Kantor seinen Rohrstock anzuwenden wußte, um aus den ungeratenen Jungs etwas Brauchbares fürs Leben zu schlagen. Er hatte für die Zucht und Ordnung späterer Soldatengenerationen das Fundament zu legen. Als meine Generation das Soldatenalter erreichte und bei den Staatsführern der vergangene Krieg so tief ins Vergessen versenkt wurde, daß sie wieder Soldaten anheuerten, zunächst freiwillig und später per Wehrpflichtgesetz, konnte diese Generation wieder hören: „Kommt erst mal zu den Soldaten, dort wird euch Zucht und Ordnung beigebracht!“

Der neue Dorflehrer Schapke war also in meiner vorschulkindlichen Vorstellung die für Zucht und Ordnung sorgende Respektsperson wie ehemals der Kantor in der Dorfschule meiner Vorfahren. Wenn ich ihn von weitem kommen sah, versteckte ich mich vor ihm, wenn eine Begegnung unausweichlich wurde, grüßte ich ganz ehrfurchtsvoll, so, wie es mir meine Oma beigebracht hatte.

Mit diesen Schulerfahrungen meiner Vorfahren und einem neuen ledernen Schulranzen ausgerüstet trat ich die Schuleinführung an. Sie fand im Klassenzimmer des Dorfes statt. Hier gab es zunächst nur das eine Klassenzimmer, das Schulgebäude gab an Räumlichkeiten nur noch die Wohnung für ein Lehrerehepaar her. Später wurde ein zweiter Schulraum im Schloßgebäude des Gutshofes eingerichtet.

Der Neulehrer Schapke führte vor uns Abc-Schützen ein Kasperle-Theater auf. Der Kasper erzählte vom Baum, auf dem für jeden eine Zuckertüte gewachsen sei. Diese Tüte durfte sich jeder vorn beim Klassenkasper abholen. Für mich war eine kleine blaue Zuckertüte gewachsen.

Meine Mutter sagte später immer, die Zuckertüten der anderen seien viel größer und schwerer gewesen. Dafür fehlte mir damals der geschulte Blick, ich hatte mich genug auf meine blaue Tüte zu konzentrieren und war auf das Auspacken zu Hause gespannt. Da kam dann eine Scheibe Jagdwurst, vielleicht fünfzig Gramm, zum Vorschein, und jeglicher andere Freiraum war mit Knüllpapier aus Zeitungen ausgefüllt. Die Freude war auf allen Seiten, und ich kam mir dann etwas schlecht vor, als ich diese Wurst ganz allein aufessen durfte. Den Geschmack mußte sich meine Zunge neu einprägen, da sie über Jahre hin davon entwöhnt war.

Die Beschaffung und der Preis für die Jagdwurst waren für meine Mutter sicher ein großes Problem gewesen, aber noch schwerer dürfte es ihr gefallen sein, die nötige Schulausrüstung 1947 für mich bereitzuhaben. Ich kann mich erinnern, daß Wochen vorher alle möglichen Leute wegen einer Schieferplatte als Reststück von einem schiefergedeckten Gebäude angesprochen wurden. Letzten Endes waren doch eine ordentliche Schiefertafel, ein Holzkästchen mit den Griffeln aus Schiefer zum Beschreiben der Tafel und ein Schwamm zum Löschen des Geschriebenen in meinem Ranzen. Diesen hatte meine Patentante Erna für mich beschafft. Sie wurde durch die Flucht nach Sachsen verschlagen, und dort arbeitete sie in Radeberg in einer Lederfabrik.

Verjag die Zigeuner

Gleich am ersten Schultag kehrte er mit der Frage heim: „Mutti, wir sollen eine Lokomotive zeichnen. Wie geht das denn?“ Ojeh, gleich bei seiner ersten Frage wollte ich aufgeben, denn ich konnte überhaupt nicht zeichnen. Ich brauchte ihm nur die Räder mit der Pleuelstange und den großen Kessel mit dem Schornstein darauf zeigen, da sagte er schon: „ Es ist gut, Mutti, nun weiß ich weiter.“ Damit war es auch gut, er brauchte kaum noch Hilfe. Und wenn doch einmal, dann kümmerte sich Oma um die Kinder, denn wir waren meistens auf dem Feld.

Es dauerte nicht lange, da erwies Eckhart, daß er in der Schule gut vorankam, und gleich mit seinem ersten Zeugnis hatte er sich an die Spitze der Klasse setzen können. Bei Marianne hatte ich nun keine Bedenken mehr, und der Erfolg stellte sich bei ihr ebenfalls ein.

Von Familie Junge aus Hartau bekamen wir ein Kaninchen geschenkt und eine Sichel gleich dazu, damit wir Futter suchen konnten. Das Heu für den Winter mußte Eckhart auf den Wiesen von Bojaks nachrechen gehen, die abgeerntet und bereits gründlich nachgerecht waren, und auch von hängengebliebenen Resten an Bäumen und Wegen wurde das Heu gesammelt. Beim Pflügen des Kartoffelackers im Herbst durften wir uns die dabei freigelegten Kartoffeln holen. Das mußte Eckhart auch erledigen. Frau Noack aus Klein-Kölzig sagt heute noch: „Man sah ihn kaum in der Furche." Eckhart meint heute dazu, daß er dabei Härte gegen sich selbst fürs spätere Leben geübt hätte, und diese Erfahrung hält er für sehr wertvoll.

Außerdem sind wir mit den Kindern auf den leeren Stoppelfeldern Ähren lesen gegangen. Einmal, als Herr Bojak mit draußen war, fuhr ein Mann auf der Straße vorbei, und dieser schrie zu ihm herüber: „Jag doch die Zigeuner runter!"

Unsere Wunden erhielten wenig Gelegenheit zu verheilen.

Gerhards Heimkehr

Dann kam Weihnachten 1947. Wir hatten es noch nicht viel besser, aber wenigstens Ruhe. Unser Bruder Walter kam noch einmal her und wollte in unserer Nähe bleiben, er hatte die Absicht, zu siedeln. Er fuhr in der ganzen Gegend umher, aber die landwirtschaftlichen Güter waren schon alle aufgeteilt, und es war nichts mehr zu bekommen. Zu Mutter sagte er: „Ich kann die Schornsteine nicht mehr sehen!". Damit meinte er die Industrie der Umgebung. Ihn zog es zur Landwirtschaft, er wollte dabei bleiben. So fuhr er zu meinem Bruder Gerhard, der noch immer in Niedersachsen auf dem gleichen Bauernhof in Stellung war. Walter nahm die Stelle auf dem Hof einer Witwe an und führte von da an diese Wirtschaft zu ihrer Zufriedenheit. Durch sie lernte Walter seine spätere Frau Elisabeth kennen.

Das Jahr 1948 nahm seinen Anfang. Im April kam Elses Mann, Gerhard Albinsky, aus der Gefangenschaft zurück. Für die nun vier Personen war das Stübchen zu klein. Sie erhielten ein paar Häuser weiter eine große Stube und eine Kammer. Diese richteten sie sich als Küche ein, und die Kinder schliefen darin. Da Gerhard auch Landwirt war, nahm er erst einmal bei Bojaks Arbeit an. Sein Lohn waren vierzig Mark für den ganzen Monat, und zwölf Mark hatten sie Miete zu zahlen. Dazu kamen noch die Kosten für Licht und Heizung. Ihnen blieben damit für Leben und Anschaffungen weniger als achtundzwanzig Mark für vier Personen. Im Sommer verdiente Else noch die zwei Mark täglich, aber so ging es auf die Dauer nicht weiter.

Unsere Familie in Klein Kölzig, im Sommer 1948.
von links: Annelies, Else, Monika, „Muttel“, Marianne, Eckhart, Margarete

Gerhard war während des Krieges bei einer Witwe in Quartier gewesen, die eine kleine Landwirtschaft hatte. Mit dieser Frau standen Albinskys in Verbindung. Es war mit ihr so vereinbart, daß sie hinkommen und das Anwesen übernehmen sollten. Die Grenzen waren damals geschlossen, und für eine Übersiedlung war eine Zuzugsgenehmigung erforderlich. Da die Leute in den Westzonen mit der strengen Handhabung behördlicher Festlegungen nicht so vertraut waren, schickte die Frau diese Genehmigung nicht, und so verstrich Woche um Woche.

Erste Schulzeit mit Stresow

Neulehrer Schapke war nicht lange unser Lehrer. Er unterrichtete höhere Klassen in Groß-Kölzig. Uns übernahm ein ehrwürdiger Altlehrer, Herr Stresow, der die strenge Aussortierung von Lehrern aus der Nazizeit überstanden hatte und dem Pensionsalter nahe war. Er bezog mit seiner Familie die Schulwohnung. Wir waren seine erste Klasse, die er in Klein-Kölzig übernahm. Mit ihm lernte ich noch einen Lehrer alten Schrot und Korns kennen, wie es ihn in meiner Vorstellung gab. Er strahlte noch jenes Charisma aus, woran es vielen meiner Folgelehrer mangelte.

Auf allen Gebieten brachte er uns etwas bei: Neben Lesen, Rechnen und Schreiben weckte er auch in andere Richtungen unser Interesse, und das gelang ihm nach meinem Empfinden dadurch, das er Lernenswertes für uns erlebbar machte. So war es beeindruckend für mich, als er an einem Frühlingstag bei offenem Fenster, durch das die laue Frühlingsluft ins Klassenzimmer strich, vor uns stand und auf seiner Violine die Melodie zu dem Lied

> *„Der Frühling hat sich eingestellt.*
> *Wohlan, wer will ihn seh'n?*
> *Der muß mit mir ins freie Feld,*
> *ins grüne Feld nun geh'n ...“*

vorspielte, oder wenn er in der Turnstunde trotz seines hohen Alters über sein Bäuchlein hinweg eine ausgezeichnete Kniebeuge vorführte, oder wenn er mit uns draußen exkursierte und uns die vielen unterschiedlichen Kräuter erklärte.

Mit einer ganz reinen Weste blieb er dennoch nicht in meiner Erinnerung, denn er war es, der mir den ersten Wangenstreich meiner Schulzeit überreichte. Das vollzog sich so fachmännisch, daß ich den Kniff in meiner linken Wangenseite immer noch spüre, wenn ich daran denke, wie er mir meine linke Wange zwischen seinen Daumen und Zeigefinger quetschte, um dadurch die rechte Wange in eine günstigere Lage zu bringen. Den eigentlichen Handstreich auf die bereitliegende rechte Gesichtsseite vollzog er mit seiner freien rechten Hand. Dieser Hieb hatte mich äußerlich getroffen, aber innerlich verletzt, weil ich mich unschuldig bestraft fühlte. Schließlich wurde ich in der Rechenstunde von meinem Nachbarn Rudolf nach dem Aufgabenproblem angesprochen und nicht umgekehrt. Aber ich will meinem Lehrer zugute halten, daß er vielleicht nicht wissen konnte, wer der Unruhestifter war, als zwei Bubenköpfe zusammensteckten. Er wählte das kleinere Übel. Die Eltern des einen spielten im Dorf als ansässige Bauern und Gastwirtsleute eine bedeutendere Rolle als die zugezogene, immer noch alleinstehende Mutter des anderen.

Chinesenkrankheit

1948 war ein Jahr mit viel Gewitterregen. Bojaks hatten auf einem Feld Mohrrüben angebaut, und dieses Feld stand wegen der vielen Niederschläge und der defekten Drainage unter Wasser. Die Mohrrüben sollten nicht verfaulen, sie sollten Absatz finden in der Großküche des Militärflugplatzes in Jocksdorf, dem damals größten Bauwerk der Umgebung. Das versprach einen guten Gewinn. Wir wurden zur Ernte herangezogen. Auf den Acker wurden Bretter gelegt, damit man darauf laufen konnte. Ansonsten standen wir tagelang mit unseren Schuhen tief im Schlamm, Gummistiefel gab es damals noch keine. Muttel und eine andere Erntehelferin, Frau Michel, wuschen die Möhren im Graben ab und entfernten das Kraut. Diese Frau Michel sagte damals zu uns: „Das gefällt mir nicht, was Sie Frauen dort machen, Sie werden sich schaden!" Obwohl es noch nicht zu kalt war, muß das Stehen in den durchnäßten Schuhen die vielen Tage hindurch seinen Teil dazu beigetragen haben, daß diese Frau Recht behielt. Bei mir blieb die Menstruation zwei Monate aus, und Else begann von da an zu kränkeln. Sie fühlte sich nicht wohl und wurde immer schwächer. Wenn wir Kartoffeln stoppeln waren, sagte sie: „Du kannst so hacken, ich kann das nicht." Niemand vermutete damals, daß sich eine schwere Krankheit bei ihr anbahnte. Sie aß auch zu wenig, Suppe mochte sie nicht, und die ihr zustehenden Brote vom Arbeitseinsatz bei Bojaks – es gab zum Frühstück und zum Nachmittag je eine mit Butter bestrichene Doppelschnitte – gab sie ihren Kindern. Der Körper brauchte doch aber bei der schweren Arbeit ausreichend

Nahrung. Ihre Mädchen waren meist bei uns, da gab es warmes Essen, auch wenn es „nur" Schrotsuppe war.

Am 20. Oktober früh kam Gerhard und sagte, daß Else krank sei. Als er die Arbeit verrichtet hatte, ging er noch einmal zurück, um nach ihr zu sehen. Als er wiederkam, sagte er, Else sehe ganz gelb aus. Also hatte sie eine Gelbsucht. Sie kam zum Arzt, und dieser sagte ihr, sie hätte die Chinesenkrankheit, Fett brauchte er ihr nicht verbieten, da es ja sowieso keines gäbe, nur hin und wieder solle sie warme Kompressen machen, und Karlsbader Salz verordnete er noch. Muttel kümmerte sich auch um sie, aber das war alles nicht genug. Wir verließen uns alle auf die Behandlung durch den Arzt und erkannten nicht seine Oberflächlichkeit und die ernste Gefahr dieser Krankheit. Wenn Muttel zu Else kam, saß sie im Bett und stopfte Strümpfe für ihre Kinder. Als das Medikament alle war, lief ich zum Arzt, denn sie war nicht mehr fähig, selbst hinzugehen. Richtiger wäre es gewesen, den Arzt anzufordern. Er erzählte mir wieder das gleiche.

Nun wollten Albinskys nach drüben umziehen, und Else war krank. Else sagte zu Gerhard: „Fahre du allein, übern Winter geht es so nicht weiter. Wenn ich gesund bin, komme ich mit den Kindern nach. Illegal gehe ich nicht mit, und wenn du drüben bist, dann schicke gleich die Zuzugsgenehmigung." So fuhr Gerhard an einem Sonnabend früh weg. Ich bin mit zum Bahnhof, der Zug kam schon, und wir mußten rennen. Gerhard wäre fast nicht mitgekommen, als hätte es nicht sein sollen.

Zur gleichen Zeit hatten alle vier Kinder Masern und anschließend Keuchhusten. Die Krankenschwester aus Groß-Kölzig kam ein paarmal in der Woche, um nach den Kindern zu sehen. Als die Schwester Else sah, sagte sie zu Muttel: „Frau Holdt, ihre Tochter ist für diese Krankheit zu schwach. Sorgen sie dafür, daß sie ins Krankenhaus kommt!"

Muttel blieb bei ihr, nachdem Gerhard weg war. Ich wollte am nächsten Tag frühzeitig weg, um bei einem Homöopathen Rat zu holen. Muttel schlief bei Else, und bereits früh um fünf Uhr rief sie von der Straße aus, Else läge ohne Besinnung. Ich bin daraufhin gleich nach Döbern gelaufen, wir mußten damals meistens überallhin laufen, kam aber vor der Sprechstunde nicht mehr dran. Erst nach einem Anruf aus Kölzig wurde ich bei Dr. Wronka vorgelassen, der mir die Überweisung ins Krankenhaus ausschrieb. Da es damals keinen Krankentransport gab, stellte die Gemeinde ihren PKW zur Verfügung. Frau Bojak und ich begleiteten Else mit ins Krankenhaus nach Forst. Ich beobachtete, daß Else unterwegs aus dem Fenster schaute, sie konnte oder wollte nicht mehr sprechen.

Ärzte und Schwestern bemühten sich sofort um sie. Sie wurde untersucht und behandelt. Als sie Kochsalzspritzen mit ganz dicken Nadeln bekam, schrie sie so laut nach Muttel, daß man es draußen hören konnte. Ich wollte die Nacht über bei ihr bleiben, wurde aber weggeschickt, da versichert wurde, daß sie Sonderwache erhalten würde. Das stimmte aber nicht. Wie mir am nächsten Tag eine andere Patientin sagte, sei Else nachts aus ihrem Bett, das schon ihr Sterbebett sein sollte, gestiegen und wollte in das ihrer Nachbarin. Sonst lag sie ganz ruhig auf ihrem Krankenlager, sie konnte nicht mehr sprechen. Sie war nur zwei oder drei Tage im Krankenhaus. Den letzten Tag blieb ich mit meiner Schwägerin Friedel über Nacht bei ihr. Sie lag ganz ruhig, bis sie sich auf einmal ganz von selbst aufrichtete und uns ansah. Ich sagte: „Else, kennst du uns?“ Sie nickte und hauchte so, daß es hätte „ja“ bedeuten können, legte sich um und schlief für immer ein.

Die Ärzte sagten, sie sei drei Tage zu spät eingeliefert worden. Die schwere Gelbsucht sei schon so weit fortgeschritten, daß das Blut bereits vergiftet und eine Rettung unmöglich gewesen war. Es ist zu vermuten, daß eine Unterkühlung bei der Möhrenernte ein paar Wochen zurück der Auslöser für diese Krankheit war. Damals konnten wir alle viel zu wenig auf unsere Gesundheit achtgeben, und wir hätten auch bei Else eher erkennen müssen, wie es um sie stand.

An dieser Stelle möchte ich etwas einfügen. Unsere Tante Martha Holdt war auch bei Elses Beerdigung, und sie hatte Else im Sarg liegen sehen. Sie war ganz braun verfärbt. Als nach Jahren ihr Sohn Konrad an Gelbsucht erkrankte und so hilflos dalag, sagte sie zu Onkel Richard, ihrem Mann: „Genauso sah Else aus!“ Sie sprachen mit den Ärzten und setzten sich mit deren Hilfe mit unserem gemeinsamen Cousin Herrmann in Westberlin in Verbindung. Er beschaffte die nötigen Medikamente, die innerhalb weniger Stunden nach Freiberg gebracht wurden, wo Holdts damals wohnten. Konrad konnte wieder genesen.

Wie schwer mir der Weg von Forst bis Kölzig wurde, um unserer lieben Muttel zu sagen, daß Else auch nicht mehr ist! Andere Mütter haben ihre Söhne verloren, sie ihre Töchter. Zwei kleine fünfjährige Mädchen waren nun ohne Mutter. Sollte das die Voraussage der Kartenlegerin sein, die wir 1945 aufgesucht hatten? Nun hatte ich wieder die traurige Aufgabe, einen lieben Angehörigen für seinen letzten Weg vorzubereiten. Am 5. November 1948 verlosch das junge Leben. Else hatte nur das 32. Lebensjahr erreicht.

Eine Mutti auf dem Friedhof

Sofort, nachdem die Ärzte die Diagnose gestellt und den Zustand der Kranken nicht verschwiegen hatten, sandte ich ein Telegramm an Gerhard. Die Todesnachricht ging bald hinterher. Gerhard war gerade dort angekommen, wo sie demnächst hinziehen wollten. Die Zuzugsgenehmigung, auf die sie so lange gewartet haben, lag bei der Frau im Schubfach. Vielleicht hätte alles nicht so weit kommen brauchen, wenn sie eher weggekonnt hätten.

Wir verständigten alle Angehörigen, die durch die Aussiedlung über beide Teile Deutschlands verstreut lebten. Ein großes Problem war, daß kein Geld da war. Was wir noch besaßen, wurde einschließlich der Sparbücher bei der Aussiedlung weggenommen, dann war der Verdienst sehr gering, im August folgte die Entwertung. Den letzten Monatslohn mußte Else ihrem Gerhard für die Fahrt mitgeben. In ihrem Portemonnaie waren fünf Mark. Mehr besaß die arme Familie nicht. Was sollte damit bezahlt werden? Es hätte gerade für ein Telegramm ausgereicht. Wir besaßen noch etwas mehr und konnten helfen. Die Bestattung mußte so einfach gemacht werden, wie es nur möglich war, damit die Kosten aufgebracht werden konnten. Probleme gab es bei der Beschaffung eines Sarges. Wir konnten nur einen bekommen, wenn wir die Nägel dazu lieferten. Woher sollten wir welche nehmen? Herr Bojak half uns aus. Da es eine Leichenhalle im Dorf nicht gab, durften wir Else bei Bojaks in der Stube, die sie nicht benutzten, aufbahren. Das haben wir ihnen hoch angerechnet. Herr Bojak holte auch den Sarg mit dem Gespann aus Forst ab. Wir kleideten Else in ein Nachthemd, betteten sie auf ein Kopfkissen und eine weiße Decke.

Gerhard kam gerade noch so zur Beerdigung zurecht. Er wurde an der Grenze lange festgehalten, weil bei ihm die Brote, die ihm die Frau vom Hof in Westdeutschland für unterwegs mitgab, in Zeitungspapier gewickelt vorgefunden wurden, was als Propaganda des Klassenfeindes ausgelegt wurde. Else wurde von jungen Männern des Dorfes zum Friedhof getragen, wie es auch bei uns zu Hause üblich war. Nun lag eine Mutti in Kölzig auf dem Friedhof.

An Elses Tod nahmen alle Kölziger großen Anteil. Sie hatte dreißig Kränze, und in allen übergebenen Beileidsschreiben waren Geldspenden beigelegt, sogar bis zu zwanzig Mark, das war für unsere Begriffe viel. So konnte Gerhard Rückstände begleichen, und für den Neuanfang war auch noch etwas übrig. Diese Anteilnahme sagte uns, daß wir für die Einwohner wohl nicht mehr nur die Zigeuner waren.

Weihnachten 1948

Die Kinder versorgten wir nun alle, sie waren immer noch krank. Es kam Weihnachten 1948, das für uns wieder kein schönes Fest bedeutete. Obwohl es an allem mangelte, versuchten wir doch der Kinder wegen, etwas in Gerhards Wohnung vorzubereiten. Ja, so viel wir uns auch bemühten, es fehlte doch die Mutti. Am Kaninchen, das wir mit so viel Mühe aufgezogen haben, hatten wir alle keinen Genuß, denn Else konnte nichts mehr davon essen. Das Tier hatten wir zu Elses Beerdigung geschlachtet und das Fleisch für Weihnachten in Gläsern eingeweckt. Vom Fett haben wir zur Trauerfeier einen Kuchen gebacken, um unseren Verwandten, die von weiter her angereist waren, etwas anbieten zu können.

Da meine Brüder zur Beerdigung nicht kommen konnten, wollte Gerhard mit seiner Braut Margret nach Weihnachten zu Besuch kommen. Auf ihrer Einreisegenehmigung fehlte ein Stempel. Sie kamen so nicht durch und riefen an, ich solle mir den besagten Stempel von den Behörden holen und damit bis zur Grenze kommen. Das konnte ich nicht, das Telefongespräch hatte vierzig Mark gekostet, und wir hatten kein Geld mehr für die Fahrt dorthin. Außerdem kam Annelies noch mit Lungenentzündung ins Krankenhaus. Ich konnte Mutter nicht die Kinder alle allein überlassen.

Da Gerhard und Margret wegen des fehlenden Stempels an der Grenze schikaniert wurden, konnten sie nicht mit der Eisenbahn einreisen. Sie kamen illegal über die Grenze und waren etliche Tage unterwegs. Als sie bei uns angekommen waren und Margret ihre Gummistiefel auszog, dachte ich, ihre Fußsohlen gingen mit ab, so schlimm hatte sie sich ihre Füße aufgerieben. Sie trafen zwischen Weihnachten und Neujahr ein, und für uns alle war erst jetzt richtig Weihnachten. Für Mutter und mich gab es mit Gerhard das erste Wiedersehen seit fünf Jahren, und Margret kannten wir noch gar nicht. Sie beide haben uns ein unvergeßliches Weihnachten beschert. Für uns kamen sie als Weihnachtsmann, jedem von uns brachten sie dringend Benötigtes mit, es gab nichts, an das sie nicht gedacht hätten: Lebensmittel aller Art, vor allem Kleidung für die vier Kinder. Jedes Kind erhielt feste Lederschuhe, welche die ganze Zeit, die sie getragen wurden, nicht kaputt gingen. Weiterhin gab es für jedes Kind Gummistiefel, Trainingsanzüge und vieles mehr. Das alles haben sie kilometerweit geschleppt. Ich vergesse ihnen das nie. Gerhard und Walter erhielten in ihrer Stellung nur wenig Lohn, und sie selbst hatten als entlassene Soldaten nichts besessen und für sich noch alles anzuschaffen. Sie unterstützten uns damals und in der Folgezeit sehr dadurch, daß sie Erzeugnisse aus der Landwirtschaft ihrer Schwiegereltern beisteuern konnten, zum Beispiel Wurst- und Fleischkonserven. Dadurch hatten wir neben den Lebensmittelkarten noch etwas zuzusetzen, und es ging uns etwas besser.

Aufschneiderei

Im Frühjahr 1949 genoß ich das Interesse, das mir meine Mitschüler wegen meiner neuen schwarzen Gummistiefel entgegenbrachten. Ich hatte sie letzte Weihnachten von meinem Patenonkel Gerhard aus dem Westen erhalten. Solche Stiefel besaßen selbst die Zwillinge Hansi und Dieter noch nicht, die zu jenen im Dorf gehörten, die aus eigener Erfahrung wußten, was in Westpaketen so alles drin sein kann. Ihre Pakete kamen aus Hamburg, unsere aus der Bremer Gegend.

Meine Gummistiefel hatte Onkel Gerhard zu seinem Besuch persönlich mitgebracht. Nun konnte ich sie zur Schule anziehen. Auf dem Nachhauseweg von der Schule konnten die Stiefel endlich beweisen, was in ihnen steckt. Der Dorfgraben war noch zugefroren, wir schlitterten auf dem Eis. Nur mit dem starken Profil meiner Sohle klappte das nicht so recht. Dafür konnte ich beteuern, daß die Stiefel absolut dicht seien. Nun wollten es die anderen genauer wissen und forderten den Beweis. Den konnte ich bringen. Ich stellte mich in ein Eisloch und konnte stehenbleiben, die Füße blieben trocken. Ich spürte die Bewunderung, die sich für die Stiefel ausbreitete, und die Beachtung, die dabei für den Besitzer abfiel. Von der Herkunft dieses wasserdichten Wunderproduktes aus dem Westen führte das Gespräch schließlich bis zur Erörterung meiner Herkunft aus Schlesien. Und das Interesse des Dorfnachwuchses dafür trieb mich voran, den einmal vorhandenen Aufwind für die Aufbesserung unseres Familienimages zu nutzen. Ich zeigte auf Scheinerts Gehöft, auf das wir über den Grabenrand hinaus zufällig blickten und sagte, noch zehn mal größer sei unsere Wirtschaft in Schlesien gewesen, ohne einen Begriff von dieser Größe zu haben. Meine Zuhörer hatten ihn offenbar, denn ihnen standen die Münder vor Staunen offen, und alle weiteren Fragen wie die nach der Anzahl der Pferde und Kühe drängten sich ihnen auf. Meine Antworten trugen nicht dazu bei, daß ihre Mäuler wieder zuklappen konnten.

Derartige Ausflüge in die Aufschneiderei wiederholten sich nicht mehr. Es kam nicht wieder vor, daß ich mich im Gefühl materieller Überlegenheit wiegen konnte wie ehemals als Besitzer von einem Paar kleiner schwarzer Gummistiefel.

Von Minsk bis Frankfurt

Nach einem Herbsteinsatz auf einer Kolchose bei Borisow bin ich nach Minsk in ein Lager gekommen, das aus vier Dutzend Erdbunkern bestand, von denen jeder Bunker mit fünfzig Mann belegt war. Das war mein letztes Lager bis zu meiner Entlassung. An dieser Stelle möchte ich zusammenfassend etwas zu den sanitären Einrichtungen in den russischen Lagern sagen: Es gab keine. Waschgelegenheiten für Ganzkörperwäsche gab es über dem Wassereimer, im Sommer in Flußnähe konnten wir die natürliche Wasserquelle zu einem Bad nutzen. Die Toiletten in allen Lagern bestanden aus einem geschachteten Loch oder Graben im Freien, vor dem eine waagerechte Stange befestigt war, auf die man sich setzte. Die Toilettenanlagen im Minsker Lager hatten darüber hinaus Komfort zu bieten: Sie waren überdacht.

Wegen der freien Lage der Toiletten waren sie meist in einiger Entfernung von den Unterkünften angelegt. Das verleitete vor allem nachts dazu, wenn nur etwas Wasser abzusetzen war, den weiten Weg bis dorthin abzukürzen.

Diese Unsitte war auch im Minsker Lager zur schlechten Gewohnheit geworden. Leider fanden sich deutsche Gefangene, die sich zu einem Exempel dagegen hingaben. Sie verlegten Drähte an jenem Abflußgraben, an den sich nachts Männer stellten, und legten ohne Warnung Netzspannung an. Am nächsten Morgen lagen am Graben die getöteten Männer neben ihrem elektrischen Stuhl.

In Minsk war ich einem Baukommando angeschlossen, das im Straßenbau und im Hochbau arbeitete. Die Magistrale wurde neu angelegt. Wir schachteten mit der Hand große Pflanzlöcher am Rand der Straße, dann wurden mit dem Kran zehn- bis fünfzehnjährige Bäume mit Wurzelballen gesetzt. Anschließend verfüllten wir wieder die Pflanzlöcher.

Auf einer Baustelle errichteten wir Kriegsgefangenen ein Krankenhaus, das bereits russische Bauarbeiter begonnen hatten. Hier paßte nichts, keine Tür und kein Fenster. Wir mußten erst einmal viel wegreißen und passend neu errichten. Dadurch kam es zu Verzögerungen. Der russische Baubeauftragte „Trarab", so wurde der Bauingenieur bezeichnet, brachte in dieser Situation einen russischen Maurer, einen „Stachanowez", wie es sie später in der DDR als „Henneckes" auch gab, und sagte zu uns: „Dieser Maurer wird euch jetzt einmal zeigen, wie ihr zu arbeiten habt. So erwarte ich das dann auch von euch!" Dieser Maurer forderte von uns fünf Männer als Handlanger, und dann legte er los. Er verarbeitete dreitausend Ziegelsteine.

Auf diese Weise hätte die russische Bauleitung den Ehrgeiz der deutschen Bauleute besser nicht herausfordern sollen. Denn unser deutscher Polier zeigte am nächsten Tag unter den gleichen Bedingungen, also mit fünf Handlangern, wie in der gleichen Zeit viertausend Steine verarbeitet werden – mit dem Unterschied, daß die deutsche Mauer einen stabileren Eindruck machte. Damit war die Norm für die russischen Bauarbeiter verdorben, und sie waren fortan nicht mehr gut auf die kriegsgefangenen Bauleute zu sprechen. Das mag ein Grund dafür gewesen sein, daß russische Arbeitskräfte bald ganz abgezogen wurden und man uns das Baufeld allein überließ.

Ich war noch bei zwei weiteren größeren Bauvorhaben eingesetzt. In diese Zeit fiel dann meine Entlassung in die Freiheit. Zwei Tage vor der Abfahrt hat ein Arbeitskommando aus Kriegsgefangenen auf dem Bahnhof die Waggons für die Reise vorbereitet. Für diese Bahnfahrt in die heimatliche Richtung wurden geschlossene Güterwaggons eingerichtet, es gab Stroh als Unterlage. Wir Wegfahrenden wußten: Diese Fahrt werden wir gut überstehen, denn sie war nicht mehr zum Selektieren angelegt, sie sollte uns einem schönen Ziel entgegenbringen. Wieder gab es Verabschiedungen von Kameraden, die zurückbleiben mußten, wieder wurden letzte Habseligkeiten, nun nicht mehr gebraucht, an die überreicht, von denen uns manch einer mit Tränen in den Augen ein Lebewohl in die Heimat mitgab.

Ich saß im Zug und hörte die Räder an den Schienenstößen rattern, vernahm das leichte Schaukeln und Rütteln des Waggons, wenn er über Weichen rollte. Träumte ich, wie so oft in den letzten Jahren, um am Morgen nach dem Erwachen wieder die rauhe Wirklichkeit anzutreffen, oder war das ein erlebter traumhaft schöner Moment in meinem Leben? Tauchte ich nur wieder in die Traumwelt ab, oder war der jahrelange einzige Wunsch doch endlich in Erfüllung gegangen? Ich kniff mir in den Arm, und noch einmal in den anderen, heftiger jetzt. Der ersehnte Schmerz war da. Hurra, jetzt wußte ich es genau: Ich war unterwegs nach Hause.

Wir fuhren über Brest bis nach Frankfurt/Oder durch. Dort kamen wir noch einmal in ein Lager, für zwei Tage nur, wo wir registriert wurden, wo erste provisorische Papiere erstellt und ausgehändigt wurden, wo wir entscheiden konnten, wohin wir eigentlich wollten.

Wohin wir eigentlich wollten? Kann so eine Ziellosigkeit überhaupt möglich sein? Wie kann es Unklarheiten geben, wenn man nach Hause will? Leider gab es sie öfter, als sich dies Jahrzehnte später, unter normalen Verhältnissen lebend, noch nachempfinden läßt. Da waren heimatlos gewordene Heimkehrer, deren Heimat inzwischen zu einem anderen Staatsgebiet gehörte. Ihre Angehörigen lebten dort nicht mehr, weil sie vertrieben wurden oder umgekommen waren. Sie haben sie bisher nicht auffinden können. Diese Männer mußten den Suchdienst des Deutschen Roten Kreuzes in Anspruch nehmen, um ihre Familien wiederzufinden. Sie wußten nicht, wie lange das dauern würde und ob das Nachforschen die erhofften guten Nachrichten parat hielte. Diese Männer mußten sich zunächst für einen Aufenthaltsort entscheiden, und sie mußten sich um Arbeit und Einkommen kümmern.

Dann gab es Heimkehrer, die ihren jungen Frauen oder Verlobten jahrelang als verschollen galten. Diese Frauen erfuhren inzwischen von Augenzeugen, wie viele Männer unregistriert und namenlos umkamen. Viele dieser Frauen verloren ihre Hoffnung, sie mußten in die Zukunft blicken, es gab junge Mütter unter ihnen, die mußten ihren kleinen Kindern das Morgen sichern. Vielfach hatten diese ehemaligen Bräute und Frauen ihren Partner für tot erklären lassen, um frei zu werden für eine neue Partnerschaft. Das Leben verblüht allein doppelt schnell. Diesen heimkehrenden Männern, wenn sie nicht aus den deutschen Ostgebieten stammten und noch eine Heimatadresse kannten, die sie nach ihrer Heimkehr unangemeldet ansteuerten, öffneten nicht selten die neuen Partner ihrer ehemaligen Frauen die Haustür.

Dann gab es Heimkehrer, die wußten, daß sie niemanden mehr hatten. Auch sie mußten über ihren weiteren Weg entscheiden. Ein großer Teil der Heimkehrer allerdings hatte Heimat und Familienangehörige behalten, sie wußten, wohin sie nun wollten. Meine Familie, Frau, Sohn, Eltern, nähere Verwandte, alle auch aus der Heimat vertrieben, hatten ganz in der Nähe eine neue Bleibe gefunden. Wir hatten das Glück, seit längerer Zeit schon über den Postweg zueinander gefunden zu haben. Sie wußten nicht, daß ich heimkomme, daß ich ganz in ihrer Nähe bin. Die Post war immer vier Wochen unterwegs, die Ereignisse schneller als die Nachrichten.

Bananenrepublik

Ich erlebte in Klein-Kölzig bis zum 4. Schuljahr den Mehrklassenunterricht, das heißt in einem Klassenraum wurden zwei Schulklassen gleichzeitig unterrichtet. Während der Lehrer sich zum Beispiel mit dem 1.Schuljahr beschäftigte, hatten die Schüler der 2. Klasse Aufgaben zu lösen oder umgekehrt. Das brachte es mit sich, daß man als Schüler auch immer mit einem Ohr in dem Unterricht der anderen Klasse steckte.

Als ich inzwischen in die 2. Klasse ging, erlebte unser Schuljahr den Unterricht der 1. Klasse noch einmal mit. Wie zu jeder Zeit lahmten auch unsere Lehrbücher ihrem Zeitgeschehen hinterher. So kam es vor, daß im Lesebuch für die erste Klasse eine Frucht abgebildet war, die es überhaupt nicht gab. Unsere Lehrerin Fräulein Burghard fragte einen Schüler der 1. Klasse nach deren Namen. Dieser hatte natürlich jene Frucht noch nie gesehen, und ich konnte auf Grund der zurückliegenden Erfahrungen aus meinem 1. Schuljahr den Begriff „Banane" vorsagen. Das brachte mir spontan die zweite und letzte Backpfeife meiner Schulzeit ein, verschärft wurde die Bestrafung noch durch Eckestehen im Klassenzimmer bis zum Rest der Stunde.

Schülern zukünftiger Jahrgänge wurden solche Gewissenskonflikte erspart, das Volksbildungsministerium schuf Abhilfe. Es trug den praktischen Gepflogenheiten im Land Rechnung und tilgte die Banane mit Wort und Bild aus dem Lesebuch. Damit wurde mancher Schüler um eine Backpfeife gebracht und um eine Bildungslücke bereichert.

Die Folgen waren vorhersehbar: Innerhalb der nächsten Jahrzehnte wuchs im Land eine bildungs- und bananenhungrige Bevölkerung heran, die sich in Schlangen vor Gemüse- und Obstläden anstellte, wenn dort jene Frucht verteilt wurde, über die so viel Unwissenheit bestand. In der Hauptstadt der Republik, Berlin, gab es – im Gegensatz zum Rest der DDR – öfter Anlaß für solche Schlangen. Dorthin zog es dann Menschen aus dem umliegenden Land. Zur 10. Kunstausstellung der DDR in Dresden 1988 sah ein Künstler diese Situation mit seiner ausgestellten Karikatur „Die Bananenrepublik" so: Der bananenverspeisende Berliner Bär steht inmitten seines östlichen Stadtteils und wirft Bananenschalen herab auf die ihn umgebende Republik. Offenbar blieb es der Zensur verborgen, daß sich das Berliner Wappentier so danebenbenahm. Selbstironie war niemals die Stärke der ostdeutschen Republik, aber sie war eine Eigenschaft ihrer Bewohner.

Politisches

Nicht weniger abwechslungsreich war der Unterricht, den wir mit höheren Schulklassen gemeinsam hatten. Dabei kam man als jüngerer Schüler manchmal ganz schön ins Staunen, was die „Großen“ schon alles wissen und wie sie es sagen können. In so einer Unterrichtsstunde erläuterte Herr Herrmann, ein Geschichtslehrer aus Groß-Kölzig, der vertretungsweise in Klein-Kölzig tätig war, das Problem der Befreiung. Das Fach Geschichte gab es in Klein-Kölzig nicht. Erst ab der 5. Klasse erfuhren wir Schüler davon, was die Menschheit bisher mit sich getrieben hatte. Möglich ist, daß durch den 8. Mai, der später als „Tag der Befreiung“ in der DDR gesetzlicher und damit arbeitsfreier Feiertag wurde, die Lehrer veranlaßt wurden, hierzu vor und mit den Schülern zu sprechen.

Herr Herrmann hatte sonst nie Mühe mit seinen Schülern, sie bei aufmerksamem Zuhören zu halten. Dieses Thema Befreiung jedoch schaffte Aufruhr, viele Schüler diskutierten immer heftiger mit ihm. Heiner rief ganz erregt: „Wovon wir befreit wurden? Von ordentlichem Bindfaden und Nägeln haben sie uns befreit, und Papierschnur und Aluminiumnägel haben sie uns gebracht. Die Papierschnur kann man im Mähbinder nicht gebrauchen, sie reißt bei jeder Garbe, und der Aluminiumnagel zerspringt beim ersten Hammerschlag!“ Die Zungen vieler Söhne übten sich in der Rhetorik ihrer Väter.

Es ist nicht anzunehmen, daß Herr Herrmann die Wogen der Erregung angesichts so praktischer Argumente ganz glätten konnte oder daß es ihm trotz aufrichtigem Bemühen gelungen wäre, den tieferen geschichtlichen Sinn des Begriffes Befreiung in dieser Stunde seinen aufgeregten Schülern näher zu bringen.

Aber Herrn Herrmann gebührt Anerkennung, daß eine offene Diskussion überhaupt erfolgte, ohne daß es Auswirkungen gab. Offenbar war noch niemand da, der solche Auswirkungen veranlaßte.

Als die gleiche Schülerschar das Jugendalter erreicht hatte und eine dichte Mauer alle Öffnungen im Lande nach dem Westen verschloß, hat die Äußerung eines Jugendlichen die aktuelle Situation betreffend genügt, um ihn ins Gefängnis zu bringen. Er soll gesagt haben: „Jetzt zeigt Ulbricht sein wahres Gesicht!“

Die Heimkehr

„Groß-Kölzig“ stand auf dem Schild des Bahnhofs, an dem ich ausstieg, gelegen an der Strecke zwischen Forst und Weißwasser in der Niederlausitz. Ich mußte aber nach Klein-Kölzig. Wo liegt das? Da traf ich auf einen Mann, der im Sägewerk neben dem Bahnhof arbeitete, und fragte ihn. Später erfuhr ich seinen Namen: Max Dubrau. Er sagte zu mir: „Da gehst du gleich hier links rum und die Hauptstraße runter, da ist Klein-Kölzig.“ Dabei musterte er mich. In meinem heruntergekommenen Zustand muß ich ihm verdächtig vorgekommen sein, denn er hielt mich am Weitergehen mit der Frage auf: „Wo kommst du denn her?“ Da erzählte ich ihm in ein paar Sätzen, weshalb ich hier nach meiner Familie suche. „Wie heißt du denn?“, fragte er. Ich sagte ihm meinen Namen. „Bürkner“, wiederholte er, „hier in Groß-Kölzig gibt es einen Wilhelm Bürkner, einen Maurer, der arbeitet auch hier bei Nowsches im Sägewerk.“ „Das ist mein Vater!“ rief ich aus. Daraufhin führte er mich zur Wohnung meiner Eltern und meiner jüngeren Schwester, die zusammen wohnten. Als ich in den Hof trat, sah ich meinen Vater an einem Fenster mauern. Ich trat heran und tippte ihm von hinten auf die Schulter. Er drehte sich um und guckte mich an. Wir standen uns beide eine ganze Weile gegenüber und schauten uns stumm an.

Fünf Jahre waren vergangen, seit wir uns das letzte Mal gesehen hatten. Meinen Vater konnte ich leicht wiedererkennen, er war äußerlich wenig verändert über die schweren Jahre gekommen. Auch er wußte sofort, wer vor ihm stand, aber er mußte mich erst einmal betrachten, bevor er seine Maurerkelle fallenließ und mir seine Arme entgegenstreckte. Vor ihm stand einer, der war nicht um fünf, der war mindestens um zehn Jahre gealtert. Er betrachtete mich wortlos von oben bis unten: Er sah meine Pudelmütze, die den kahlgeschorenen Kopf bedeckte, die Zahnlücke, meinen blauen Arbeitsanzug, über den ich die graue Wattejacke gezogen hatte, und er betrachtete auch meine Füße, die in leichten zerschlissenen Schuhen aus Segeltuch steckten, aus denen die Zehen hervorlugten. Die längste Zeit aber betrachtete er mein Gesicht, dort stand am meisten geschrieben.

So und ähnlich verlief das Wiedersehen mit allen meinen Lieben, die ich damals in den ersten Tagen traf.

Mein Vater nahm mich gleich mit in die Wohnung, wo ich mit meiner Mutter und mit meiner jüngsten Schwester Friedel zusammenkam. Nun gab es Wiedersehen auf Wiedersehen, denn meine anderen Angehörigen, meine eigene Familie, wohnten nur zwei Kilometer entfernt. Mein Vater ging mit mir hinüber. Da standen wir beim Bauern Bojak im Hof und klopften an die Tür, hinter der meine Familie wohnte. Der andere Mieter meldete sich und sagte: „Frau Bürkner ist nicht zu Hause, sie ist bei Gerhard Albinsky“.

Ein Traum erfüllt sich

Meistens waren Albinskys Mädchen bei uns. Wir versorgten sie mit allem, auch Gerhards Wohnung. Gerhard erhielt seine Mahlzeiten bei Bojaks. Damit lebten vier Kinder, meine Mutter und ich in einer Stube, in der sich alles abspielte: kochen, waschen, schlafen, wohnen. Die Kinder badeten wir in einer kleinen emaillierten Wanne.

Zu jener Zeit praktizierte in Döbern eine Frau Dr. König als Ärztin. Sie kannte die katastrophalen Verhältnisse, in denen wir lebten, und durch die die Gesundheit insbesondere der Kinder gefährdet war. Sie hat sich dafür eingesetzt, daß unsere vier Kinder im Frühjahr 1949 für ein paar Wochen in das Caritasheim, ein katholisches Kranken- und Pflegeheim in Döbern, zur Erholung eingewiesen wurden.

In diese Zeit fällt ein für mich unvergeßliches Datum, der 12. April 1949. An diesem Tag träumte ich gegen Morgen, daß mein Mann Herbert heimgekommen ist. Ich sagte zu Muttel: „Wenn das nicht wahr wird, dann glaube ich an nichts mehr!"

Wir hielten uns beide am Vormittag in Gerhards Wohnung auf, da dort die Bettwäsche zu wechseln und Reinemachen dran war. Da wir keine Uhr besaßen, nahmen wir immer im Unterbewußtsein die Pfeifsignale der auf der Eisenbahnstrecke Weißwasser-Forst verkehrenden Personenzüge wahr, die an Kölzig vorüberfuhren. Damals war es noch üblich, daß sich die Züge an ihren Fahrplan hielten, und so ersetzten sie uns die Uhr. Ich dachte den ganzen Tag nicht mehr an meinen Traum, als meine Mutter mich darauf aufmerksam machte: „Da möchten wir wohl gehen, denn wenn Herbert mit dem Zug kommt, kann er nicht rein." Die Kinder waren alle noch in Döbern. Schließlich packten wir unsere Wäsche zusammen und gingen nach Hause. Als wir in den Hof kamen, rief mich Paul, der zu einer anderen bei Bojaks wohnenden Flüchtlingsfamilie gehörte, in seine Stube. Und wer saß dort? Es war Herbert mit seinem Vater! Genauso hatte ich ihn schon am frühen Morgen gesehen: Er sah gut aus, und er trug einen blauen Arbeitsanzug. Meine ersten Worte waren: „Da fehlt nur noch das rote Tuch, das hattest du um den Hals." Er griff in seine Jackentasche und zog ein Tuch aus rotem Fahnenstoff heraus. So hatte sich wieder ein Traum erfüllt, diesmal zum Guten.

Damit war eine fast zehnjährige Trennung beendet, denn so lange war Herbert durch Krieg und Gefangenschaft von der Familie weg gewesen. Im Spätherbst 1944 hatten wir beide uns das letzte Mal gesehen, als ich ihn an der Ostsee bei seiner Einheit besuchen war. Viele Sorgen hatte ich um ihn die ganzen Jahre, gebangt habe ich täglich um seine Gesundheit und um sein Leben. Er war im Winter 1945 in russische Gefangenschaft gekommen und hatte während der viereinhalb Jahre, die seitdem vergangen waren, erstaunlicherweise keine Beschwerden mit dem Magen verspürt. Das mag daran gelegen haben, daß der Magen in dieser Zeit arbeitslos war und ausruhen konnte. Er hat viel Schweres durchmachen müssen, viele seiner Kameraden haben die Gefangenschaft nicht überlebt. Diese Zeit möchte am besten vergessen sein. Für ihn war sie nun überstanden. Die meisten Heimkehrer sind nach Westdeutschland gegangen, aber er wußte alle seine Angehörigen hier und kam zu uns. War das richtig? Heimat war es hier ebensowenig wie anderswo.

Ein Onkel zu Besuch

Im Caritasheim wohnten Marianne, Monika, Annelies und ich in einem Zimmer. Wir wurden gut verpflegt, gingen im Park sehr viel mit unserer Betreuerin spazieren, und in regelmäßigen Abständen durften wir uns unter die Höhensonne legen, wozu wir dunkle Brillen zum Schutz der Augen aufgesetzt bekamen. Die katholischen Schwestern in ihren großen weißen Hauben waren alle sehr freundlich zu uns. Mutti oder Oma kamen uns öfter besuchen. Am vorletzten Tag unseres Aufenthaltes sagte uns Mutti, Onkel Herrmann sei zu Besuch da, wir träfen ihn an, wenn wir nach Hause kämen.

Ich freute mich darauf, nach Hause zu kommen. Der Grund war nicht, daß es mir im Heim nicht gefallen hätte, ganz im Gegenteil, der Grund war auch nicht das bevorstehende Wiedersehen mit Onkel Herrmann, sondern hauptsächlich der kleine schwarze Gummiball, mit weißen Streifen verziert. Diesen hat uns Tante Marianne aus Freiberg mitgebracht, als sie uns am Sonntag zuvor im Heim besucht hatte. Jedem von uns vier Kindern schenkte sie solch einen Ball. Das war der erste richtige Ball, den wir ab nun besaßen. Und damit wollte ich zu Hause ausgiebig spielen. Im Heim ließen das die Schwestern nicht zu.

Als wir am nächsten Tag im Bahnhof Groß-Kölzig aus dem Zug stiegen und zusammen mit meiner Mutter in Richtung Klein-Kölzig liefen, kam uns Oma mit einem Mann entgegen, der niemals Onkel Herrmann war. Den Onkel Herrmann kannte ich nämlich, und den Mann an Omas Seite kannte ich nicht. Aber ich wußte sofort, wer dieser Mann war, denn ich hatte seine Fotografie oft genug gesehen.

Er nahm mich hoch und hielt mich auf seinem Arm. Meine Mutter fragte mich: „Ist das nicht Onkel Herrmann?“ „Nein“, sagte ich. Mehr Reaktion kam nicht von mir. Ich fiel meinem Vater nicht um den Hals und sagte auch nicht: „Endlich bist du da, Papa“. Meine Mutter sagte dann: „Das ist doch dein Papa.“ Ich war verlegen vor meinem Vater und schwieg.

Die ersten Schuhe

Zunächst wurde man als Heimkehrer vom Arzt für vierzehn Tage krank geschrieben. Daraufhin wurde ich wirklich krank, ich bekam Ischias. Die ganze Zeit während der Kriegsgefangenschaft war ich zum Glück von so einer Erkrankung verschont geblieben. Mein Arzt hatte inzwischen viele Gefangenenschicksale erzählt bekommen, nun wußte er eins mehr. „Sie haben zehn Jahre Ihres Lebens verloren“, sagte er zu mir nach der Untersuchung. „Ja, so wie ich es Ihnen erzählt habe, waren das insgesamt zehn verlorene Lebensjahre“, bestätigte ich. Er erwiderte: „Ich meinte es anders: Sie haben zehn Jahre Ihrer Lebenserwartung eingebüßt“.

Im Juni half ich ein paar Tage bei den Landvermessern. Dazu bin ich einige Kilometer übers Land in ein Nachbardorf gelaufen. Unser einziges Fortbewegungsmittel waren unsere Füße, denn ein Fahrrad haben wir 1949 noch nicht besessen. Selbst wenn dorthin eine Eisenbahn gefahren wäre, hätte ich sie nicht benutzen können. So konnte ich das Geld für die Fahrkarte ersparen. Welche Generation hat auch so viel das Laufen beigebracht bekommen wie unsere?

Inzwischen hatte ich Gelegenheit, mir eine Arbeitsstelle zu besorgen. Ich begann am 7.Juli auf der Grube Konrad zu arbeiten, einem Braunkohlentiefbau mit eigener Brikettfabrik und eigenem Kraftwerk. Am Anfang war ich Rangierer, habe auch die Rangierlok gefahren, dann kam ich in die Fabrik. Aushilfsweise lud ich Kohlenwaggons aus. Das war damals reine Handarbeit, einziges Hilfsmittel war die Schaufel. Im Unterschied dazu sah man bis zum Ende der DDR die russischen Soldaten auf den Bahnhöfen die Briketts mit bloßen Händen aus den Eisenbahnwaggons in ihre bereitstehenden LKW laden.

Eigentlich wollte ich unter Tage arbeiten, bin dann aber in der Fabrik geblieben. Über den Naßdienst kam ich in das Kesselhaus, wo ich dann blieb. 1951 habe ich einen Lehrgang als Heizer/Maschinist abgeschlossen.

Gleich am zweiten Tag auf Konrad sprach mich mein Kollege Müller an: „So kannst du hier nicht arbeiten, die Zehen schauen raus. Du mußt feste Schuhe haben. Komm, wir gehen auf die Verwaltung, der BGL-Vorsitzende hat die Arbeitsbekleidung unter sich.“ Diesem BGL-Vorsitzenden (BGL = Betriebsgewerkschaftsleitung) brachte ich mein Anliegen vor und zeigte ihm meine Schuhe. „Wo kommst du denn her?“ fragte er mich. „Na, aus Kriegsgefangenschaft“, sagte ich. „Aus Kriegsgefangenschaft? Das geschah dir ganz recht. Warum bist du überhaupt in den Krieg mitgegangen?“ antwortete er. Ich fragte verwundert: „Was, du warst nicht im Krieg?“ „Nein!“ „Hast du eine Einberufung bekommen?“ „Die hätte ich zerrissen!“ Da platzte mir der Kragen. Ich hatte mir das in der Heimat anders vorgestellt. Ich sagte zu ihm: „Wenn du die Einberufung zerrissen hättest, dann würdest du jetzt nicht hier sitzen. Du konntest nur UK (UK = unabkömmlich) gestellt werden, wenn du Beziehungen zu den Nazis hattest. Also hast du dazugehört!“ Daraufhin fragte er mich noch: „Bist du in der Partei?“ (Er meinte damit die Partei, in der er Mitglied war, die SED.) „Nein“ sagte ich ziemlich laut, „ich komme aus Kriegsgefangenschaft und brauche ein Paar Schuhe!“ Er schickte mich ohne Schuhe davon. Als mein Arbeitskollege Müller das hörte, schenkte er mir ein Paar gebrauchte, die mir zum Glück auch paßten.

Dieser BGL-Vorsitzende M.H. ist mit Hilfe der Partei in den Folgejahren erfolgreich seinen Weg gegangen. Ihm zu Ehren wurde eine Kampfgruppeneinheit in Döbern auf seinen Namen getauft.

Erlebnisse der Väter

Ein großer Teil meiner Schulkameraden hatte nur noch die Mütter als Elternteil. Die Väter waren gefallen, vermißt oder noch in Kriegsgefangenschaft. Als aus der eigenen Familie die noch gefangengehaltenen Väter entlassen wurden und heimkehrten, gab es viel Interessantes und auch Spannendes zu hören, sobald sie unter sich waren. Anlässe zu solchen Zusammenkünften waren die Geburtstage. Alle Verwandten kamen am Geburtstag zu Besuch, und wenn einer unserer Verwandten Geburtstag hatte, dann gingen wir zu ihm. Jeder Verwandte war bei jedem anderen Gast, ein Fehlen kam nur vor, wenn Krankheit oder Arbeit dies verhinderten. Diese Familienzusammenkünfte waren immer sehr schön, wir Kinder spielten oder lauschten gern den Erzählungen der Erwachsenen.

So erfuhr ich als Schuljunge von den unterschiedlichsten Erlebnissen, die die Männer im Krieg oder in der Gefangenschaft gehabt hatten. Ich kenne keinen einzigen Bericht meiner Onkels oder meines Vaters, aus denen nicht deutlich das

„Nie Wieder" herauszuhören war. Unterschiedlich waren jedoch Erfahrungen, die sie während der Kriegsgefangenschaft machten.

Karl W. war in Norwegen im Krieg gewesen, er gelangte in französische Gefangenschaft, Martin T. kam von Nordafrika aus in amerikanische Gefangenschaft und wurde mit dem Schiff nach den USA gebracht, Gerhard A. war als Soldat in Kreta, er geriet in russische Gefangenschaft.

Während auf russischer Seite Todesmärsche und Hungerlager die Gefangenen dahinrafften, im Westen in riesigen Lagern der Alliierten, zum Beispiel auf den Rheinwiesen, die Gefangenen durch Epidemien dahinstarben, erlebte Martin T. in den USA das ganze Gegenteil. Die deutschen Gefangenen dort bekamen an weiß gedeckten Tischen serviert, die Lebensmittelbereitstellung war so üppig, daß Speckseiten im Ofen verbrannt wurden. Im Lager etablierten sich Orchester und andere Kulturgruppierungen. Martin erlernte dort das Schachspielen. Um der Langeweile zu entgehen, meldete er sich ein paar Mal freiwillig zu Arbeitseinsätzen. Er hat Hunger erst nach seiner Entlassung nach Deutschland kennengelernt.

Neubeginn

In der Schweinegasse ca. 1955; das erste Foto nach der Heimkehr des Vaters. Von links: Marianne, Herbert Bürkner, „Muttel“ Auguste Holdt, Eckhart und Margarete Bürkner

In der Schweinegasse

Ein neues Leben sollte beginnen. Es wurde mit der Suche nach Arbeit für Herbert eingeleitet. Nun brauchte er auch die erforderliche Kleidung. An Schuhen mangelte es ihm vor allem. Er besaß von der Gefangenschaft her nur so etwas ähnliches wie Pantoffeln als Schuhwerk. Als Heimkehrer bekam er einen Anzug, der ganz kraus war, wenn er naß wurde. Ein Unterhemd kam dazu, welches auf Kosten seiner Länge immer breiter wurde, das konnte er nicht tragen.

Nach dem kurzen Einsatz bei den Landvermessern, der nichts für die Dauer war, nahm er Arbeit in der Grube „Konrad“ auf, einer Braunkohlengrube mit Brikettfabrik bei Döbern, die im Tiefbau förderte. Aus gesundheitlichen Gründen konnte er nicht unter Tage arbeiten, und so blieb er bis zu seinem Rentenalter über Tage. Herbert mußte im Drei-Schicht-Rhythmus arbeiten, auch sonnabends und sonntags. Das bedeutete, daß er am Tage schlafen mußte. In der einen Stube war das schlecht möglich, und so beantragten wir eine Wohnung. Ja, wo gab es schon Wohnraum im Dorf? Wir waren, weil es so nicht länger weiterging, gezwungen, eine durch Wegzug einer Familie Handschuh nach Westdeutschland freigewordene Wohnung anzunehmen.

Diese „Wohnung“ war eine von mehreren in einem langen Haus, dem das Stallgebäude und das Waschhaus sowie das Außenklosett so gegenüberstanden, daß ein schmaler, langgestreckter Hof entstand, der im Dorf als „Schweinegasse“ bekannt war. Dieser Name stammte aus einer Zeit, in der die Wohnungen Ställe waren. Sie sind später ausgebaut worden und gehörten zum Gut. Die Wohnung war zwölf Jahre nicht bewohnt, Handschuhs waren nur vorübergehend drin gewesen. Es war die schlechteste Behausung im ganzen Dorf. Bewohnbar waren nur zwei Räume, von denen wir einen als Schlafstube, den anderen als Küche einrichteten. Zur Einrichtung erwarben wir uns ein paar Stücke von Handschuhs, dazu zurückgelassene Kleingeräte wie Schaufel, Rechen, Hacken und einen Handwagen. Auch ihre Ziege als lebendes Inventar kauften wir ihnen ab, denn wir mußten ja irgendwie starten. Sie kostete dreihundert Mark, das war für uns ein Vermögen. Herbert bezog damals ein Stundenlohn von 85 Pfennigen. Vor allem fehlte es an Futter, denn als wir in die Wohnung einzogen und das Tier übernahmen, war es bereits Oktober, so daß keine Heuvorräte mehr angelegt werden konnten. Ich habe deshalb in Bojaks Wald Heidekraut gesichelt. Und als die Sichel dabei zerbrach, setzte ich diesen Erntevorgang mit der Rodehakke fort. Als ich hier abgeerntet hatte, ging ich ins benachbarte Waldstück. Ich muß hinzufügen, daß das Heidekraut als „Waldunkraut“ in diesen mageren Kiefernwäldern überall sehr üppig wuchs und niemand sich darum scherte oder es gebrauchte. Wir zogen mit unserem kleinen Handwägelchen bis in das zehn Kilometer entfernte Schacksdorf und holten uns von dort das Heu und Stroh für unsere Arbeiterkuh.

Kleinvieh macht auch Mist

Milchwirtschaft

Als wir noch bei Bojaks wohnten, hatten wir schon zwei Hennen. Damit sie nicht den ganzen Tag eingesperrt sein mußten, denn auf dem Hof von Bojaks konnten wir sie nicht umherlaufen lassen, nahm ich sie im Korb mit aufs Feld. Sie legten dort sogar. Abends wurden sie wieder eingefangen, wobei auch Herr Bojak mithalf. Nach einiger Zeit war das so eingespielt, daß die Tiere von selbst in den Korb kamen, wenn sie die Zeit für gekommen hielten. Von diesen Hennen ließen wir schon im Folgejahr Küken ausbrüten, wozu wir uns Bruteier eintauschten. Auch die Küken kamen mit aufs Feld. Die Kinder waren immer mit draußen, um mitzuhelfen, zum Beispiel Ähren lesen. Eckhart mußte immer Futter beschaffen, Heu nachrechen und Unkraut vom Feld sammeln. Nach und nach brauchten wir mehr Futter, da unser Tierbestand von der einen Ziege in den Folgejahren auf vier anwuchs, dazu kamen Kaninchen und ein Schwein, das am Ende des Jahres geschlachtet wurde. Später mästeten wir ein zweites Schwein zum Verkauf. Wir erwarben ein paar Stücken Acker, und verwilderte Grabenränder an Wegen und Straßen wurden durch Pflege unsere Wiesen. Die Milch von den Ziegen gaben wir wie auch viele andere Ziegenhalter auf der Sammelstelle im Dorf ab, wofür wir Butter zurückbekamen. So ging es langsam mit viel Mühe aufwärts. Der Bürgermeister äußerte einmal, diese kleinen Leute würden mehr Milch abgeben als die schlechten Landwirte.

Kartoffelacker

Die rechteckige Ackerfläche war so groß wie ein Fußballfeld. Es wurde an seinen kürzeren Seiten durch einen Graben und die unbefestigte Straße am Schloßpark begrenzt, seine beiden Längsseiten endeten an benachbarten Äckern. Auf dieser Fläche wurden die Kartoffeln Reihe für Reihe mit der Kartoffelschleuder aus der Erde geworfen und mit der Hand eingelesen. Anschließend wurden Eggen über die Fläche kreuz und quer gezogen, die dabei freigelegten, bei der Lese nicht gefundenen Kartoffeln ließ der Bauer bei dieser Nachlese für sich einsammeln. Das zusammengeeggte Kartoffelkraut wurde verbrannt oder abtransportiert. Die so bearbeitete Fläche konnte nun tief gepflügt und so für die Einsaat von Getreide vorbereitet werden.

Mit einem alten emaillierten Eimer in der Hand folgte ich als neunjähriger Junge meinem Onkel Gerhard Albinsky, der den Pflug führte. Die beiden Pferde Lotte und Hans gaben das Tempo vor. Hans war das größere Pferd, es lief in der Furche, Lotte daneben auf dem ungepflügten Acker. Sie hatten schwer zu ziehen an dem Einscharpflug, der eine tiefe Furche in die dunkle Erde schnitt. Reihe für Reihe wurde der Acker durch die Pflugschar gewendet. Ich hielt mich dicht hinter dem Gespann, den Blick auf die zerkrümelnden, frisch aufgeworfenen Erdschollen gerichtet. Dabei ließ sich die hellgelbe Oberfläche einer freigelegten Kartoffel sofort erkennen, bevor sie von nachrutschender Erde verdeckt wurde. Mit einem Griff in die lockere Erde fand ich die Kartoffel schnell. Verfehlte ich sie beim ersten Zupacken, wühlte ich mit meinen Händen danach und fand sie meist.

Inzwischen war jedoch der Pflug ein Stück von mir entfernt, ich mußte zum Laufschritt übergehen, um wieder in die günstige Beobachterposition hinter dem Pflug zu kommen. Obenauf liegende Kartoffeln waren mir am liebsten, diese konnte man schnell im Vorübereilen aufheben, ohne anhalten und den Eimer absetzen zu müssen. Manchmal entdeckte Onkel Gerhard eine Kartoffel vor mir und kennzeichnete die Stelle, indem er schnell aus der Bewegung heraus seinen Absatz in die Erde drückte oder auch die mitgeführte Peitsche in den Acker steckte. Diese mußte ich ihm natürlich hinterhertragen und schnellstens wieder abliefern. Am Ende des Ackers wurde der Pflug neu angesetzt und in die entgegengesetzte Richtung geführt. Einmal hin und zurück entsprach etwa der Länge einer Stadionrunde. Nach so einer Runde kippte ich den gesammelten Inhalt aus dem Eimer in den bereitstehenden Kartoffelsack. Je größer mein Glück beim Finden von Kartoffeln war, um so weiter entfernte sich der Pflug von mir und um so mehr hatte ich am Eimer zu schleppen. Mein Ehrgeiz richtete sich darauf, möglichst keine Kartoffel zu übersehen und den Abstand zum Gespann immer kurz zu halten. Das machte es nötig, mit dem Kartoffeleimer in der Hand die Stadionrunde streckenweise immer wieder im Trab zurückzulegen.

Das Ergebnis einer solchen Trainingseinheit, die sich am Nachmittag über ein paar Stunden erstreckte, waren nicht Weiten, Höhen oder Zeiten, sondern so mancher zusätzliche Zentner Kartoffeln, die kein Geld kosteten.

Onkel Gerhard teilte ich eine beiläufige Beobachtung mit, wobei ich ihm die Frage stellte: „Die frisch gepflügte Erde liegt immer etwas höher als die unbearbeitete Fläche. Müßten wir im Lauf der Jahre da nicht an den Himmel anstoßen?“ Daraufhin antwortete er mir: „Unser Fleiß ist es, der uns dem Himmel Jahr für Jahr ein Stück näher bringt.“

Kartoffelkäfer

Die Kartoffelernte war gut. Dazu trug nicht nur der Fleiß der Bauern und ihrer Landarbeiter bei, sondern es gab noch zahlreiche andere Helfer: die Sammler der Kartoffelkäfer.

Im Frühsommer, wenn das Kraut der Kartoffeln den größten Zuwachs erfährt, wurde an einigen Sonntagen zur Zeit des Kirchganges zum Suchen der Kartoffelkäfer angesetzt. Daran konnten sich alle beteiligen, denen daran gelegen war, die Nutzpflanze von den Schädlingen zu befreien, die Grundlage für eine gute Ernte zu legen. Auffallend war bei diesen Aktionen, daß sich auf den Feldern viele Schulkinder, Rentner und auch ein paar Offizielle von der Gemeindevertretung einfanden, einen Bauern hat man höchst selten angetroffen.

Sollte man der Zeitung und dem Rundfunk glauben, so waren es die „bösen“ Amerikaner, die von Flugzeugen aus die Kartoffelkäfer über der Landschaft der DDR abwarfen, um die Entwicklung der „sozialistischen Volkswirtschaft“ zu stören. „Diese imperialistischen Machenschaften“ wurden mit fotografischen Aufnahmen nachgewiesen: Die Zeitungen zeigten Dächer in Städten, auf denen Kartoffelkäfer lagen.

Die Kartoffelkäferkampagnen, sowohl die Sammelaktionen wie auch die Zeitungsvorwürfe, hatten ausgangs der 50er Jahre ihre Bedeutung verloren. Die Chemie brachte mit den Schädlingsbekämpfungsmitteln Abhilfe.

In den 70er Jahren stießen wir beim Urlaub an der Ostsee am Strand auf so große Mengen von Marienkäfern, daß an diesen Stellen das Baden nicht mehr möglich war. Da die Marienkäfer im Gegensatz zu den Kartoffelkäfern Nützlinge sind, konnten sie schlecht von den Amerikanern abgeworfen worden sein. In der Zeitung war auch kein Bericht darüber enthalten, daß diese Nützlinge unser großer Freund und Helfer, die Sowjetunion, geschickt hätte, um die Blattläuse von unseren Nutzpflanzen tilgen zu helfen. So wissen wir heute noch nicht, woher die vielen Marienkäfer kamen.

Große Sprünge

Unsere erste Ziege übernahmen wir samt ihrem Namen Fritzel von der Familie Handschuh, die in den Westen zog. Ihr männlicher Vorname stand ihr wegen des Gamsbartes gut zu Gesicht. Als besonderen Kopfschmuck trug sie ein Paar Hörner, an denen ich sie festhalten konnte, wenn ihre Kampfesstimmung durchbrach und ich Lust bekam, mit ihr zu ringen. Jedes Frühjahr brachte sie drei Zicklein zur Welt. Aus ihren Töchtern wuchsen weitere Ziegen heran, bis der Stall voll genug war. Diese Nachwuchsziegen hatten keine Hörner und Bärte mehr, die Erbanlagen des Ziegenvaters dominierten, sogenannte Glöckchen zierten ihre Kinnpartie.

Jedes Jahr im Spätherbst kam über die Tiere die Urgewalt der Natur in Gestalt des Bockes. Die Bereitschaft dazu zeigen die Tiere an, sie haben diese Eigenschaft von ihren wilden Herdenvorfahren bis in ihre Domestikation bewahrt. Es ist bei den Wildtieren die Brunst, mit der die Erneuerung des Lebens zur Erhaltung der Art eingeleitet wird. Bei den Haustieren führte der Mensch dafür unterschiedliche Begriffe ein: Das „Rindern" für die Kuh, „Rauschen" für die Sau oder das „Bockigsein" für die Ziege. Wenn unsere Ziege bockig wurde, mußte sie über Land geführt werden bis ins Nachbardorf Groß-Kölzig, wo der auserkorene Bock saisonbedingt zum Sprunge bereit stand. Dieser Zeitpunkt mußte genau abgepaßt werden, wenn sich Nachwuchs einstellen sollte.

Als ich zehn Jahre alt war, wurde ich für Manns genug befunden, anschauliche Aufklärung in Sachen Fortpflanzung zu erhalten. Auf dem Land wurde schon immer mehr Wert darauf gelegt, an die praktische Sache auch gleichzeitig eine nützliche zu heften. Praxis und Nutzen standen nicht immer so eng im Bunde bei der Ziege, die zur Hochzeit wollte, und ich, der sie zum Bock zu führen hatte und Trauzeuge werden sollte.

Der Weg hinzu war problemlos. Die Ziege war ausgeruht, und vielleicht trieb sie ihr Instinkt voran. Doch der Rückweg war eine Zerreißprobe für alle Beteiligten: Für mich hinsichtlich meiner Geduld, für die Ziege wegen ihrer offenbar konditionellen Probleme und für den Strick, an dem Ziege und ich in entgegengesetzte Richtungen zerrten. Das Tier wollte nicht mehr laufen und ging immer öfter in den Sitzstreik über. Wenn es auf den Beinen stand, war ihm nicht der Sinn danach, mir zu folgen, und ich hatte viel Mühe aufzuwenden, die Ziege wieder in den Stall zurückzubringen.

Wer auf dem Dorf aufgewachsen ist, hat immer wieder Gelegenheit zu Beobachtungen vom Entstehen und Vergehen von Leben erhalten. Es kann keine bessere Schule für Kinder geben, als in unmittelbarer Nachbarschaft zur Natur aufzuwachsen. Im Kind wächst dabei eine ausgewogene Einstellung zur natürlichen Umwelt heran, und es wird auch später Partnerschaft zur Natur suchen. Dazu gehört der gesunde Umgang mit der Natur, das ausgewogene Verhältnis zu Pflanze und zu Tier, eine durch die Vernunft bestimmte Auffassung von der Nutzung der Pflanze und des Haustieres durch den Menschen. Wie oft wird das vernünftige Maß gerade von Menschen, die in guter Absicht auftreten, so sehr überzogen, daß leider dadurch berechtigte Forderungen zur Groteske verstümmeln.

Heuboden

Gegenüber unseren Zimmern, auf der anderen Seite des Hausflures, befanden sich noch zwei Räume, den vorderen davon hatten unsere Vorgänger als Hühnerstall genutzt. Hier gab es nur rohes Mauerwerk. Ofen und Fußboden fehlten, das Fenster war schlecht. Aus diesem Raum machten wir eine Küche. Herberts Vater verputzte die Wände, aus Abbruchmaterial setzte er einen Küchenofen, und aus Bretterresten wurde ein Fußboden gezimmert. Der Raum dahinter unterschied sich vom Zustand des ersteren durch die ganz und gar fehlenden Fenster. Die leeren Öffnungen vernagelten wir mit Brettern, dieser Raum wurde zu unserem Keller. Über der Wohnung dehnte sich ein großer Dachboden aus. Eine schmale Holztreppe führte hinauf, über die die Heu- und Strohvorräte für die Tiere hochgetragen wurden.

Wir haben weiterhin bei Bojaks gearbeitet, Herbert vor oder nach seiner in der Fabrik geleisteten Schicht. So wurden es bei ihm täglich zwei Arbeitsschichten. Es war viel verlangt, aber wir wollten ja vorwärtskommen. Bei Bojaks hat es sich sehr gut gearbeitet. Der Chef verstand es vortrefflich, Arbeit und Leute optimal einzuteilen, das ist für jeden, selbst für den kleinsten Betriebsablauf wichtig. Auch mit Frau Bojak war eine gute Zusammenarbeit möglich, wir waren fast gleichaltrig. Beide trieben bei der Arbeit nicht an, man hörte nie ein Schimpf- oder gemeines Wort. Andererseits gaben wir auch niemals Anlaß dazu, denn wir arbeiteten immer mit vollem Kräfteeinsatz und unterschieden nicht, ob es für andere oder für uns war.

Wieviel Kinder sind genug?

Als Eckhart zwei Jahre alt war, sagte ich einmal zu Herbert, ich möchte nicht nur bei einem Kind bleiben. Seine Antwort war, ich solle doch einmal daran denken, daß Krieg sei. Wenn der Krieg gut ausginge, käme ein Kind noch zurecht, und wenn er schlecht ausginge, dann sei eins genug. Ich mußte die ganzen Jahre daran denken, wie recht er hatte. Der Krieg brachte für uns die Flucht, die Rückkehr, die Polenzeit, die Ausweisung und die anschließende Notzeit. Das kostete das Leben meiner Schwestern, die ihre Kinder als Waisen hinterließen. So hatten wir nach dem Krieg für vier Kinder zu sorgen. Wenn auch Monika und Annelies ihren Vater noch hatten, so haben wir sie doch noch zwei Jahre lang versorgt, bis sich eine andere, für die Mädchen sehr gute Lösung ergeben hat. Und dennoch ist es mir so, als gehörten sie noch immer zu unserer Familie. Es ging damals nicht nur um die Nahrung allein, es mußte auch für Kleidung und Wäsche und die vielen wichtigen Nebensächlichkeiten, die zum Leben gehören, gesorgt werden. Zu kaufen gab es immer noch nicht viel, ein Minimum wurde durch Lebensmittelkarten und Bezugsschein zugestanden. Wir mußten oft sehr erfinderisch und wendig sein, um aus dem Wenigen etwas mehr und aus scheinbar Unbrauchbarem noch etwas Nützliches zu machen. Wenn man solche Zeiten hinter sich hat, kann man sich immer noch nicht an die heutige „Wegwerfgesellschaft" gewöhnen. Es wäre besser für alle Menschen, könnten sie von ihrem Verschwendungsverhalten zu einer gesunden Sparsamkeit zurückfinden.

Annelies, Marianne , Monika und Eckhart ca. 1953. Bei Eckhart sieht man den Goldzahn, den er erhielt, weil ihm beim Völkerballspielen ein Zahn herausgeschlagen worden war.

Kulinarisches: Semmeln und Würste

Ich hatte als Sieben- bis Achtjähriger neben dem, was Schule und Leben zum Lernen boten, noch einigen Nachholbedarf. Vor allem waren auf kulinarischem Gebiet Bildungsrückstände eingetreten, weil bislang das Lehrmaterial fehlte. Diese Bildungslücken schlossen sich in dem Maße, wie sich zum ABC und dem Einmaleins als der geistigen Nahrung jener Zeit nach und nach auch andere Kost hinzugesellte.

So rückt die Bekanntschaft mit einer Semmel in mein Bewußtsein, als wir noch in der einen Stube beim Bauern Bojak wohnten, also etwa 1948. Die Briefträgerin brachte ein Päckchen aus Coburg, das die Großeltern von Marianne geschickt hatten. Und dieses Päckchen brachte neben anderen nützlichen Sachen auch zwei Semmeln zu uns. Bislang kannte ich nur schwarzes Brot, und diese Semmeln waren für uns wie Kuchen. Eine Semmel verzehrten wir noch am gleichen Tag. Sie war hart und wurde in Milch eingeweicht und mit Zucker überstreut. Es war eine Delikatesse! Die andere Semmel sollte uns Kindern am kommenden Sonntag zum Gaumengenuß werden. Doch so lange wollte die Semmel nicht warten. Sie überließ sich einem Schimmelpilz und war unbrauchbar geworden.

Weihnachten 1949 konnten wir zum ersten Mal gemeinsam als Familie feiern, nachdem mein Vater im April 1949 aus der Kriegsgefangenschaft heimgekehrt war. Und erstmals konnte es sich meine Mutter leisten, jedem von uns anläßlich des Jahreswechsels zum Kartoffelsalat heiße Würstchen zu reichen. Das mußte vorerst auf besondere Anlässe beschränkt bleiben. So ein Anlaß war das nächste Weihnachtsfest.

Der Weihnachtsschmaus wurde alljährlich eingeleitet mit den „Mohnklößen", einem ähnlich speziellen Erzeugnis der Küche aus den schlesischen Landstrichen, wie es auch das „Schlesische Himmelreich" ist. Während das erste süß und mir damit gut schmeckte, konnte ich dem letzteren Gericht nie den Geschmack abgewinnen, den sein Name versprach. Dieses Essen wird als Suppe zubereitet. Sie wird aus Backobst heimischer Früchte und Rauchfleisch gekocht, und kleine Klößchen werden zugesetzt. Das Ganze wird süßsauer abgeschmeckt. Als ich das Essen kennenlernte, wurde anstelle des Fleisches Speckschwarte verwendet. Diese Spezialität gab es hin und wieder, gehörte aber nicht zum weihnachtlichen Speiseplan.

Obwohl wir Ziegenmilch gern tranken, wurde für uns Kinder beim Bauern Kuhmilch hinzugekauft. Diese holte ich immer in einer kleinen emaillierten Blechkanne ab. Eines Abends kam ich dazu, als die Bauersfamilie am Küchentisch beim

Abendbrot saß. Der Sohn Heiner, ein Jahr älter als ich, schnitt sich dicke Scheiben von einer Wurst ab und belegte damit seine offene Butterschnitte. Erst als die Bäuerin mir die gefüllte Milchkanne überreichte, fand ich Gelegenheit zur Beendigung meiner Beobachtung. Sie hatte genügt, sich unvergessen in mir festzusetzen. Nur etwas Neues oder Ungewöhnliches kann so einen bleibenden Eindruck hinterlassen.

Später wurde auch für uns der Umgang mit Wurstscheiben auf einer offenen Scheibe Brot zur Selbstverständlichkeit. Es drängt sich die Frage auf: Ist es recht, alles uns Verfügbare als so selbstverständlich anzusehen und hinzunehmen? Ist die Grenze nicht längst nach der Seite überschritten, wo wir das Selbstverständliche weit hinter uns zurückgelassen haben? Und wer sollte freiwillig zurückkehren?

Betriebskosten und Grüne Brause

Unser Hauptgetränk war Wasser frisch aus der Quelle. Im Bereich des Gutshofes gab es zwei Quellen, die so ausgebaut waren, das sie den Anwohnern die Wasserversorgung ganzjährig sicherten. Das Wasser plätscherte an beiden Wasserstellen aus einem einzolligen Rohr, unter das man den Wassereimer zum Füllen auf einen Eisenrost stellen konnte. Durch diesen Rost lief das nicht aufgefangene Wasser und wurde unterirdisch in Rohren weggeleitet. Die Quelle in der Nähe des Gutshofes speiste den Gutsteich, das überschüssige Wasser der Schweinegassen-Quelle wurde in den Straßengraben geleitet. Da das Wasser sehr kräftig floß, war ein Wassereimer schnell gefüllt, und die Zeiten für ein Schwätzchen sich hier treffender wasserholender Frauen hielten sich in Grenzen. Schöne Eisgebilde entstanden im Winter, wenn das umherspritzende Wasser gefror. Das Rohr selbst ist auch bei den strengsten Frösten niemals eingefroren.

Dieses Wasser unweit unserer Wohnung war eine vielseitige Kostbarkeit. Es schmeckte wunderbar, es konnte unabgekocht getrunken werden, es wurde als Waschwasser verwendet, und im Sommer wurde es zu Kühlzwecken benutzt, denn ein Kühlschrank stand erst ab etwa 1959 zur Verfügung. Zum besonderen Genuß wurde das Quellwasser, wenn man an heißen Tagen durstig nach Hause kam. Dann konnte man an der Quelle nicht vorbeigehen, ohne sich unter das wasserspeiende Rohr gebeugt und vom frischen kühlen Naß genommen zu haben.

Diese ständige Verfügbarkeit besten Quellwassers, der schmale Geldbeutel und die lange Tradition in der Familie, Getränke immer selbst zuzubereiten, führten dazu, daß es Getränkeflaschen bei uns nicht gab, ich den Inhalt solcher Flaschen auch nicht kennengelernt habe. Die erste Limonade perlte mir auf der Zunge, als ich einmal mit anderen Kindern bei meiner Schulkameradin Renate zum Spiel war. Sie gab uns kleinen Gästen aus einer Brauseflasche zu kosten. Die Flüssigkeit hatte ein wunderschön leuchtendes Grün und prickelte so seltsam im Hals. Gern hätte ich wieder einmal davon gehabt.

In jener Zeit war es bei der Arbeit auf dem Lande üblich, daß zum Frühstück und zur Vesper am Nachmittag Malzkaffee mit Milch gereicht wurde. An heißen Tagen deckte man den zusätzlichen Flüssigkeitsbedarf mit frisch gekochtem, gesüßten Kräutertee. Das wurde im Dorf bei den gutgehenden und weniger vorteilhaft wirtschaftenden Bauernbetrieben einheitlich gehandhabt. Meine Eltern waren überwiegend bei zwei Bauern im Dienst, die den besser funktionierenden Wirtschaften zuzuordnen waren. Auch sie hielten sich an diesen ungeschriebenen Kodex. Aus ihm auszubrechen und Getränke in Flaschen aus dem Dorfkonsum für den Verbrauch der Landarbeiter zu kaufen, hat keiner der Arbeitenden erwartet. Diesen Schritt konnten sich die musterhaft dastehenden Betriebe ohnehin nicht leisten, denn das hätte höhere Betriebskosten und Schaden am Betriebsergebnis verursacht. Diese ökonomischen Zusammenhänge müssen einigen schlechter wirtschaftenden oder auch kleineren Bauern nicht so klar gewesen sein, denn mit den Jahren widerstanden sie dem Getränkeangebot des Ladens nicht mehr. Sie boten ab und an ihren fleißigen Landarbeitern Brause, Selters oder manchmal auch ein Bier an.

Nicht, daß die Landarbeiter darüber unzufrieden gewesen wären, aber verwundert waren sie doch. Sonst hätte man sie nicht manchmal sagen hören: „Kein Wunder, daß es bei dem nicht so funktioniert, wenn er sich solche Ausgaben leistet."

Innerdeutsche Grenze

Am 16. Dezember 1949 hielt mein Bruder Gerhard Hochzeit. Mutter und ich hatten einen Antrag zur Reise gestellt, der aber abgelehnt wurde. Das Verlangen einer Mutter, zu sehen, wo und wie ihre Söhne lebten, erwies sich jedoch stärker als das staatliche Verbot. Wir sind illegal über die Grenze gegangen, wurden immer wieder festgehalten und zurückgewiesen, haben aber dennoch unser Ziel erreicht. Nach drei Tagen waren wir durch. Unsere Arbeitsschuhe hielten die langen Fußmärsche durch unwegsames Gelände ab. Damals ging so etwas noch. Später, als die Menschheit sich weiter in Richtung Fortschritt bewegte hatte und die Zeit des Faschismus in Deutschland immer mehr in die „bewältigte Vergangenheit" gerückt war, fanden derartige mütterliche Sehnsüchte immer weniger Rücksichtnahme. Nur, wer lebensmüde war, konnte Jahre später noch den Versuch unternehmen, die Grenze von einem zum anderen Teil Deutschlands illegal zu überschreiten.

Bruder Walters Hochzeit war gleich anschließend am 6. Januar 1950. Diese sollte nach unserem Wissen nicht so groß gefeiert werden. So lange wollten wir auch nicht bleiben, denn Weihnachten stand vor der Tür, und wir wollten bis dahin wieder zurück sein. Schließlich hatten die Kinder einen Anspruch auf uns und natürlich Herbert, der nach zehn Jahren zum ersten Mal wieder inmitten seiner Familie das Fest begehen konnte. Wir konnten beruhigt diese Reise unternehmen, da wir die Kinder in guter Obhut wußten. Gerhards Schwester Frieda holte Monika zu sich, Frau Weiß wollte Annelies nehmen, und zu uns kam Herberts Mutter aus Groß-Kölzig.

Frau Noack

Als wir wieder zu Hause ankamen, erfuhren wir, daß Gerhard die Stelle bei Bojaks gekündigt hatte und auf den Hof gegangen war, in dem auch seine Wohnung lag. Dort war Frau Noack seit kurzem Verwalterin. Seine Kinder hatte Gerhard mitgenommen. Wir berieten, was nun zu tun sei. Ich sagte zu Mutter, sie solle doch zu Gerhard gehen und fragen, ob wir weiter für die Kinder sorgen sollen. Er antwortete unserer Mutter, wir hätten ihn verlassen, und so würde er nun selbst für die Kinder sorgen. Das machte uns betroffen, denn solche Absichten hatten wir niemals gehabt.

In Wirklichkeit verhielt es sich so, daß Gerhard unsere Abwesenheit als Anlaß benutzte, um sich von Bojaks zu lösen und ein eigenes Leben aufzubauen. Denn so konnte sein Leben nicht weitergehen, er erhielt immer noch den gleichen Hungerlohn von vierzig Mark im Monat. Seine Entscheidung konnte so nur richtig sein. Er nahm bei Frau Noack Arbeit an, sie übernahm die Mädchen und vertrat an ihnen die Stelle einer Mutter. Damit stellte sich in dieser schweren Zeit die Frau eine Aufgabe, für die die Mädchen, beide heute selbst Mütter, nicht dankbar genug sein können. Frau Noack hatte ja nicht nur die Familie zu versorgen, sie hatte auch ihre Arbeit in Hof, Haus und auf dem Feld. Ihre eigene Tochter Anita war nicht viel älter, und so wuchsen die Mädchen wie Geschwister auf. Sie hätten eine bessere Bleibe nicht finden können. Ich freute mich immer wieder über das gute Verhältnis zwischen ihnen, es war ihr Zuhause. Wir brauchten uns nicht mehr um die Kinder kümmern.

Frau Noack war verwitwet, und da alle in gutem Einvernehmen miteinander lebten, wäre für keinen Außenstehenden, dem diese Familienverhältnisse vertraut waren, eine Ehe zwischen Gerhard und Frau Noack eine Überraschung gewesen. Weshalb Gerhard jedoch zurückhaltend blieb, blieb Außenstehenden unbekannt: Er lebte nur für seine Töchter, und er konnte seine Frau nicht vergessen. Am 28. April 1966 verstarb er leider viel zu früh nach kurzer schwerer Krankheit im Alter von 54 Jahren. Er fand seine Ruhestätte neben seiner Frau. Leider hat Gerhard nie mit seinen Kindern über die damalige Zeit gesprochen, und sie wissen wohl kaum etwas über das Leben ihrer Mutter, über die schweren fünf Jahre, die sie zusammen mit ihren Kindern verlebte.

Kleine Fische

Was den großen Bauern die Pferde, den Kleinbauern die Kühe und den „kleinen Leuten“ die Ziegen und Kaninchen wert waren, das bedeutete für manchen von uns Schuljungen ein Aquarium mit Zierfischen. Auch ich besaß ein Vollglasbecken mit zehn Litern Fassungsvermögen als „Stall“ für meine wenigen grünen und roten Schwertfische und Guppys, die sich zusammen mit Wasserschnecken und Pflanzen den kleinen Lebensraum teilten. Zu diesem Besitz bin ich kostenfrei durch Tausch und manche Schenkung gelangt wie auch die meisten meiner Schulkameraden, denen ihre Eltern einen solchen Luxus nicht sponsern konnten.

Aus dem gleichen Grund lebten meine Wasserbewohner naturnah, ohne Filter, Heizungsanlage, Beleuchtung und anderes technisches Beiwerk, so wie auch Menschen auf korbgeflochtenen Stühlen in einer Lehmhütte mehr in der Nähe zur Natur sitzen als ihre Artgenossen, die es sich in gepolsterten Sesseln in klimatisierten Räumen bequem machen.

Meine Fische wurden mit Wasserflöhen aus dem nahe gelegenen Schloßteich ernährt. Zur eisfreien Zeit gab es sie als Lebendfutter, für den Winter war aus ihnen durch Trocknung ein Vorrat als „Heu“ angelegt.

Das Auf und Ab des Wellenspiels eines natürlichen Gewässers blieb meinen Fischen auch nicht vorenthalten. Sie erlebten es immer dann, wenn jemand den als Wohnküche eingerichteten Raum betrat, wo das Aquarium auf einem Schränkchen neben der Eingangstür seinen Platz hatte. Die Balken unter der Dielung hatten durch Fäulnis ihr ursprüngliches Volumen vermindert und lagen nicht mehr auf. Jeder Eintretende, dem diese schwankende Stelle im Fußboden noch unbekannt war, löste ein kleines Seebeben im Gewässer aus. Manchmal trat das Wasser über die Ufer, wie es auch die wild lebenden Vorfahren meiner Fische kannten.

Zusätzlich bewegtes Wasser gab es zur kalten Jahreszeit, wenn ich abends das Becken mit gesamtem Inhalt zum Küchenherd trug und es dort abstellte, damit sich über Nacht das Wasser im Becken nicht mit der absinkenden Raumtemperatur zu sehr abkühlte. Die Fische fühlten sich ihrer Herkunft nach nur in warmem Wasser wohl. Am Morgen schleppte ich das Aquarium wieder an seinen eigentlichen Standort zurück, bevor das Herdfeuer entfacht wurde. Die heiße Glut in der Asche hielt die Herdplatte temperiert, und so brachte ich die Fische auch ohne technische Ausrüstung gut über manche kalte Winternacht. Diese Fürsorge dankten mir die Fische mit ihrem Wohlbefinden, ihrer Munterkeit und mit Nachwuchs.

Das ging gut bis zum Sommer. Zu Beginn der großen Sommerferien trat ich als Elfjähriger zusammen mit meinem Cousin Rainer einen mehrwöchigen Erholungsaufenthalt in Pritzerbe bei Brandenburg an. Der Sommer im Kinderheim war heiß und trocken, meine Mutter berichtete in ihren Briefen an mich, daß auch zu Hause kein Regen fiele und der Straßengraben inzwischen schon ausgetrocknet sei. Diese Nachricht brachte Schlechtwetter für meine Augen, sie füllten sich mit dem Naß, das dem Graben und meinen Fischen fehlte, die ich vor meiner Abreise in einer Mulde im Dorfgraben abgesetzt hatte, um sie nach meiner Rückkehr wieder von dort zu holen. Niemand hatte sich bereit gefunden, meine Pfleglinge während meiner Abwesenheit zu betreuen, meine Oma nicht, und meine Eltern auch nicht.

Ihnen stand nicht der Sinn nach solchen Kinkerlitzchen, sie hatten alle ihre Aktivitäten noch immer ausschließlich auf Nutzbringenderes ausrichten müssen. Letzten Endes blieben ihnen für ihre Bemühungen auch nur „kleine Fische“ übrig.

Anschaffungen

Langsam konnten wir an Anschaffungen denken. Für mich war das wichtigste eine Nähmaschine. Ich erstand ein altes Modell aus dem vorigen Jahrhundert, es erfüllt heute noch seinen Zweck. Damit fertigte ich aus Resten oder abgelegten Sachen so manches schöne Bekleidungsstück für unsere Kinder und brauchte so weniger Geld ausgeben. Angeschafft wurde nur so viel, wie wir bezahlen konnten. Zuerst kamen die laufenden Ausgaben dran, und das Übriggebliebene wurde für die nächste Anschaffung zurückgelegt. In den ersten beiden Jahren ist Herbert jeden Tag den ungefähr fünf Kilometer langen Weg zur Arbeitsstelle hin und wieder zurück gelaufen, denn wir hatten noch kein Fahrrad. Ach, wie viele Kilometer haben wir damals wohl zu Fuß zurückgelegt, es müssen Tausende zusammengekommen sein.

Das erste Fahrrad

Die Grube Konrad lag am Ortsrand von Döbern, sie hat ihren Betrieb Anfang der 60er Jahre nach der Errichtung des großen Braunkohlenkombinates in Schwarze Pumpe bei Hoyerswerda eingestellt. Meine Arbeitsstelle lag von meiner Wohnung in Klein-Kölzig etwa fünf Kilometer entfernt. Diesen Weg nahm ich täglich vor und nach der Schicht zu Fuß. Die nächste wichtige Anschaffung mußte unbedingt ein Fahrrad sein. Doch es gab noch wichtigere Anschaffungen, wie Möbel für Küche, Schlaf- und Wohnzimmer. Mein Verdienst auf Konrad betrug 85 Pfennige je Stunde, Gretel erhielt für einen ganzen Arbeitstag beim Bauer zwei Mark, und wenn ich das Pferdegespann zur Bearbeitung unseres inzwischen angeschafften kleinen Pachtackers für drei Stunden auslieh, hatte ich dafür zwei volle Tage beim Bauern abzuarbeiten. Bei diesen Einkünften und den vor uns stehenden Anschaffungen mußte das Fahrrad noch bis 1951 warten.

Einen alten Fahrradrahmen und ein Paar Räder ohne Reifen erhielt ich von älteren Leuten aus dem Dorf. Deren Schwiegersohn betrieb den Dorfkonsum, in dem wir unseren Alltagsbedarf und Lebensmittel einkauften. Durch Fragen und Gespräche dort kamen wir zu der Grundausrüstung des Fahrrades. Einen gebrauchten Lenker konnte mir der Fahrradmechaniker des Dorfes beschaffen. Alles andere war im Osten nicht zu haben. So wurde von langer Hand und mit vielen Beziehungen eine Beschaffungsfahrt nach Westberlin vorbereitet.

Mein Schwager Walter als Bauer bei Syke/Bremen kannte den Inhaber einer Abmelkstelle in Westberlin, ein Betrieb, der zum Schlachten vorgesehene Kühe so lange melkt, bis sie keine Milch mehr abgeben. Dorthin hat Walter Geld für Fahrradbereifung geschickt. Ich fuhr nach Westberlin. Damals konnte man die Grenze passieren, es war nur mit einer Ausweiskontrolle durch die Volkspolizei verbunden. Ich meldete mich beim Besitzer des Unternehmens, der mir das Geld übergab. Anschließend suchte ich den Gartenbaubetrieb Bartel in Westberlin auf, dessen Besitzer jener Lagerkamerad aus einem russischen Lager war, dem ich mit heimlich zugesteckten Portionen wieder zu Kräften verhelfen konnte.

Dieser konnte mir einen gebrauchten Dynamo mit Lampe übergeben. Vom Geld kaufte ich Fahrraddecken und -schläuche ein, fuhr nach Biesdorf in Ostberlin zu Gustav Winkler, dem Schwager meiner Schwester, bei dem ich übernachtete.

Am nächsten Morgen wickelte ich mir die Bereifung unter der Oberbekleidung um den Leib, um bei den üblichen Gepäckkontrollen durch die östliche Transportpolizei nicht aufzufallen und setzte mich in den Zug in Richtung Cottbus.

Die Mitreisenden meines Abteils waren alle im Westen einkaufen gewesen. Man sah es daran, was sie bei sich hatten: Apfelsinen und Bananen waren eindeutige Indizien. Ich als Neuling in solchen Unternehmungen hatte außer Herzklopfen keine weiteren Erfahrungen und richtete mein Verhalten ganz nach dem der anderen aus. Von denen ging immer mal jemand nach den hinteren Wagen schauen. „Ach, die sind noch weit hinten, aber essen wir mal lieber von den Apfelsinen, daß sie nicht alle wegnehmen.“ Mit solchen und ähnlichen Bemerkungen kehrten die Späher zurück. Als der Zug in Lübbenau hielt, war die Kontrolle bereits im Nachbarwagen. Viele des Abteils, obwohl sie weiter wollten, stiegen hier aus, kurz vor der Abfahrt erst, um im hinteren, bereits kontrollierten Zugende wieder einzusteigen. Mit dieser Taktik bin auch ich ganz gut zurecht gekommen. Ich brachte meine Fahrradteile unkontrolliert zu Hause an.

Die Züge sind über Jahre hinweg bis ins Inland kontrolliert worden. In den Zeitungen Ostberlins und der DDR wurden in jenen Jahren täglich Meldungen mit Bildern von aufgedeckten Schiebereien veröffentlicht. Zum Beispiel wurden landwirtschaftliche Produkte aus dem Osten nach Westberlin gebracht, dort verkauft, dafür Dinge eingekauft, die es im Osten nicht gab. Diese Berichte gab es ab August 1961 nicht mehr.

Heidelbeeren

Wegen unseres Tierbestandes hatten wir inzwischen einige kleinere Feldstücke in Pacht genommen und bearbeitet. Dazu hat uns Herr Bojak den Einsatz seines Pferdegespannes genehmigt. Das bedeutete jedoch für Herbert, daß er alle diese Einsätze bei Bojaks abarbeiten mußte. Im Sommer verging kaum ein Tag, an dem Herbert nach seiner Frühschicht oder vor der Nachmittagsschicht nicht bei Bojaks gearbeitet hätte. Doch alle diese Anstrengungen erlaubten uns schließlich, erste Anschaffungen zu machen. Fertigmöbel aus dem Geschäft waren damals für uns noch nicht erschwinglich. Darum holten wir unsere Schlafstube mit dem Pferdegespann aus dem etwa 25 Kilometer entfernten Schwarze Pumpe im rohen Zustand von einem Tischler ab. Der Maler des Dorfes, Herr Bonkaß, hat diesen Möbeln einen Furnieranstrich gegeben, den Eckhart ob der handwerklichen Leistung heute noch bewundert.

Unseren Obstbedarf deckten wir mit dem, was uns die freie Natur anbot, denn einen Garten besaßen wir leider nicht. Ein kleines Stück Acker neben unserem Feld, weit weg von der Wohnung, haben wir durch einen dichten Zaun aus Ruten gegen das Eindringen von Kaninchen eingegrenzt und in sehr bescheidenem Umfang mit Gemüse bebaut. Die Ernten fielen auf dem mageren Sand sehr mäßig aus, denn dieser „Garten" lebte nur von den natürlichen Niederschlägen. Darum sind wir in der Saison täglich im Wald gewesen, um Beeren und Pilze zu holen. Wenn wir in die Heidelbeeren fuhren, dann mußten größere Entfernungen zurückgelegt werden. Dazu nahm ich Eckhart auf die Querstange des Fahrrades, um bis nach Friedrichshain zu fahren, wo es ausgedehnte Heidelbeerbestände gab. Herbert lief dann an solchen Tagen zur Arbeit. In den ersten Jahren sind wir mit der Eisenbahn bis nach Halbendorf gereist und von dort noch eine Stunde mit dem Fahrrad weiter in den Wald gefahren. Einmal war ich ganz allein im großen, fremden Wald. Wenn ein Vogel piepste, erschrak ich. An einem heißen Sommertag habe ich die Hitze nicht vertragen und machte schlapp. Andere Leute mußten mich abschleppen.

Später schafften wir uns noch ein zweites Fahrrad an, und damit wurden wir beweglicher. 1955 fanden wir so viele Heidelbeeren, daß Eckhart und ich vier Zentner pflückten. Wir fuhren vierzehn Tage lang früh im Morgengrauen weg und kehrten abends zurück. Auf der Sammelstelle in Friedrichshain verkauften wir sie. Wir erhielten neunzig Pfennige für das Pfund. Damit hat sich Eckhart seinen ersten Fotoapparat verdient.

Kulturelles: Prügelknaben, Maibaum und große Künstler

Auf dem Dorf brachte jede Jahreszeit ihre kulturellen Höhepunkte, in die wir Schulkinder auf verschiedene Weise einbezogen waren. Zum zeitigen Frühjahr gehörte die Fastnachtszeit und das „Zampern". Jugendliche Mädchen und Frauen putzten sich an und verkleideten sich zu Feen, Hexen oder Bettlerinnen, junge Männer verwandelten sich mit ihren bunten Harlekin-Kostümen und Gesichtsmasken in „Zampernickel", mit Frack und Zylinder angekleidete Blasmusikanten führten diesen bunten Trupp an. Er zog samstags durch das Dorf von Haus zu Haus, wo mit einem Blasmusik-Ständchen zur Abgabe einer Spende aufgefordert wurde. Es wurde alles angenommen, was sich am gleichen Abend in der Dorfgaststätte in den Fastnachtsschmaus verwandeln ließ: Speck- und Schinken, Wurst, Eier, Schnaps und Geld. Die Hexen, Gauklerinnen oder Hamsterinnen verstauten die Gaben in ihren mitgeführten Kiepen, den Tragkörben, die auf dem Rücken transportiert wurden. Währenddessen trieben die Zampernickel ihre Späße. Zu ihrer Hauptausrüstung gehörte ein Vierkantholz, genannt „Klatsche", von ca. dreißig Zentimetern Länge und fünf mal fünf Zentimetern im Querschnitt, das bis auf den Griff durch parallele Sägeschnitte in Längsrichtung in mehrere Streifen aufgeteilt war. Mit dieser Klatsche jagten die Zampernickel den Schuljungen hinterher und verprügelten sie. Die Mädchen blieben verschont bis auf „Monne", ein Mädchen, das besser Fußball spielte und höhere Bäume erkletterte als die gleichaltrigen Jungen.

An der zurückhaltenden Spendenbereitschaft unseres Haushaltes in den ersten Jahren mag es gelegen haben, daß unserer Familie kein Ständchen gespielt wurde, dafür aber manchmal ein Zampernickel seine Klatsche an mir um so freigiebiger ausprobierte. Besonders heimtückisch waren die mit den schmalen Kanten ausgeführten Schläge. Sie verursachten nicht das typische Klatschen der aufeinandertreffenden dünnen Brettchen, sie hinterließen Spuren auf der Haut ähnlich denen eines Peitschenhiebes. Manch Grobian mag nicht bedacht haben, daß unsere Speisekammer solche Waren, wie sie sich in den Kiepen stauten, noch nicht hergeben konnte.

Die Straßenmusiker vom Tage standen abends auf der Bühne im Festsaal des Gasthofes Hiersigk und spielten zum Tanz auf. Eigene Blasmusiker hatte das Dorf nicht. Sie kamen aus umliegenden Nachbarorten zusammen und musizierten immer dort, wohin Tage vorher Plakate zum großen Tanz einluden. Sie trafen sich auch zu anderen Begebenheiten, wenn nach ihnen gerufen wurde. So auch zu traurigen Anlässen, wenn eine Beerdigung im Dorf war. Der Sarg wurde von der Wohnung, wo der Verstorbene bis zu seiner Beisetzung aufgebahrt war, mit einem von Pferden gezogenen Leichenwagen abgeholt und unter den Klängen der an der Spitze des Trauerzuges schreitenden Blaskapelle durch das Dorf bis zum außerhalb liegenden Friedhof geleitet.

Als Lehrer Stresow verstorben war, reihten sich auch die Schüler zum letzten Geleit für ihren ehemaligen Lehrer ein. In vorderster Reihe durften meine Klassenkameradin Käte Jurk und ich gehen, um das Blumengebinde voranzutragen. Diese Ehrenrolle bekam mir nicht. Eine dem Anlaß angebrachte Traurigkeit überkam mich und kleine Schluchzer meldeten sich an, die ich vorläufig noch unterdrük-

ken konnte. Dem Lehrer hatte ich die Ungerechtigkeitsbackpfeife für immer übelgenommen, und nun lebte er nicht mehr. Ich konnte bei diesem Gedanken das Wachstun der kleinen Schluchzer nicht aufhalten, sie wurden immer größer und wurden stärker als ich. Sie drängten mächtig nach draußen, und ich mußte sie, obwohl mir das sehr peinlich war und ich mich schämte, freilassen. Auch die aufmunternden Ermahnungen von Käte an meiner Seite, die sie mir möglichst unauffällig zuzischelte, halfen wenig. Die Trauergäste hatten mit sich zu tun, und sie waren auf die Zeremonie der Beisetzung konzentriert, so daß ich hoffen konnte, daß meine kleine Schwäche unentdeckt blieb und ein Geheimnis unter uns blieb, zwischen Käte und mir.

Am Vorabend zum 1. Mai wurde von der Dorfjugend an zentraler Stelle im Dorf der „Maibaum" aufgestellt. Der schlanke, mehr als zehn Meter hohe, weißgeschälte Stamm einer Fichte, geschmückt mit einer von Mädchen geflochtenen Girlande, die spiralförmig den Stamm auf seiner gesamten Länge umwand, die Spitze mit einer jungen grünen Birke und einem grünen Kranz mit bunten Schleifen verziert, erforderte beim Aufrichten viel Erfahrung und Geschick. Er wurde mit Seilen von der einen Seite gezogen, mit Stangen von der anderen Seite hochgeschoben, bis er senkrecht im vorbereiteten Loch stand. Das war der Moment für die Zuschauer, ihren Beifall den Akteuren darzubringen. Über Nacht mußte der Maibaum bewacht werden. Die Jugend der Nachbardörfer hatte die Möglichkeit und das Bedürfnis, den gestellten Maibaum in der ersten Nacht zu kippen und so das Dorf zu blamieren. Am Abend waren die Dorfbewohner zum Maientanz in den Gasthof geladen.

Die arbeitsreichen Sommermonate mit der Erntezeit ließen nicht viel Zeit für Feste. Dennoch wurde in den Schloßpark zu einem Sängerwettstreit eingeladen. Chöre aus der nahen und ferneren Umgebung nahmen teil. Der Park wurde für dieses Fest gesäubert, Wege wurden erneuert und mit hellem Kies aufgeschüttet, eine Freilichtbühne wurde errichtet, der Schloßteich von Unrat befreit.

Zu diesen und anderen Festen wurde vom Dorf das Rahmenprogramm gestaltet: Schüler brachten Aufführungen mit kleinen Theaterstücken, mit Gedichten, Liedern und Volkstanz. Fräulein Fietzke, eine nicht mehr ganz junge Dorflehrerin als Nachfolgerin von Herrn Stresow, hat mit den nach uns folgenden Schülerjahrgängen für kulturelle Bereicherungen gesorgt, die von den Dorfbewohnern dankend angenommen wurden. Ihr ist die Einrichtung der Schülerbibliothek zu verdanken, sie sorgte mit dem Auftritt der Volkstanzgruppe ihrer Schüler immer für ein Schmunzeln, wenn „Schüttel de Büchs ..." nach der begleitenden Akkordeonmusik durch Gustav Gräff aufgeführt wurde. Immer wieder erfreuten Schüler mit ihren schönen Stimmen, so Annelies Albinsky, die kurioserweise als Flüchlingsmädchen das Lied von der schönen Heimat sang, zu der nicht nur die Fische im Wasser, sondern auch die Vögel in der Luft und die Bäume im Wald gehören. Und nicht zuletzt spielten Jugendliche in der Mandolinengruppe des Dorfes Volkslieder, Willy Bassy als Leiter dieser Gruppe begleitete ihr Spiel mit seiner Violine.

Von den im Herbst gefeierten Festen kam dem Erntedankfest neben der Kirmes und dem Maskenball die größere Bedeutung zu. Alle Bauern beteiligten sich mit geschmückten Pferden und Wagen am Festumzug durch das Dorf. Anschließend wurde im Saal des Gasthofes ein Kulturprogramm mit den bewährten dorfeigenen „Künstlern" aufgeführt, und am Abend wurde das Tanzbein geschwungen nach den Melodien der Blaskapelle.

Diese Intensität kultureller Aktivitäten muß sich bis nach Berlin mitgeteilt haben. So konnte es nicht ausbleiben, daß das berühmteste Theaterensemble des Landes sich ankündigte und Zuschauer sein wollte. Es traf in Klein-Kölzig ein am Wochenende nach der bereits stattgefundenen Erntedankfestpremiere. Nun führten die Klein-Kölziger dem berühmten Brechtschen Theater, dem Berliner Ensemble, noch einmal das Erntedankfest auf. Neben prominenten Schauspielern, die von den im Landkino gezeigten Filmen her bekannt waren, gab es viele unbekannte Gesichter zu sehen, viele Leute, die in ihrem Äußeren, in ihrem Gebahren, auch der Kleidung sich auffallend unterschieden von denen, die aus dem Dorf und seiner Umgebung stammten. Sie nahmen nachmittags am Festumzug teil und waren abends zuschauende Gäste im Saal des Gasthofes. Sie erlebten die Aufführungen der kleinen und großen Künstler aus dem Dorf.

Studien zu betreiben war nicht nur Sache der Berliner, auch das Dorf erhielt durch seine Gäste Gelegenheit, Betrachtungen anzustellen. Welches Resümee das Berliner Ensemble von seinem Ausflug in die entfernte Provinz gezogen haben mag, ist unbekannt. Die dörfliche Meinung zu diesem Ereignis konnte ich anderntags, soweit sich die kulturpolitischen Gespräche einem kleinen Schuljungen überhaupt erschlossen, deutlich heraushören: „Die Weibsen rauchten alle wie die Schlote".

Das schlanke Gesicht einer Frau hatte sich mir damals eingeprägt, das Haar hielt sie straff nach hinten gekämmt, ihre Stimme war sehr tief, sie hielt eine brennende Zigarette in der Hand, während sie im Flur vom Gasthof Hiersigh mit anderen diskutierte. Dieses Gesicht erkannte ich in Zeitungen und Büchern wieder, die von der Aufführung der Mutter Courage in Berlin berichteten: Es gehörte Helene Weigel.

Es ist zu vermuten, daß es einem umtriebigen und noch jungen Mann, der 1952 die Freundschaft zu Bert Brecht zu knüpfen begann und sich auf dem Wege befand, ein großer Schriftsteller zu werden, damals mit Hilfe seiner Verbindungen zum Berliner Ensemble und zu Brecht gelungen ist, das Interesse für einen Abstecher in diese karge Heidegegend zu wecken, aus der er selbst stammte und deren Menschen und Landschaft er in seinem späteren Lebenswerk so wunderbar beschrieb. Er hatte gerade sein Bühnenstück „Katzgraben" bei Brecht vorgestellt, und gemeinsam mit ihm feilten sie daran, um es reif für eine Aufführung durch das Berliner Ensemble zu machen. Dieser Mann namens Erwin Strittmatter war damals als noch Unbekannter in Klein-Kölzig gemeinsam mit Bert Brecht, Helene Weigel, Erwin Geschonnek und vielen anderen des Berliner Ensembles angekommen.

Nur ein Stück Kiefernwald und die Fernverkehrsstraße von Cottbus nach Görlitz liegen zwischen Klein-Kölzig und Bohsdorf, dem Ort mit dem berühmten Laden, der Kinder- und Jugendstube des Dichters. Auf der Besucherliste der 27 Dörfer in der Niederlausitz, wohin die großen Künstler im Oktober 1952 aus Berlin reisten, fehlte dieser Ort. Möglicherweise war der Laden damals nicht mehr oder noch nicht wieder zeitgemäß genug.

Das Jahresende klang im Dorf mit den Weihnachtsfeiern für die Schülereltern und für die Rentner aus. Ein kleines Streichertrio hatte sich hierfür intensiv vorbereitet, um die schönsten Weihnachtslieder mehrstimmig und möglichst ohne Fehler darbieten zu können. Dieses Trio hat Willi Bassy aufgebaut. Er hat uns, Käte, seinen Sohn Erhard und mich, als gleichaltrige Schüler an jedem Sonntag Vormittag bei sich in der Küche zum Instrumentalunterricht versammelt und uns die ersten Geigentöne beigebracht. Frau Bassy konnte die schrägen Töne, die sie bei der Bereitung des Mittagbratens stets mit anhören mußte, sicher nicht als sonntägliche Wunschmusik auffassen. Doch die Fortschritte, die ihr Sohn Erhard bei seinem gestrengen Vater machen mußte, waren das Trostpflaster für ihr gepeinigtes Ohr. Käte war auch auf der Geige eine Musterschülerin, und für mich war der Unterricht ein Geschenk, denn Willi Bassy forderte kein Unterrichtshonorar. Dafür gilt ihm auch heute noch mein Dank. Die Kosten für meine Eltern blieben damit auf die Anschaffung der Geige beschränkt, die ich von ihnen zu Weihnachten 1952 geschenkt bekam.

Dieser Investition in meine musische Bildung ging eine gleichartige einige Monate vorher auf niedrigerer Ebene voraus: Zu meinem Geburtstag erhielt ich eine Mundharmonika. Mit dieser sollte ich erst Musik machen können, bevor mein Wunsch nach der Geige erfüllt werden sollte. Das gelang mir sehr schnell. Es gab für keine Melodie, die ich mit mir herumtrug, ein Entrinnen. Allen hauchte ich mit meiner Atemluft über das kleine Blasinstrument Leben ein. So konnte ich mir meines nächsten Weihnachtsgeschenkes sehr sicher sein. Und trotzdem war ich überrascht, als die Geige dann wirklich auf dem Gabentisch lag. Bislang waren Wünsche nicht oft in Erfüllung gegangen.

Barfuß

Sobald die Monate des Jahres ohne „r" heranrückten und warme Tage mit sich brachten, fielen Schuhe und Strümpfe weg, die Barfuß-Saison begann. Allerdings hatten sich die Füße jedes Frühjahr erneut auf die Freiluftsaison umzustellen. Der Umgang mit den über die Wintermonate länger gewordenen Füßen mußte neu eingeübt werden, die im letzten Sommer erworbene Motorik stimmte nicht mehr. Knöchel, Ferse und Zehen signalisierten Hindernisse immer erst über den Schaden, den sie zuvor genommen hatten. So verging kaum ein Sommer, in dem nicht ein neuer Zehennagel nachwachsen mußte. Letzten Endes widerstanden die Füße dem Verschleiß auf andere Weise als Schuhe: Sie bluteten und erneuerten sich, bei den Schuhen fand kein natürlicher Heilungsvorgang statt.

Sobald die kältere Jahreszeit Schuhe erforderlich machte, ging es nie ohne aufgeriebene Hacken ab. Die Füße mußten erst wieder an die Zwangsumhüllung gewöhnt werden, sie hatten die Freiheit kennengelernt und gaben sie nicht freiwillig her.

Man glaubt es selbst kaum noch, daß wir bis in die 50er Jahre hinein barfuß zur Schule gegangen sind. Auch nach Groß-Kölzig, wohin wir Klein-Kölziger Schüler ab dem vierten Schuljahr zum Schulunterricht gingen, führte der lange Schulweg über die kopfsteingepflasterte „Apfelstraße" nur barfuß. Als wir ehemaligen Schüler anläßlich der 30jährigen Schulentlassung uns zum ersten Klassentreffen 1985 im Gasthof Bresagh in Groß-Kölzig fast vollzählig trafen, kam auch das zur Sprache. Und mein Klassenkamerad Rudolf konnte mit „Apfelstraße" gar nichts Rechtes anfangen: „Du meinst wohl die Äppelallee?" sagte er zu mir. Und als ein Klassenfoto mit uns Klein-Kölzigern herumgereicht wurde, kam ich endgültig in den Ruf, schon immer ein feiner Pinkel gewesen zu sein. Dieses Foto zeigte uns Klein-Kölziger vor dem Gutsschloß, unserem damaligen Schulhaus. Wir stan-

den alle barfuß auf der Treppe davor – nur ich hatte Schuhe an. Vielleicht ließ mich meine Mutter an diesem Tage deshalb die Schuhe anziehen, weil sich der Fotograf angemeldet hat. Von den Fotografien der damaligen Zeit habe ich keine einzige. Das Geld dafür war nicht da. „Fier suichen Kitschequork wirschte nich dos Geld ausgon!“ höre ich noch heute meine Oma Auguste sagen.

Oma Auguste – meine Muttel

In der Industrie bin ich wegen meiner Bronchitis kein festes Arbeitsverhältnis eingegangen. So war ich gezwungen, durch Arbeit beim Bauern etwas dazu zu verdienen. Leider war der Verdienst mit zwei Mark je Tag sehr niedrig, und leider haben die Bauern für Hilfskräfte keine Versicherung bezahlt. Da wir früher für die eigene Familie auch nicht versichert waren, erhielt ich in der DDR nur die Mindestrente von dreihundert Mark.

Meine Mutter Auguste Holdt hatte auch keine Sicherheit fürs Alter, sie erhielt keine Rente und war auf Fürsorge angewiesen. Sie bekam entsprechend einer wohlwollenden Einschätzung durch die Gemeinde und nicht wegen gesetzlicher Regelungen vierzig Mark monatlich. So kam es, daß das widerrufen wurde, als Herbert zurück war. Ihr wurden die vierzig Mark entzogen mit der Begründung, der Schwiegersohn sei für die Versorgung zuständig. Mutter erkundigte sich und erfuhr, daß eine derartige Regelung nur bei eigenen Söhnen anzuwenden war. Da diese in Westdeutschland lebten, kamen sie dafür nicht in Frage. Sie wandte sich mit einem Protestschreiben an die zuständigen Instanzen, und den Bürgermeister ließ sie es vorher einsehen. Nach ein paar Monaten bekam sie wieder ihr Geld. Ich weiß nicht, was Mutter in diesem Schreiben formulierte, aber ich glaube, sie wird ihre Sachlage entsprechend deutlich dargelegt haben. Sie war in Armut geraten, und nun sollte ihr auch noch das Brot genommen werden, denn für mehr reichten die vierzig Mark nicht aus.

Unsere Mutter hat ihr ganzes Leben nichts als Arbeit gekannt, weil sie anders nicht hätte überstehen können. Mein Vater kam krank aus dem ersten Weltkrieg zurück und verstarb 1925 mit 38 Jahren, er ließ meine Mutter mit fünf kleinen Kindern zurück, wobei ich mit elf Jahren die Älteste und mein Bruder Walter mit anderthalb Jahren der Jüngste war. Mutter mußte durch die lange Krankheit des Vaters Geld aufnehmen, um die Krankenhauskosten und die Operation, später, um die beschäftigten Leute bezahlen zu können, wodurch die Wirtschaft verschuldete. Als ich dreizehn Jahre alt war, mußte ich eine Arbeitskraft ersetzen. Jahr um Jahr arbeiteten wir nur zur Tilgung der Zinsen und

Klassenfoto von 1950. Eckhart erkennt man daran, daß er als einziger Schuhe trägt - aber was für welche!

Schulden, und als die anderen Geschwister herangewachsen waren und wir auf fremde Arbeitskräfte nicht mehr ausschließlich angewiesen waren, ging es langsam aufwärts. Durch fleißige Arbeit brachte Mutter den Hof so weit, daß er nicht mit einer Mark Schulden belastet war. Dazu hat sie ihr Leben verbraucht und die Zeit bis kurz vor dem zweiten Weltkrieg dafür benötigt.

Man erlebte alles mit, aber verstehen kann man erst richtig, wenn genügend eigenes Leben hinter einem liegt. Muttels Weg war immer nur der zum Friedhof, war stilles Gebet allein oder mit uns. Sie kannte nichts anderes. Uns Kinder hat sie das nicht spüren lassen. Wie mag es manchmal in ihr ausgesehen haben? Sie ist allein mit uns Kindern geblieben, hat sich in allem selbst zurechtgefunden und brauchte keinen Rechtsbeistand. Um so schwerer war es für sie, alles im Stich zu lassen und um ein kleines Almosen ringen zu müssen.

Und ich begreife es heute noch nicht, daß die Arbeitsjahre auf dem Lande bei der Festlegung der Renten nicht berücksichtigt werden. Viele Leute mißgönnen einem noch den Betrag der Mindestrente. Man hört sie sagen, man bekäme das Geld, ohne beigesteuert zu haben. Aber niemals hört man diese Menschen danach fragen, unter welchen Bedingungen wir in der Landwirtschaft gearbeitet haben. Da war der Achtstundentag nicht festgelegt, oft reichten sechzehn Stunden nicht aus. Heute haben es die Bauern in den sozialen Belangen besser, und es ist Gott sei Dank so, daß durch entsprechende Versicherungen eine Altersversorgung gewährleistet ist. Als wir unsere Landwirtschaft bis zur Ausweisung betrieben, war eine Pflichtversicherung nur für Arbeitnehmer vorgeschrieben. Ich mußte als Kind immer die Marken von der Post holen für die bei uns beschäftigten Leute.

Gelebtes Leben

In den ersten Jahren unserer Kölziger Zeit war Spremberg unsere Kreisstadt, erst später wurde Kölzig dem Kreis Forst angegliedert. Als ich einmal in Spremberg auf der Behörde vorsprechen mußte, erkannte ich in dem Beamten den ehemaligen Lagerleiter wieder. Er erkundigte sich, wie wir damals in Klein-Kölzig aufgenommen wurden, nach der Wohnung und vielem anderen. Ich habe ihm die Tatsachen geschildert. Daraufhin antwortete er, die Verwaltung hätte in den Gemeinden nachgefragt, ob die Leute zu ihrer Zufriedenheit untergebracht seien und ob es an etwas mangele. Ich konnte ihm nur sagen, daß wir niemals nach unserem Wohlbefinden gefragt wurden. Daß wir Forderungen stellen durften, darüber hatte uns die Lagerleitung nicht aufgeklärt. Wir hatten nach all der Zeit Angst und waren nach der Flucht mit dem bescheidensten Obdach zufrieden.

Noch bis 1957 wohnten wir in der Schweinegasse in Klein-Kölzig. Zwischendurch ergab sich eine Gelegenheit zum preisgünstigen Kauf eines Einfamilienhauses in Kölzig, und wir hatten uns dafür als Anwärter beworben. Doch die Gemeinde hat uns hingehalten und uns das Haus nicht überlassen mit der Begründung, daß wir keine gleichwertige Wohnung bieten könnten. Der Stall sollte weiterhin gut genug sein für uns.

Die Wohnungskommission des Bergbaubetriebes hatte uns nach der Besichtigung unserer Wohnung angeboten, uns bei einer der Neubauwohnungen zu berücksichtigen, die durch den Wiederaufbau einer Ruine in Döbern entstehen sollten. Der Ruinenabriß war von den Wohnungsbewerbern zu leisten. So begannen wir mit Aufbaustunden, haben achthundert Stunden ohne jegliche Vergütung geleistet, nur, um endlich ein Dach über dem Kopf zu haben. So ist Döbern 1957 unser neuer Wohnort geworden.

Jahre später, als unsere Kinder ausgezogen waren, hat die Gemeindeverwaltung von Döbern befunden, daß die Wohnung für uns beide um neun Quadratmeter zu groß sei, und wir mußten in eine AWG-Wohnung umziehen und den AWG-Anteil entrichten. Alle unsere geleisteten Aufbaustunden der vorherigen Wohnung zählten nicht, denn diese war Werkswohnung und gehörte nicht zur AWG (Arbeiterwohnungsbaugenossenschaft).

1972 zogen wir in eine neue Wohnung um, vier Wochen, nachdem mein Mann an einem Magendurchbruch operiert werden mußte. Er erlitt ihn am 5. März 1972 – ein Tag, den ich nicht vergessen kann, fünf Tage vor der Geburt unserer Enkeltochter Katja. Es war ein Wunder, daß er diesen Tag überstanden hat.

So ist unser Leben an uns vorbeigezogen. Neues Leben ist entstanden, unsere Enkel wurden geboren, und altes Leben ist verloschen. Herberts Eltern starben, seine Mutter 1957 und sein Vater 1958, sie ruhen auf dem Friedhof in Döbern. Meine Mutter kehrte von einer Besuchsreise bei ihren Söhnen nicht mehr zurück. Am Tage ihrer Abreise ereilte sie ein Blutsturz, sie verstarb am 28. Juni 1960 und wurde in Heiligenfelde in Niedersachsen beigesetzt. Neben ihr fand auch mein Bruder Walter seine letzte Ruhestätte, er verstarb mit 53 Jahren plötzlich an Gehirnschlag. Mein Schwager Gerhard Albinsky ist am 28. April 1966 im Alter von 56 Jahren gestorben. Schwager Martin, der zweite Ehegatte von Friedel, verstarb 69jährig im Jahre 1983.

Klassiker

In Schlesien lernte ich meine Muttersprache, in der Mark Brandenburg verlebte ich meine Schul- und Lehrzeit, und seitdem lebe ich in Sachsen. Damit hielt ich mich in meinem Leben in drei mundartlich unterschiedlichen Gegenden auf und behaupte immer, mich keiner landschaftstypischen Sprechweise untergeordnet oder angepaßt zu haben. Um so mehr war ich überrascht, als bei meinem ersten Besuch 1987 in der BRD, als das Reisen dorthin außer für Rentner nur bei besonderen verwandtschaftsbedingten Anlässen möglich war und deshalb ein DDR-Bewohner vor dem Rentenalter noch eine Rarität im westlichen Deutschland darstellte, mich ein Verkäufer in einem Bremer Kaufhaus auf eine bescheidene Anfrage ganz treffsicher als einen Bewohner von Dresden erkannte. Im Dresdner Raum sagt man über mich mit der gleichen Treffsicherheit, ich käme aus der Cottbuser Gegend, wo ich meine Schulzeit verbrachte. Und die Schulzeit in Kölzig trat ich mit meiner schlesischen Muttersprache an, in der das R eine besondere Rolle spielt. So bedeutungsvoll wie in Großröhrsdorf ist das R aus Schlesien nicht, aber es rollt ungefähr so wie in der Zittauer Gegend über die Zunge, wenn das typisch schlesische Wort „Lerge" ausgesprochen wird. Mit diesem Dialekt fiel ich in den Kölziger Schulen ziemlich auf, es wurde, um mich zu foppen, von anderen nachgeäfft, konnte aber niemals die Güte erlangen, die ich vorgab. So bemühte ich mich unentwegt um die Annulierung besonders auffälliger Sprachelemente. Das gelang mir bei dem rollenden Buchstaben niemals ganz, er bricht immer wieder hindurch. In der Schulzeit fühlte ich mich durch ihn verfolgt. Wenn eine Wortkombination mit einer Häufung von Rs beim Vorlesen eines Textes vorkam, mußte ich regelrecht kämpfen, um darüber hinweg zu kommen, und hatte die Lacher dennoch animiert. Bei mir entwickelte sich ein typischer „R-Komplex", der noch bis in die höheren Schulklassen anhielt.

Im Geschichtsunterricht wurden wir mit den Begründern des Kommunismus vertraut gemacht. In einer Leistungskontrolle hatte ich über Karl Marx zu sprechen. Für mich allein, ganz ohne Zuhörer, konnte ich diesen Namen schon ganz gut hersagen, ich beherrschte es fast, dem R die erforderliche Bedeutungslosigkeit abzutrotzen. Aber plötzlich besann sich der „R-Komplex", daß er noch da war. Er schlich sich in den zweimal einsilbigen Namen ein und setzte sich in ihm mit jeder Wiederholung immer mehr fest. Um Peinlichkeiten zu umgehen, suchte ich nach Synonymen für den großen Namen, was in weiteren Peinlichkeiten mündete. Länger konnte ich mich nicht drücken, ich mußte den großen Sohn des deut-

schen Volkes wieder bei seinem Namen nennen. Die Mitschüler waren nicht umsonst erwartungsfroh, und meinem Geschichtslehrer entging es nicht, daß ich in diesem berühmten Namen den einen Buchstaben gleich zweimal einsparte. Er ließ mich den Namen wiederholt aussprechen, ich blieb bei meiner Variante, denn der „R-Komplex" nahm mir den Buchstaben von der Zunge. Die Stimmung des Lehrers war nicht so gut wie die meiner Mitschüler. Er ließ mich den Namen als zusätzliche Hausaufgabe sehr oft schreiben, damit er sich mir einprägte.

Ich hatte Mitgefühl für meinen Geschichtslehrer, denn schließlich war ich es, der den großen Klassiker des dialektischen Materialismus „zum Max gemacht" hat.

Fazit

Die Geschichte hat uns um unser materielles Erbe gebracht, und so ist das Goethe-Wort „Was du ererbt von deinen Vätern, erwirb es, um es zu besitzen!" für uns nur anwendbar, wenn es gelten soll, unsere Leistungen in unserem Leben zu bewerten. Ich denke, da hält unser Leben jeder Analyse stand. Unser Leben war geprägt vom Willen zur Arbeit, zur Ehrlichkeit und Aufrichtigkeit. In diesem Sinne, denke ich, haben wir auch unsere Kinder erzogen, und ich hoffe, daß sich das in den Enkeln fortsetzen wird. Mit Ehrlichkeit fährt man am besten durchs Leben, auch wenn man äußerlich dadurch kleiner erscheinen mag; eine innerliche Größe ist leichter zu verwalten als Reichtum.

Es wäre verfehlt zu sagen, wir würden heute noch Not leiden. Aber notwendig zu sagen ist, daß wir gelernt haben, weil wir es mußten, uns Bescheidenheit aufzuerlegen. Und bei der Verteilung der Güter müssen wir Alten jetzt das Gefühl haben, daß unsere heutige Gesellschaftsordnung weiterhin unsere Bescheidenheit erwartet, daß sie vergessen hat, uns so zu berücksichtigen, wie es uns eigentlich unseren Leistungen der schweren Nachkriegsjahre entsprechend zukommen müßte.

So ist das Leben dahingegangen. Die zweite Generation nach dem Krieg ist schon erwachsen. Sie weiß nichts von Krieg in der Heimat. Möge es immer so bleiben. Doch wieviel Not ist noch in der Welt. Die Kriege haben noch immer nicht aufgehört. Wieviele Flüchtlinge gibt es auch in Europa inzwischen schon wieder! Das Wort verstehen nach uns Kommende kaum, aber wir können mit den Menschen mitfühlen, die zur Flucht gezwungen sind. Von denen, die damals ihre Heimat verlassen mußten, sind nicht mehr viele am Leben. Das Häuflein wäre sehr klein, wenn es sich sammeln sollte. Die noch Lebenden von damals könnten nicht mehr zurück, wenn es hieße, es geht zurück in die Heimat. Sie besitzen nicht mehr die Kraft dazu. Und die junge Generation hat sich eine eigene Existenzgrundlage in der neuen Umgebung aufgebaut, in der sie nun eine Heimat gefunden hat. In unserer Generation wurden bei den einen viele Hoffnungen zerschlagen, und viele andere werden sagen, es lebe sich überall. Es gab unter den Ausgewiesenen sicher Familien, die es besser getroffen und damit leichter hatten als wir. Diejenigen, denen die Anpassung in der neuen Umgebung schwerfiel oder schwergemacht wurde, mußten jedoch auch damit fertigwerden. Ich zähle uns dazu.

Wir stehen im Spätherbst unseres Lebens, und der Winter steht uns bevor. Wollen wir hoffen und wünschen, daß er nicht zu streng für uns wird.

Hinweis des Autors

Die von Margarete Bürkner im Jahr 1988 niedergeschriebenen und die als Tonbandaufzeichnungen vorliegenden Erinnerungen von Herbert Bürkner aus dem Jahr 1989 wurden vom Autor für das vorliegende Buch durch geringfügige Kürzungen oder Ergänzungen angepaßt, wobei der Erzählstil der berichtenden Personen berücksichtig wurde.
Die Beiträge des Autors sind kursiv gedruckt.

Einige Namen sind geändert oder weggelassen worden, um noch lebende Personen oder Hinterbliebene nicht zu belasten.
Die Bezeichnung „Russen" bezieht sich auf die sowjetische Armee im allgemeinen. Diese Vereinfachung wurde und wird bis heute im allgemeinen Sprachgebrauch der Kriegs- und Nachkriegsgeneration so benutzt, obwohl in der Sowjetarmee viele verschiedene Nationalitäten vereinigt waren.

Literaturhinweis:
Bräuer, Heinz: Wider das Vergessen. In memoriam des Pfarrers Reinhard Gnettner.
(zu erfragen bei der St.-Marien-Domgemeinde Eisenhüttenstadt)

Ich danke folgenden Personen für die freundliche Unterstützung und die Bereitstellung von Material und Fotos: dem Historiker Günter Fromm, dem Pfarrer i. R. Heinz Bräuer, meiner Klassenkameradin Anita Krüger sowie meiner Cousine Annelies Korff.
Dem Verlag gebührt mein Dank für die freundliche Aufnahme des Manuskriptes, insbesondere danke ich der Lektorin Frau Prien für ihren einfühlsamen Umgang mit dem Manuskripttext.

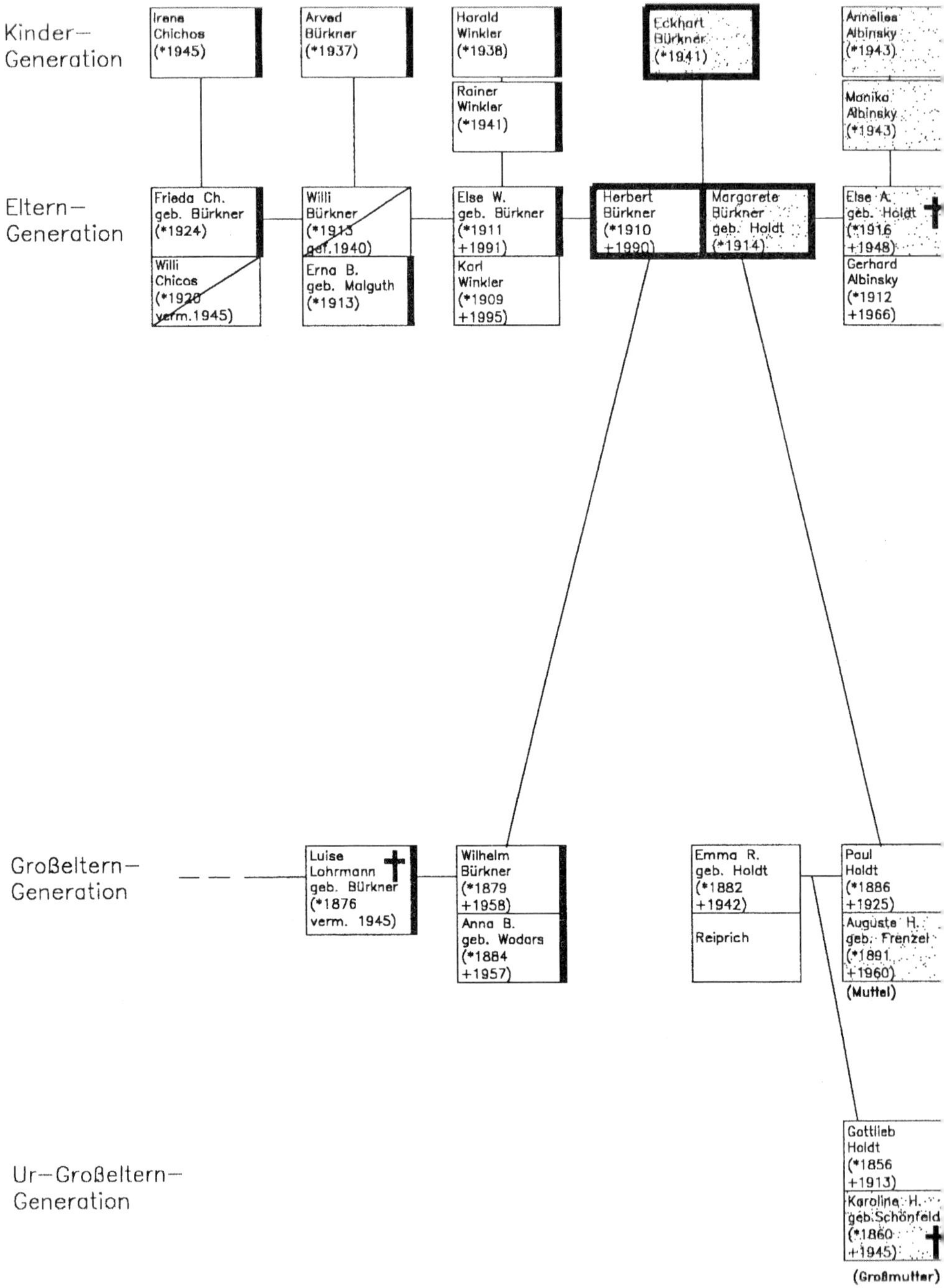

Familiärer Zusammenhang der erwähnten Pers